普通语言学笺疏

杨建红 编著

南开大学出版社
天津

图书在版编目(CIP)数据

普通语言学笺疏 / 杨建红编著. —天津：南开大学出版社，2020.7
ISBN 978-7-310-05942-3

Ⅰ.①普… Ⅱ.①杨… Ⅲ.①语言学－研究 Ⅳ.①H0

中国版本图书馆 CIP 数据核字(2020)第 128414 号

版权所有　侵权必究

普通语言学笺疏
PUTONG YUYANXUE JIANSHU

南开大学出版社出版发行
出版人：陈　敬
地址：天津市南开区卫津路 94 号　　邮政编码：300071
营销部电话：(022)23508339　营销部传真：(022)23508542
http://www.nkup.com.cn

北京虎彩文化传播有限公司印刷　全国各地新华书店经销
2020 年 7 月第 1 版　2020 年 7 月第 1 次印刷
260×185 毫米　16 开本　11.5 印张　258 千字
定价:40.00 元

如遇图书印装质量问题，请与本社营销部联系调换，电话：(022)23508339

前　言

　　一直以来，于语言学而言，我是痴迷的、执着的，然而在自我愉悦、如痴如醉之余，面对一些对语言学的误解和曲解，还是难免有些许的莫名惆怅和失落。身体里总有一种久违的驿动，想大声告诉全世界：语言学一直就在我们的生活里。钱锺书先生在短文《释文盲》中这样描述语言的诗与趣："在非文学书中找到有文章意味的妙句，正像整理旧衣服，忽然在夹袋里发现了用剩的钞票和角子；虽然是分内的东西，却有一种意外的喜悦。"生活中处处隐匿着语言的美，或是论辩的睿智深邃，或是幽默的插科打诨，或是闲聊的清新诙谐……它们静静地、不动声色地闪烁着若隐若现的光芒，即便是朴素的日常话语，也皆因见仁见智的语言学视角探究而独放异彩、姹紫嫣红。或许，这便是生活给予语言学研究者们的一份幸福与惊喜。

　　经常被问道："一般而言，初学者普遍认为语言学枯燥无味、艰涩难懂，你会如何启发学习者，引导他们喜欢上语言学呢？"我的回答往往很简练，但很坚定，那就是："简化！美化！趣化！"简化艰涩冗繁的术语理论，美化日常语言的平淡无奇，趣化呆板乏味的说教讲解。时至今日，执教普通语言学课程数十载，信念依然，梳理思绪，更愿意见诸笔端，让我们一起从生活出发，随心远行，放慢脚步，慢些走，"高高坐在海洋的上空/蓝的和绿的远处"，探索发现，"原来你是这样的语言学"！是以，博观而约取，厚积而薄发。博学之，审问之，慎思之，明辨之，笃行之。

　　语言学中理论流派众多，可谓百花齐放、百家争鸣。对于语言学初学者而言，首先要挑战的就是根深蒂固的对所谓"绝对真理"的执念。往往会有学习者问道："这个语言学问题的最终答案到底是什么？"更为常见的是，废寝忘食攻克了一篇论证阐释某一语言现象的文章，千帆侧影、长篇赘述之后，犹如醍醐灌顶、茅塞顿开，有一种"蓦然回首，那人就在灯火阑珊处"的惊喜和顿悟，然而文章最后一句"But, there is yet no general consensus reached inside academic circle on..."，骤然一落千丈，一种"不识庐山真面目，只缘身在此山中"的怅然和迷茫油然而生。其实，语言学更为提倡各抒己见、畅所欲言，也正是这种海纳百川的包容态度，才使得语言学五彩缤纷、魅力无限。传统相声《歪批三国》中捧逗双方踔厉骏发，就"三国中谁的能耐最大"这个问题展开激烈论辩，你来我往、唇枪舌剑，捧哏可谓引经据典、口若悬河，而逗哏却总能"四两拨千斤"，以反例回击且一语中的，迫使捧哏步步为营，然而纵观捧逗雄辩，实是平分秋色、各领千秋。与相声中逗哏、捧哏之间的精彩博弈相似，语言学中的各种理论或是抬杠顶牛、插科打诨，或是针锋相对、抵掌而谈，在语言学中自是各树其帜、博弈生辉。

在浩瀚无垠的宇宙空间（universal universe），世界各民族语言恰似点点繁星，它们独放异彩却又交相辉映。正是因为世界各族语言缤纷多姿，才使得世界语言宝库闪耀着语言魅力之光。语言学不仅仅局限于发现和展示某一种语言的独特之美，更要去找寻探究世界语言共有的本质属性，其研究要旨在于放之四海而皆准的"准"。这也便是乔姆斯基（Chomsky）普遍语法（Universal Grammar, UG）之"普遍"精髓。依据汉语运动事件空间关系表达及框架构造在路径、方式及运动主体等方面的区别性特征，汉语属于等义框架语言类型，在世界语言库中独领风骚，成为普通语言学研究的核心语种之一。在十余年英语语言学的学习与教学中，我一直试图探寻西方语言学派的理论学说和汉语语料的完美契合。借他山之石，展中华语言魅力。然而，西方理论中多以世界通用之英语为语料例证，想要洞悉感悟其内涵精髓，就要援引一些英文例证，以尽显多种语料之博大精深。因鉴于此，书中才用了一些英语语料，让英语之美、汉语之魅相得益彰。

语言学的学习过程，或是通晓方言音系规律后与四方宾客的谈笑风生，或是在说文解字中追本溯源的探索乐趣，或是关于句法结构的深层或表层的唇枪舌剑，或是意义所指、能指的标注关联，或是蕴意解读的舌灿莲花，或是学得、习得的数据推导……但于我而言：

更美的/是关于幸福的诗/好比花朵/比催她开放的花茎更美。

更美的/是关于幸福的诗/好比鸟儿比鸟卵更美/好比灯亮的时候很美。

更美的是幸福/更美的/是那些我不会去写的诗。

——希尔德·多敏（Hilde Domin）

春日花事正盛，让我们侧倚果树，轻抚花蕾，"在那粉红的和洁白的语言中"，屏息静气，聆听这神秘语言学的召唤吧！"创造一门新的语言/樱花的语言/苹果花的语言/粉红的/白色的话语/风将它们悄悄地带走"，让我们一起和语言手牵手，去感悟大自然的语言、语言的大自然。

目 录

第一章 语言学之邀约（Invitations to Linguistics） ... 1
  1.1 语言定义性结构特征（Design Features） ... 2
    1.1.1 任意性（Arbitrariness） ... 2
    1.1.2 双重性（Duality/Double Articulation） ... 9
    1.1.3 创造性/多产性（Creativity/Productivity） ... 10
    1.1.4 移位性/跨越时空性（Displacement） ... 14
    1.1.5 文化传承性（Cultural Transmission） ... 14
  1.2 语言的功能（Functions of Language） ... 14
    1.2.1 雅各布森语言功能框架（Jakobson's Framework of Language Function） ... 14
    1.2.2 胡壮麟语言功能系统解析 ... 15
  1.3 语言的起源（Origin of Language） ... 17
    1.3.1 语言神授说（The Divine-Origin Theory） ... 17
    1.3.2 语言发明说（The Invention Theory） ... 17
    1.3.3 进化推演说（The Evolutionary Theory） ... 19
  1.4 语言学分支（Main Branches of Language） ... 19
  1.5 语言学的基本概念区分（Important Distinctions in Linguistics） ... 20
    1.5.1 描述性研究与规定性研究（Descriptive and Prescriptive） ... 20
    1.5.2 语言与言语（Langue and Parole） ... 23
    1.5.3 语言能力与语言运用（Competence and Performance） ... 24
    1.5.4 共时语言学与历时语言学（Synchronic and Diachronic） ... 25

第二章 语音学与音系学（Phonetics and Phonology） ... 29
  2.1 语音学、音系学简介（Introduction to Phonetics and Phonology） ... 29
  2.2 语音（Speech Sounds） ... 30
    2.2.1 发音器官（Speech Organs） ... 30
    2.2.2 语音的书写形式（Orthographic Representation of Speech Sounds） ... 31
  2.3 辅音和元音（Consonants and Vowels） ... 31
    2.3.1 辅音（Consonants） ... 32
    2.3.2 元音（Vowels） ... 36
  2.4 从语音学到音系学（From Phonetics to Phonology） ... 40

2.4.1 音素、音位、音位变体和互补分布
　　　　（Phone, phoneme, allophone and Complementary Distribution）……… 40
　　2.4.2 音位对立、最小对立体和最小对立集合
　　　　（Phonemic Contrast, Minimal Pair and Minimal Set）……… 42
　　2.4.3 协同发音（Coarticulation）……… 42
2.5 音系过程与音系规则（Phonological Processes and Phonological Rules）……… 43
　　2.5.1 同化（Assimilation）……… 43
　　2.5.2 去浊化和增音（Phonological Processes: Devoicing and Epenthesis）……… 45
2.6 区别性特征（Distinctive Features）……… 47
2.7 超音段（Suprasegmentals）……… 51
　　2.7.1 音节结构与音节划分（The Syllable Structure and Syllabification）……… 51
　　2.7.2 词重音和句子重音（Word Stress and Sentence Stress）……… 53
　　2.7.3 语调（Intonation）……… 55
　　2.7.4 音调（Tone）……… 56

第三章　形态学（Morphonology）……… 59
3.1 词的界定（Identification of Word）……… 59
3.2 词的构成（Formation of Word）……… 61
　　3.2.1 语素（Morpheme）、语子（Morph）、语素变体（Allomorph）和
　　　　词位（Lexeme）……… 61
　　3.2.2 语素（Morpheme）、义素（Sememe）和音素（Phoneme）……… 62
　　3.2.3 词根（Root）、词干（Stem）和词基（Base）……… 63
3.3 构词法（Word Formation）……… 65
　　3.3.1 派生法（Derivatio）……… 65
　　3.3.2 复合法（Compound）……… 72
　　3.3.3 缩略法（Abbreviation/Shortening）……… 73
　　3.3.4 混成法/拼缀词（Blending/Portmanteau）……… 74
　　3.3.5 转换法（Conversion）……… 75
　　3.3.6 逆构法（Back-formation）……… 77
　　3.3.7 借词法（Borrowing）……… 78
　　3.3.8 造词法（Invention/Coinage）……… 82

第四章　语义学（Semantics）……… 87
4.1 利奇的七大词义（Leech's 7 Types of Meaning）……… 88
4.2 语义关系和语义场理论（Semantic Relations and Semantic Field Theory）……… 92
　　4.2.1 词际语义关系（Sense Relations between Words）……… 92
　　4.2.2 语义场理论（Semantic Field Theory）……… 106
4.3 "意义"研究观点（Some Views Concerning the Study of Meaning）……… 108
　　4.3.1 命名论（Naming Theory）或指称论（Referential Theory）……… 108

4.3.2 概念论（The Conceptualist View）或观念论（Ideational Theory） …… 110
　　4.3.3 行为论（Behaviorist Theory） …… 111
　　4.3.4 功用论（Use Theory） …… 111
4.4 意义的分析（Analysis of Meaning） …… 112
　　4.4.1 述谓结构分析（Predication Analysis） …… 112
　　4.4.2 语义成分分析法（Componential Analysis） …… 113
4.5 句际含义关系（Sense Relations between Sentences） …… 114

第五章 语用学（Pragmatics） …… 116

5.1 语用学发展简史（Brief History of Pragmatics） …… 116
5.2 句子意义、话语意义和语境意义
　　（Sentence Meaning, Utterance Meaning, Contextual Meaning） …… 117
5.3 语用语境（Pragmatic Context） …… 119
5.4 言语行为理论（Speech Act Theory） …… 121
　　5.4.1 奥斯汀的言语二分说（Austin's Dichotomy of Utterances） …… 121
　　5.4.2 奥斯汀的言语行为"三分说"（Austin's Trichotomy of Speech Acts） …… 122
　　5.4.3 塞尔的言语行为"五分说"（Searle's Typology of Speech Acts） …… 123
　　5.4.4 间接言语行为（Indirect Speech Acts, ISA） …… 124
5.5 人际修辞（Interpersonal Rhetoric） …… 126
5.6 合作原则（The Cooperative Principle） …… 127
　　5.6.1 合作原则及会话含义（Conversational Implicature） …… 127
　　5.6.2 合作原则及其准则的违背（Violation of CP and Its Maxims） …… 130
　　5.6.3 言外之意的特征（Characteristics of Implicature） …… 139
5.7 礼貌原则（Politeness） …… 139
　　5.7.1 "礼貌"的语用界定（Identification of Politeness） …… 139
　　5.7.2 "面子"理论和礼貌策略
　　　　（Face-Saving Theory and Politeness Strategies） …… 140
　　5.7.3 礼貌原则及其准则（Politeness Principle and Its Maxims） …… 141
5.8 新格赖斯发展时代（Neo-Gricean Development） …… 145
　　5.8.1 关联理论（Relevance Theory） …… 145
　　5.8.2 Q 原则和 R 原则 …… 147
　　5.8.3 列文森三原则：Q 原则、I 原则、M 原则 …… 148

第六章 第二语言习得（Second Language Acquisition） …… 150

6.1 第二语言学习模式（Second Language Learning Models） …… 150
6.2 克拉申理论（Krashen's Theory of Second Language Acquisition） …… 151
6.3 学习者语言的本质（The Nature of Learner Language） …… 152
　　6.3.1 对比分析（Contrastive Analysis, comparison of L1 & L2, 1960s） …… 153
　　6.3.2 偏误分析（Error Analysis, analysis of learner errors） …… 155

6.4 第二语言习得个体差异（Individual Differences in SLA） …………… 161
 6.4.1 多元智能（Multiple Intelligences） ………………………… 161
 6.4.2 认知因素（Cognitive Factors） ……………………………… 162
 6.4.3 情感因素（Affective Factors） ……………………………… 165
 6.4.4 习得年龄与关键期假说
  （Age of Language Acquisition and Critical Period Hypothesis） …… 168
 6.4.5 学习策略（Learning Strategies） …………………………… 169

参考文献 ………………………………………………………………………… 172

第一章 语言学之邀约（Invitations to Linguistics）

语言是一种交叉多维的现象，海纳百川，包罗万象。它可以是遵循自然法规、数理逻辑的推导演绎，也可以是依从社会管理、认知心理的意会神领（Language is, to some extent, physical, physiological, biological, geographical, mathematical, logical, sociological, neurological, cognitive, psychological, etc）。"什么是语言"，这个问题恰如"什么是生活"，蕴意深长，难以一言蔽之。故此，不同学者、学派针对语言的一个或多个特征，从不同角度对其进行界定。语言学史上，语言的定义可谓林林总总、众说纷纭、莫衷一是，有的甚至大相径庭。

《辞海》这样解释：语言是人类最重要的交际工具，也是人类社会最基本的信息载体。语言是以语音为物质外壳，以语词为建筑材料，以语法为结构规律而构成的符号体系。语言是一种特殊的社会现象，共同的语言常是民族的特征，它随着社会的产生而产生、发展而发展。语言没有阶级性，一视同仁地为社会各阶层服务。社会各阶级、阶层或社会集群也会影响语言，因而造成语言在使用上的不同特点或差异（1989：446）。美国人类学家、语言学家爱德华·萨丕尔（Edward Sapir，1884—1939）在《语言论：言语研究导论》（*Language: An Introduction to the Study of Speech*）中表示，语言是人类特有的、非本能的一种方式，是人类借助其自觉产出的符号系统交流思想、表达情绪和传递意愿的方式（Language is a purely human and non-instinctive method of communicating ideas, emotions and desires by means of voluntarily produced symbols）。伯纳德·布洛赫（Bernard Bloch，1907—1965）和乔治·特雷杰（George L. Trager，1906—1992）在《语言分析纲要》（*Outline of Linguistic Analysis*）中对语言一词进行注解，语言是社会群体借以进行内部协调合作的任意有声符号系统（A language is a system of arbitrary vocal symbols by means of which a social group co-operates）。特雷杰在《语言学界》（*The Field of Linguistics*，1949）中认为，语言是一个具有任意性特征的声音符号系统，据此，社会成员就其总体文化进行互动（A language is a system of arbitrary vocal symbols by means of which the members of a society interact in terms of their total culture）。美国语言学家、语言哲学家诺姆·乔姆斯基（Noam Chomsky，1928—）在《句法结构》（*Syntactic Structures*）中坦言："从现在起，我将语言看作一系列有限的或无限的句子（就其有限意义而言），每个句子的长度有限，且由一组有限的成分构成。"罗伯特·霍尔（Robert A. Hall，1911—1997）在其《语言简介》（*Introductory Linguistics*，1964）中指出，语言是一种制度，人们借此通过习惯性使用的任意性口头—听觉符号进行交流和互动（"Language is the institution whereby humans communicate and interact with each other by means of habitually used oral-auditory arbitrary symbols."）。英国语言学家罗纳德·沃德霍（Ronald Wardhaugh）在《语言学引论》（*Introduction to Linguistics*, 1977）中表述，语言是一个用于人类交际的、具有任意性特征的声音符号系统（"Language is a system of arbitrary vocal symbols used for human communication."）。英国语言学家罗宾斯（R. H. Robins）在《语言学简史》（*A Short History of Linguistics*）中虽然没有给语言制定一个正式定义，但他明确断言，如果语言的定义不是以某种关于语言和语言分析的一般理论为前提，那么这样的定义就是琐碎的、没有信息价值的。

国内的语言学家对于语言的解释也是各抒己见、百家争鸣。赵元任认为"语言是习惯性的声音行为形成的一个约定俗成的体系，社团成员用来彼此进行交际"，"语言是人跟人互通信息，用发音器官发出来的、成系统的行为方式"（1968：1，2）。叶蜚声、徐通锵认为，"语言是人类最重要的交际工具……语言是思维工具，也是认识成果的贮存所"（1981：15，16）。许国璋将语言界定为人类特有的一种符号系统，当它作用于人与人的关系的时候，它是表达相互反映的中介；当它作用于人和客观世界的关系的时候，它是认知事物的工具；当它作用于文化的时候，它是文化信息的载体和容器（1986：15-22）。徐通锵提出，"从语言的性质来说，它是现实的一种编码体系；从功能来说，它是人类最重要的交际工具；而所谓'交际'，其实质就是交流对现实的认知"（1997：21）。

综上所述，大多数语言学家认为语言是人类出于交际需要而设计的一种符号系统，即语言是一个用于人类交际的、具有任意性特征的声音符号系统（"Language is a system of arbitrary vocal symbols used for human communication."）。《语言与语言学百科词典》明确指出，"语言：人类社会用来交际或自我表现的、约定俗成的声音、手势或文字系统"（Crystal，1992：212），这也是自索绪尔（Saussure）以来的现代语言学对语言所持的基本观点。

1.1 语言定义性结构特征（Design Features）

语言定义性结构特征是人类语言与诸如鹦鹉学舌的动物发声区别开来的一种基本特征，它是人类语言所固有的一种本质属性，主要包括：任意性（arbitrariness）、双重性（duality/double articulation）、创造性（creativity/productivity）、移位性/跨越时空性（displacement）和文化传承性（cultural transmission）。

1.1.1 任意性（Arbitrariness）

瑞士的语言学家和符号学家弗迪南·德·索绪尔（Ferdinand de Saussure，1857—1913）被公认为20世纪语言学创始人之一，另一位则是集哲学家、科学家、逻辑学家于一身的美国通才——查尔斯·桑德斯·皮尔斯（Charles Sanders Peirce，1839—1914）。索绪尔开结构主义之先河，是公认的结构主义创始人、现代语言学理论奠基者，被誉为现代语言学之父，他把语言学塑造提升为一门独立学科。索绪尔最早探讨了语言的任意性，认为语言符号和其意义之间没有自然本质的对应关系。典型范例一是牛的庞大体型与其英文单词 cow

的简洁短小之间的悬殊差异，二是 whale（鲸鱼）和 microorganism（微生物）的强烈反差对比。鲸鱼体型庞大，whale 却词形简短；微生物实体微小，但 microorganism 却词形冗长，着实不"微"。显而易见，自然界中实物的躯体形态与英文的词汇繁杂程度并不是对应的。

（1）词素音义对应关系的任意性

第一，语言符号的语音形式与其表述的意义内容之间没有必然的、本质的联系，完全是任意的。这类似于人们可以选择某种野兽（例如老虎）的脚印作为其象征，也可选择其吼叫声、毛皮或者气味来作为其象征。如表 1.1 所示，不同的英语释义，在德语中却可以用同一个词来表达。表 1.2 中，英语和汉语的对应，也有异曲同工之妙。

表 1.1　不同的英语释义在德语中的表达

英语释义	Pardon?	Please.	Go ahead.	Here you go.	You are welcome.	Not at all.
德语表达	Bitte?	Bitte.	Bitte.	Bitte.	Bitte.	Bitte.

表 1.2　不同的英语释义在汉语中的表达

英语释义	Ok.	Ok?	Ok!	Ok...	Now things are ok.	Ok, that's enough.
汉语表达	好的。	好吗？	好啊！	好吧……	好了。	好啦。

正因为语言音义结合的任意性，我们才会在日常生活语言中发现这样的幽默巧合：某一种语言中的词语，其谐音恰好与另外一种语言中的词语相近，但意义有时却大相径庭。这种谐音巧合令人"叹为观止"，有时甚至令人捧腹、哭笑不得。有这么一个笑话，美国人对中国人说："你们的'头'就是我们的 toe（脚趾）。"中国人回击道："那你们吃的 pea（豌豆）就是我们的'屁'。"显然，英语中语音形式 toe 和意义内容"脚趾"之间的结合是任意的，pea 和"豌豆"的任意结合也是如此。当呆萌的泰语遇到汉语，也别有趣味。例如，泰语中年轻女孩、中年女人、老妇人的谐音分别对应汉语中的"水晶晶""水汪汪"和"水干干"，"老婆"的泰语发音则神似汉语的"怕了呀"。如此神奇的吻合，令人忍俊不禁。在英语学习中，用谐音记单词可以短时间加强记忆，这样轻松幽默、合辙押韵的方式可以达到事半功倍的效果，参见表 1.3。

表 1.3　英语汉语谐音幽默

单词	释义	谐音	单词	释义	谐音
abyss	深渊	额必死	flee	逃跑	飞离
admire	羡慕	额的妈呀	hermit	隐士	何处觅他
agony	痛苦	爱过你	lynch	私刑处死	凌迟
aisle	过道	爱死了	morbid	病态	毛病
amaze	使惊奇	哎妹子	pest	害虫	拍死它
ambition	雄心壮志	俺必胜	ponderous	肥胖的	胖的要死
ambulance	救护车	俺不能死	sentimental	多愁善感	三屉馒头
bale	灾祸	背噢	sting	蛰	死盯

我国幅员辽阔，方言众多，同一意义在不同方言中会有不同的表述。例如"鸭梨"，北

京人说"鸭儿梨",而天津人则说"鸭梨儿"。再如,"反正我就不"中的"反正"就有不同的表达方式,例如"高低""贵贱""上下""左右""死活""生硬"等。句子的表述亦是如此。普通话"你看这是什么",北京话为"你睐睐(lōu)这是什么",天津话为"你看看介(jiè)是(sì)嘛(mà)",上海话为"侬(nóng)看(kuì)看(kui)辩(gé)个是萨么子(sā me zi)",沧州话为"你瞅瞅这是什么(mé)呀",福建话为"利(lí)看(khoa\)这(che)是(sī)什么(si/mah)"。这些都充分证明了语言的任意性。最具有代表性的是游戏"石头剪子布"的不同方言(表1.4),即便是江苏省内的东台、常州、徐州、苏州、镇江和宿迁,其相关表述也都迥然不同。表1.5中语言符号的任意性也一目了然。

表1.4 游戏"石头剪子布"的方言(音译)

地域	方言	地域	方言	地域	方言
北京	猜丁壳	辽宁	竞港锤、庆老头(锦州)	四川成都	斯锤儿
天津	锛铰裹	东北部分地区	嘿笑嘿	四川德阳	姿巧儿
陕西西安	猜咚吃	山东烟台	将军宝、拳拳包	广东广州	包剪揼、猜枚
河北唐山	嘿喽喽	山东文登	定杠锤	广东汕头	哦啰
河北秦皇岛	笨老头	山东章丘	气桥、划优	福建	嘎逗茧
浙江杭州	金宗棒	安徽	猜包猜、打铜锤、五河(蚌埠)	云南昆明	揍揍包
浙江温州	当蹬去	上海	猜冬里猜	云南大理	争头鸡
浙江绍兴	剪刀包吴杂	广西岑溪	三姜两胜	云南弥渡	锤打美国兵
山西	钉杠子锤、踩跟起(太原)、一牙老吃(河津)	海南	闪电触	贵州贵阳	骑漆骑
甘肃中部	汉儿拔喽	台湾	嘎兜里兜		

表1.5 "很""非常"的不同方言(音译)

方言区域	方言(音译)	方言区域	方言(音译)	方言区域	方言(音译)
北京	忒	鲁中	杠	镇江	容词+得+一塌糊涂
天津	倍儿	鲁西南	怪	苏州	交乖
上海	老、蛮、邪气、交关、顶顶	杭州	毛	徐州	血
河南	可	宁波	交怪	宿迁	呆日脑(地))
东北地区	贼拉	湘西	好好	常州	费要太
运城	憨	东台	呆	四川	形容词+得+没的底底,没的边边

另外,即使在同一种方言中,同一意义的表达也是不拘一格、各具特色的。北京方言中,"头"可以是脑袋、脑袋瓜儿、脑袋壳儿、脑袋瓢儿、脑袋凿儿、脑袋核;"走了"可以是颠儿、撒丫子、挠了;"看看"是睐睐;"吃了"可以是哨了、餐了、捋了、垫补了。

普通话"昨天我去看你，等了很久，你也没回来，我就走了"，转化为诙谐幽默、接地气的北京方言便是："嘿，昨儿我瞜你去了。我一瞜你颠儿啦。溜溜儿等你半天儿，压根儿你也没回来，我一瞧，褶子了。我就撒丫子了。"这些都将语言的任意性展示得活灵活现。

第二，用什么样的声音形式表达什么样的意义，什么样的意义又用什么样的语音表达，是由社会全体成员共同约定并共同遵守的。中国的语言学著作多引用荀子的"约定俗成"来说明语言符号的任意性。《荀子·正名》有云："名无固宜（合适的），约之以命，约定俗成谓之宜，异于约则谓之不宜。名无固实（固定不变），约之以命实，约定俗成，谓之实名。名有固善，径易而不拂，谓之善名。"荀子的"约定俗成"观点，不仅揭示出语言实际上就是一种约定的符号，而且也映射了音义结合的任意性实质。马三立在单口相声《汽车喇叭声》中绘声绘色地模仿了不同用途车辆的声音内涵。例如，嘀嘀——注意～注意；汽车急刹车声——嗞……；消防车——火～火～火～；救护车——哎哟～哎哟～哎哟；警车——崴了～崴了～崴了（"崴了"源于天津方言"崴泥"，释义为倒霉、糟糕）。人们会赋予某一种声特定的音蕴意内涵，但声音与蕴意之间的匹配、结合也是约定俗成的。

就索绪尔讨论的语言音义结合任意性这一本质属性，有人会以音义协调统一的拟声词（onomatopoeic words）作为反证提出异议。比如，汉语拟声词（汪汪、喵呜、叮咚、轰隆隆、噼里啪啦、叽里咕噜等）是近似完全的音义协调统一，但这种论断忽略了世界语际差异和区域方言差异。就世界语系而言，模拟自然界中同一声音的拟声词千差万别，甚至就是同一语言中的拟声词也存在不同的方言版本，这些都足以说明语言符号的任意性是普遍的。下面具体举例说明拟声词的世界语际差异和区域方言差异。

例 1-1 求证：语言符号形式与其意义之间并无自然关系

论证举例：A rose by any other name would smell as sweet.——*Romeo and Juliet*

反证举例：动物叫声拟声词（onomatopoeic words of animals）。

论证举例：不同语言中模拟同一自然界动物叫声的拟声词千差万别，参见表 1.6。

表 1.6　同一动物叫声在不同语种中的拟声词比较

动物	英国	中国	法国	俄罗斯	日本	西班牙	荷兰	意大利	土耳其
狗	woof	wang	wouf	gav	wan	guau	woef	bau	hav
鸡	doodle	o o o	cocori	kukarekú	kokekokko	quiquiriquí	kukeleku	coccodé	u uru
牛	moo	mou	meuh	moooo	moo moo	muuu	boe boe	muu	mö

反证举例：自然声音拟声词（onomatopoeic words of natural sounds）。

论证举例：不同汉语方言中模拟同一自然界声音的拟声词迥然不同，下以打喷嚏为例，参见表 1.7。

表 1.7　我国不同方言地域的人打喷嚏的特征比较

方言区域	普遍喷嚏语音	个体差异尾音语音变化	个体差异尾音语调变化
北京人	āqì	āqià, āqiè, āqiù	āqiyé, āqiān
山西太原人	ātíng	N/A	ātíngyé, ātíngáná
山东胶东人	ātìng	N/A	ātìngyé, ātìngān

打喷嚏的普遍生理过程：吸气—吐气—猛喷。一般而言，吸气是不产生任何声音的，只有呼气才会发音。就发音而言，吐气阶段需要张大嘴，所以必然对应拼音开口呼 a；之后嘴会自然合拢，必然对应拼音齐齿呼 i，爆破猛喷阶段，气流会推动舌面与上颚摩擦，从而形成舌面塞擦音。所以打喷嚏的发音常规是āqì。就声调而言，吐气张大嘴阶段气流比较均匀，声音平稳，必然是一声；而极短暂的爆破阶段，对应的是入声或者去声（取决于喷嚏的大小）。当然，喷嚏动作结束后，口腔器官不会保持在 i 的发音位置，而是会产生"拐弯"音，致使喷嚏尾音受到方言及个人发声习惯影响，出现不同的声音模拟，例如，āqià、āqiè、āqiù。更有甚者，不但语音拐弯，语调也要变化，所以生活中也会听到基本语音＋yé或者＋ān等"九曲十八弯"的喷嚏。

与任意性相对的概念是理据性（motivation），理据性强调是音义（或形式和内容）之间天然具有联系，所以有时候任意性也叫无理据性（immotivation）。在汉字中，象形字、会意字、指事字、形声字实际上都具有不同程度的理据性，甚至对于有些汉字而言理据性才是主导，如表 1.8 所示。但即使是最有理据性的象形字，任意性也是依然存在的。从甲骨到简体，汉字虽然还保留象形文字的特征，但经过数千年的演变，已跟原来的形象相去甚远，意义却依然保持，这就是任意性的一个体现，如表 1.9 所示。

表 1.8 汉语象形字的理据性

汉字	甲骨文	金文	字源解析
人			像是垂臂直立的动物形象
子			挥动两臂，两腿包裹在襁褓中，是尚不能独立活动的幼儿
大			顶天立地的成年人
男			田（田，田野，庄稼地）＋力（力，体力），表示种地的劳力
女			像一个屈膝跪坐的人娴静地交叠着双手，有的甲骨文头部位置加一横指事符号表示发簪
夫			在大（大，即成人）的头部加一横指事符号，代表发簪（古人以束发、加冠表示男子成年）
妇			（扫箒，家庭洁具）＋（女），表示女子在家做扫地等家务
富	缺		（宀，房屋）＋（酉，酒坛），表示家境宽裕，有余粮酿酒
穷	缺		（穴，洞）＋（躬，弓身屈体），表示人在穴中无法站直
目			像人的眼睛

续表

汉字	甲骨文	金文	字源解析
口			像人张开的嘴巴
手			像五指伸张的样子
足			▢（口，村邑或部落）+ ∧（止，行军），表示军队归邑
牛			像动物头部的线描，突出了鼻孔在鼻尖上形成"V"字形状，及向两侧弧形伸出的一对尖角，甲骨文淡化了牛鼻形象
羊			像两角弯曲、两鼻孔在鼻尖上形成"V"形的动物，有的甲骨文在弯角与鼻尖之间加一短横
马			是长脸、大眼、鬃毛飞扬、长尾有蹄的动物形象，有的甲骨文用大眼借代口、眼、耳构成的头部
象			是鼻子超长、形体超大的动物的形象
鸟			像长尾飞禽，描画了飞禽的喙、羽、爪，有的甲骨文画出了全身的羽毛和羽冠
鱼			像头、鳍、尾俱全的水中脊椎动物，甲骨文字形像张着凶猛虎口的大鱼，有的甲骨文字形表示将鱼吊挂起来风干
竹			像两根细枝上垂下六片叶子
车			像某种器械两边各有一个轮子，中间是"甲"形的箱体。有的甲骨文加轭具，表示依靠畜力拉动
云			═（二，天）+ ⌒（气流），表示气流在天上流动

表1.9　汉字的演变和语言的任意性

标宋	甲骨文（商）	金文（周）	篆文（秦）	隶书（汉）	俗体楷书（汉末）
牛					
羊					
马					
象					
鸟					
鱼					

字母文字几乎都可追溯到腓尼基字母（如希伯来字母、阿拉伯字母、希腊字母、

拉丁字母等），英语字母也是如此一脉相承的。约在公元前 1500 年左右，腓尼基人（Phoenician）依据古埃及图画文字制定了腓尼基字母。以英文字母 A 为例，在古埃及，象形字母 "A" 是表示 "牛头" 的图画。随着历史的演变，字母 A 出现两种构词变化。第一种是虚词化。除了用作冠词外，更多的是置于词尾-a，作为复数的形态标志。例如，拉丁语和希腊语源的词汇 phenomena、data、media、criteria，生物学专业词汇 Mammalia（哺乳动物）、Reptilia（爬行动物）、Crustacea（甲壳纲，现代拉丁学名）。第二种是词缀化。除了常用于拉丁语或希腊语源词汇和一些科学名称专业术语，还会出现在词尾表示女性，例如 donna、senora（夫人）或者女性名字，例如 Anna、Alberta、Alexiana、Ella、Franca、Jessica、Julia、Maria、Martina、Sophia、Teresa。-a 还可以作为名词和形容词的后缀，出现在地名词汇中，例如 Asia，Africa、America、Arabia、Australia、Canada、Florida、Columbia、Cuba、Croatia（克罗地亚）、Cambodia（柬埔寨）、Costa Rica（哥斯达黎加）。再如英文字母 C，其腓尼基字母语源是 "骆驼" 的象形文字，模拟骆驼的头颈。字母通过伊特鲁里亚南部的 "卡雷坦" 文字传入罗马，其中伽马书写为新月形，[k]音被看作伽马语字母 C 的正确发音。古典拉丁语中发[k]的字母 C 传到凯尔特人，之后又通过爱尔兰僧侣传教士传给盎格鲁-撒克逊人。现代英语中的 curtain 和 car 正是字母 C 发[k]音的沿袭，其中 curtain 为象形演变（围起来的窗帘形似骆驼的脖颈），而 car 则为象意演变（骆驼被喻为沙漠之舟，车和骆驼一样，同属交通工具）。

象形文字（Hieroglyphic），又称意音文字，是世界上最早的文字，是老祖宗们描摹、记录事物的一种原始方式，也是最形象、最完好的一种字体。埃及的象形文字、苏美尔文、古印度文以及中国的甲骨文，都是独立地从原始社会最简单的图画和花纹产生出来的。象形文字是指纯粹将图形作为文字使用，而这些文字又与所代表的东西，在形状上很相像。用文字的线条或笔画，把要表达物体的外形特征具体地勾画出来。中国最初的文字就属于象形文字，甲骨文、石刻文和金文都属于象形文字。

（2）句法结构层面的任意性（Abitrariness at the Syntactic Level）

语言的随意性不体现在句法层面，即不同的语序表达不同的含义。例如，He came in and sat down.与 He sat down after he came in. 符合常理，易于理解，而 He sat down and came in. 却有些令人费解，加之备注 He got into his wheelchair and propelled himself into the room.才会让人彻底明白。显然，词序不同，句义自是迥异。

（3）语言符号的任意性和规约性（Arbitrariness and Conventionality）

语言的 "任意性" 和 "规约性" 这两大本质属性是并存的，是一个矛盾体的两个方面。简言之，就一个词本身而言，其语言符号的音义之间并没有必然的本质联系，音与义的匹配结合完全是任意的、不可论证考据的，但是这种任意性并不意味着言语个体可以任意更改语言符号的音义结合关系。索绪尔界定的语言学意义上的任意性与现实日常生活中 "任意、随意、随心所欲、信口开河" 等概念不同。恰恰相反，一个词的语言符号是由不同语言社会集团约定俗成的，并且一旦在某一语言集体中确立下来，言语个体是不能对它有任何改变的，是具有规约性的（即强制的不变性）。一旦在一个话语团体中确定下来，就不会轻易更改，而是会相沿成习。

侯宝林、郭启儒在相声《猜字》中对"煤""炭"两个形声字的解析便生动形象地展示了语言的任意性和规约性之间微妙有趣的关系。侯宝林先生认为，念"煤"的那个字应该念"炭"，念"炭"那个字应该念"煤"。追本溯源，因为煤（自然中的实物）在山底下，是山底下的灰，故此应写作"炭"。而炭是木头烧的，《说文解字》中记载："炭，烧木余也。"《释名》中也有同样的描述："火所烧余木曰炭。"煤字左"火"右"某"（甘木之某），故此干（"甘"字谐音）木头一烧，应写作"煤"。郭启儒先生则解释"煤"之所以念 méi，"炭"之所以念 tàn，应该得服从广大群众的习惯。这里"广大群众的习惯"也就是规约性的具体体现。传统相声《学四省》也活灵活现地演绎了这种语言的"约定俗成"。诸如"推头""推个分头""推个背头""推个小平头"这样的表述早已被接纳，如果非得违背这种"约定俗成"，标新立异，偏偏要说"推推脑袋瓜儿""推个分脑袋瓜儿""推个背脑袋瓜儿""推个小平脑袋瓜儿"，那就不伦不类了。再如，对联"小老鼠偷吃热凉粉，短长虫缠绕矮高粱"形象生动地凸显了语言的规约性，因为即便是刚出生的鼠宝宝也叫作"老鼠"，而不能够叫作"少鼠"；刚出锅、还冒着热气的凉粉本身是热的，也得叫作"凉粉"；很短的七寸蛇，也得俗称"长虫"；刚出土冒芽的高粱非常矮，但也得叫作"高粱"。

辜正坤先生指出，音义关系既有任意性，又有必然性，二者衍变的程度与历史进程的关系是：音义关系的必然性程度与历史进程呈反比，音义关系的任意性程度与历史进程呈正比。越是远古期，音义之间的必然性越强；越是近现代，音义之间的任意性越强（2004）。我们可以借助大家熟知的物理学中的两项规定作为例证来类推阐释语言的"规约性"。

物理学中，被丝绸摩擦过的玻璃棒带的电荷规定为正电荷，被毛皮摩擦过的橡胶棒带的电荷规定为负电荷。在物理学中，正电荷与负电荷，其本原就是两种电性相反的电荷，但并没有所谓的正负之分。只是近代科学家们为了研究方便，区分这两种电荷并分别"规定"一种电性为正电荷，与之相反的另一种则为负电荷。"被丝绸摩擦过的玻璃棒带的电荷"与"正电荷"之间的结合是任意的，但又因为约定俗成而被延续使用。"被毛皮摩擦过的橡胶棒带的电荷"和"负电荷"之间的关系亦然。同时，物理学还规定了正电荷定向移动的方向为电流方向，这与正负电荷的规定有着异曲同工之妙。正因为物理学语言表述中"任意性"和"规约性"这一对矛盾体的存在，才让物理学初学者一头雾水。初学者往往会产生这个疑问：学过化学的"电解池"后，得知负极流出电子（带负电）经过阴极，流向阳极，最终流向正极。但为什么电流方向却是从正极向负极（与电子方向相反）？其实，电流的方向是人们在初步认识电流时的一种"规定"，当时科学家们认为电流是正电荷定向移动的结果，是从电源的正极经导线流向负极的，所以人为"规定了"正电荷定向移动的方向为电流方向。这种规定显然是随意的，但却一直沿用至今。虽然后来人们认识了电子，知道了金属导体中的电流实际是由带负电的电子移动而产生的，是从电源的负极经导线流向正极的，但鉴于物理学术界的约定俗成，电流方向的规定仍然沿用，所以就出现了令人费解的表述：金属导体中的自由电子定向移动方向与"规定的"电流方向相反。

1.1.2 双重性（Duality/Double Articulation）

语言的层级性示例如下（为了表述得更加简洁，笔者在这里使用英语）：

音（sounds）>音节（syllables）>语素（morphemes）>词（words）>短语（phrases）>从句（clauses）>句子（sentences/utterances）>语篇（texts/discourses）

```
secondary level: /s/, /p/, /a: /, /k/                    scores of sounds
        ↓   grouping into /spa: k/, /pa: ks/ or /ka: ps/        ↓
primary level: spark, parks, carps                       hundred of morphemes
        ↓   grouping with other words respectively              ↓
higher level: phrases, clauses, sentences, texts         thousands of words
```

语言系统的组成规则主要表现为语言结构要素的层级性，就是说，语言是一种分层的装置，可以从低到高或从下到上分出若干个层次，使音、义以及由音义相结合而组成的符号"各就各位"，同时，在层级结构（heierarchicell structure）中，相关各节点之间存在父级/子级关系，从而形成一个严密的系统。语言符号是音与义的结合体，因而音与义自然处于语言层级的最下层。"音"本来是一条混沌、模糊的线性音流，犹如笑声哭声、虎啸狼嚎，分不出音的结构成分来；"义"的情况也是如此，混沌、模糊，分不出意义的界限。音位本身没有意义，但具有区别意义的作用；意义如果没有语音的外壳，也是无法表达和传达的。音位彼此组合继而与某种意义相结合就能构成语言层级中符号和符号的序列，这是语言的上层。这一层又可以分若干个级：第一级是语素，这是语言中音义结合的最小结构单位，是构词材料；第二级是由语素的组合构成的词，是语句组合材料；第三级是由词的组合构成的句子，是语篇交际材料。语言符号二层性的核心运作原则是以少驭多。在音位层，音位的数量只有数十个。从音位到语素，语素的数目达到数千个。语素结合成词，数目量翻番达到数十万个，而词组合成句子则达到无穷。一种语言的音位是有限的，一般只有三四十个，但这些有限的音位按照一定的规则进行组合而构成语音，基本上就能满足意义表达的需要，构成语言符号。

1.1.3 创造性/多产性（Creativity/Productivity）

递归性是语言的根本性质之一，语言的递归性赋予语言无限的创造性，说话者可以创造出闻所未闻的话语，言人之所未言。中国语言学家钱冠连指出，递归性是语言结构层次和言语生成中相同结构成分的重复或相套。递归论（recursive theory）亦称"递归函数论"或"能行性理论"，是数理逻辑中研究可计算理论的分支。它对函数值的计算往往回归到已知值而求出，故而得名。语言学领域，它是指反复使用相同的规则来生成无穷的短语或句子的一种语法手段。例如，一位搓澡师傅路过天津大学表层地球系统科学研究院（Institute of Surface-Earth System Science），戏称自己的工作单位是表层身体污垢研究院（Institute of Surface-Body Decontamination）。

（1）语言的递归性

有学者认为，"递归"这一数学概念是翻译生成语法中借用数学算法探究语言真谛的典型范例。真正数学意义上的"递归"（recursion）包含了"递推"（recurrence）和"回归"（regression）的过程。等差数列（arithmetic progression）与等比数列（geometric progression）就是数学意义上"递推"的两个典型例子。"回归"则包括线性回归（linear regression）、逻辑回归（logistic regression）等。

　　语言范畴内，递归性主要指一种短语成分被嵌入（也即被支配）另一种有着相同范畴的成分内部。递归性已变成一个包罗万象的术语，它涵盖若干重要的语言现象，如并列和从属现象、连接和嵌入现象、主次和并联现象。与语言的开放性一样，递归关系是构成语言独创性的核心原则。诸如，"他知道我知道你知道他知道吗"的题设巧妙地用一连串"谁知道"作为宾语嵌套入问句"他知道……吗"中，试图使答题者陷入嵌套的逻辑迷宫中。下面的绕口令更是形象展示了语言的递归性。

　　"初入江湖"：化肥会挥发。
　　"小有名气"：黑化肥发灰，灰化肥发黑。
　　"名动一方"：黑化肥挥发会发灰，灰化肥挥发会发黑。
　　"天下闻名"：黑化肥挥发发灰会花飞，灰化肥挥发发黑会飞花。
　　"一代宗师"：黑灰化肥会挥发发灰黑讳为花飞，灰黑化肥会挥发发黑灰为讳飞花。
　　"超凡入圣"：黑灰化肥会挥发发灰黑讳为黑灰花会飞，
　　　　　　　　灰黑化肥会挥发发黑灰为讳飞花化为灰。
　　"天外飞仙"：黑化黑灰化肥会挥发发灰黑讳为黑灰花会回飞，
　　　　　　　　灰化灰黑化肥会挥发发黑灰为讳飞花回化为灰。

（注："讳为"二字的出现主要是为了提高绕口令的难度，"讳"（hùi）本意是避忌，"为"在此处理解为助词，"讳为"可以理解为避免。）

　　下面列举了多条例句展示语言的递归性。

例 1-2
　　我梦见自己在做梦，梦里梦不出梦里梦。
　　习惯你不习惯我的习惯，留恋曾经不留恋的曾经。
　　画里画着画着画的画家。
　　彼知彼之不知非彼不知彼知之事彼不知也。
　　我不喜欢我喜欢的人喜欢我不喜欢的人，更不喜欢我不喜欢的人喜欢我喜欢的人。
　　在乎你的我只在乎我在乎的你是否和在乎你的我在乎我在乎的你一样在乎在乎你的我。
　　关于转发《关于认真学习贯彻落实〈关于……的通知〉的通知》的通知。
　　大舅去二舅家找三舅说四舅被五舅骗去六舅家偷七舅放在八舅柜子里九舅借十舅发给十一舅工资的 1000 元。

（2）语言的创造性
① 同音文中体现的语言创造性
　　整篇文章中所有的汉字只允许采用现代汉语普通话同一个音，四声不限，标点不限，这样的文章叫作同音文，又名一音文（one-syllable article）。我国著名语言学家、"现代语言学之父"、清华国学院导师赵元任曾创作了完全用同音字写成的文言微型奇文。例 1-3 中的对联，上联全为 qi 音，下联全为 yi 音，独具匠心，令人叹为观止。例 1-4《施氏食狮史》于 1957 年 8 月刊发于《光明日报》，1960 年被《大英百科全书》收录在有关中国语言

项内。后人多借用此文以否定拼音文字，实是有悖赵元任原意。著名语言文字学家周有光在《语文闲谈：续编（上册）》中谈及，赵元任是提倡拼音文字的，他戏作的《施氏食狮史》只是说明拼音文字只能用来书写现代口语，不能拼写文言，不能区分同音汉字。例1-5、例1-6、例1-7中的同音文亦是妙趣盎然。令人对语言的创造性大为叹服的还有《仁人忍刃》（人人仁人人忍人，认仁人忍人刃人；仁人仁忍人人刃，人忍人人人人仁；忍人仁人任人刃，任人刃人任仁人）和《忐贪》（贪贪忐探探，坦探探贪贪；探探摊贪祖，忐贪坍叹瘫）。

例1-3　齐妻起棋，齐欺妻气，妻弃七棋。伊姨移椅，伊倚姨疑，姨遗一椅。

例1-4　《施氏食狮史》：石室诗士施氏，嗜狮，誓食十狮。氏时时适市视狮。十时，适十狮适市。是时，适施氏适市。氏视是十狮，恃矢势，使是十狮逝世。氏拾是十狮，适石室。石室湿，氏使侍拭石室。石室拭，氏始试食十狮尸。食时，始识是十狮尸，实十石狮尸。试释是事。

例1-5　《漪姨》：漪姨倚椅，悒悒，疑异疫，宜诣医。医以宜以蚁胰医姨。医以亿弋弋亿蚁。亿蚁殪，蚁胰溢。医以亿蚁溢胰医姨，姨疫以医。姨怡怡，以夷衣贻医。医衣夷衣，亦怡怡。噫！医以蚁胰医姨疫，亦异矣；姨以夷衣贻医，亦益异已矣！

例1-6　《饥鸡集矶记》：唧唧鸡，鸡唧唧。几鸡挤挤集矶脊。机极疾，鸡饥极，鸡冀己技击及鲫。机既济蓟畿，鸡计疾机激几鲫。机疾极，鲫极悸，急急挤集矶级际。继即鲫迹极寂寂，继即几鸡既饥，即唧唧。

例1-7　《季姬击鸡记》：季姬寂，集鸡，鸡即棘鸡。棘鸡饥叽，季姬及箕稷济鸡。鸡既济，跻姬笈，季姬忌，急咭鸡，鸡急，继圾几，季姬急，即籍箕击鸡，箕疾击几伎，伎即齑，鸡叽集几基，季姬急极屐击鸡，鸡既殛，季姬激，即记《季姬击鸡记》。

② 成语借用中体现的语言创造性

时下，一些广告往往别出心裁，借用人们耳熟能详的成语俗语增强宣传，不费吹灰之力便让产品一鸣惊人，语言的创造性确实功不可没。

表1.10广告中成语借用的变异方式共囊括了四种类型：

第一，照搬借用，字面新解。直接借用，偷换概念，根据字面表层含义重新诠释。

第二，嵌套替换，语义借用。替换关键词，语义承袭成语本意，形象生动、新颖雅趣。

第三，反义仿造，另辟新意。反其道而行之，与成语原意截然相反，借用矛盾标新立异。

第四，谐音仿拟，语义转喻。套用喜闻乐见的成语进行谐音替换，通俗易懂、言简意赅。

近年来，一些网络新词、热词层出不穷，紧跟社会热点，针砭时弊，彰显网民智慧同时也将语言的创造性演绎得出神入化。

例1-8　广告中的成语借用

历经形形色色的"涨无忌"（蒜你狠、豆你玩、姜你军、糖高宗、煤超疯、盐王爷、苹什么、苹天下、不蛋定、药你命、药你哭、棉里针、油不得、油他去、油你涨、电死你、菜高高、棉发发、钱缩缩……），中国网民早已经"风声、雨声、涨价声，声声入耳"。"侃市场"词汇更是层出不穷，让人"房不胜房"：铜心协力、铝创新高、金金有味、锌锌向荣、锂直气壮、锡以为常、钨所不能、目空一切、钛厉害了、碳为观止、钾戏真做、煤完没了、市场他爸叫锂钢。《广告人的情书》一文巧妙地"以己之矛，攻己之盾"，犀利嘲讽了时下一些广告为搏眼球而篡改成语的习气，可谓入木三分、切中肯綮。全文如下：

当衣衣不舍的深情化为天尝地酒的思恋，我只想咳不容缓地低问一声：是否鳖来无恙？

年轻的心渴望一明惊人，渴望着像钙世无双的一戴添娇那样，创建喝喝有名的丰功伟液，于是有痔无恐，毅然决然地投笔从融，去做钱程无量的美梦。

当步步为赢、智在必夺的雄心在红尘俗世中被一次次摔打历练，方明白酒负盛名的背后其实是颗苍老疲倦的心，而拥有一份贤妻良母般的温暖，才能令远航的船有标无患，即使风浪滔天也能豪情万丈，骑乐无穷地奋斗。

真正的爱是说不清楚的，能说清楚的就不叫爱。九酒归一，所有默默无蚊的眼神都异曲同工、曲径通幽，全部遮遮掩掩的心跳都无所不用其机，都是为了鸡不可失地说出那句古老美丽的低语：我爱你。

是的，我爱你。我不知道爱什么，只知道我爱你这个人，爱属于你的无鞋可及的优点和所有盒情盒理的缺点。爱你，是因为你与众不痛；爱你，是因为你别具一革；爱你，是因为你就是你，有点好有点坏有点痴有点傻的你，股往金来独一无二的你。爱被你无胃不治地关怀，也爱被你百衣百顺地依赖；爱听你随心所浴地谈笑，也爱伴你默默无炎地沉思……

是的，天下事不能食全食美，净如人意，我不再梦想令人洗出望外的衣见倾新，在穿流不息的汹涌人潮中，拥有一份令朋友首曲一纸、有口皆杯，令我终生无汗、饮以为荣的爱，我已别无锁求。

表 1.10 广告中成语借用的变异方式

变异方式	广告案例
照搬借用，字面新解	天衣无缝（无痕衣服）；明察秋毫（眼镜）；神机妙算（计算机）；平步青云（鞋）；步步高升（鞋）；一毛不拔（牙刷）；当之无愧（当铺）；一诺千金（运通银行）；望眼欲穿（衣服）；白手起家（石灰厂）；无所不包（饺子）
嵌套替换，语义借用	妙笔生辉（化妆笔）；一曲成名（卡拉OK）；对痘下药（护肤霜）；大石化小，小石化了（胆舒胶囊）
反义仿造，另辟新意	眼见为虚，耳听为实（收音机）；六神无主，一家无忧（六神花露水）；小财大用（传真机）；天涯咫尺（电视）
谐音仿拟，语义转喻	有杯无患；酒负盛名；酒酒归一；饮以为荣；丰功伟液；天尝地酒；一桶天下；有口皆杯；衣衣不舍；衣帽取人；百衣百顺；衣见倾新；一戴添娇；无鞋可及；一网无前；与食俱进；食事求是；食全食美；晋善晋美；面面聚全；锅色天香；一网情深；棋乐无穷；骑乐无穷；乐在骑中；鳖来无恙；鳖无所求；别无锁求；步步糕升；无所胃惧；无胃不治；一步到胃；痔在必得；有痔无恐；痔始至终；石全石美；咳不容缓；口蜜腹健；钙世无双；默默无炎；牙口无炎；快治人口；得财兼币；终身无汗；随心所浴；浴满全球；净如人意；洗出望外；默默无蚊；权心权意；琴有独钟；一见钟琴；一箭钟情；投笔从融；股往金来；好色之涂；无读不丈夫；百文不如一键；趁早下斑；请勿痘留；软硬兼施，外柔内钢

1.1.4 移位性/跨越时空性（Displacement）

动物基于生存本能而形成的"交际系统"是受到空间和时间的局限的，正如鸡鸣狗吠，均是其受到直接外部刺激而对此时此刻、此情此景做出的回应。而人类的语言则不然，它可以超越时空局限，言语者可以博古通今、谈笑风生，上至远古、远及未来，纵横东西，驰骋万里，正所谓"身未动而心已远"。这就是语言属性之一的移位性，也即言语者在交际时可以突破时空局限，使用语言符号言及在当前时空并不存在的意念实体。例如，超越时间局限，我们现在可以谈论三皇五帝、孔孟老庄，当然也可以论今，还可以预言未来。突破空间约束，我们可以畅谈近在咫尺的此处此地，也可以阔论远在天涯的英美法澳。

1.1.5 文化传承性（Cultural Transmission）

作为文化的载体，语言之于人类的专属性决定了人类文化的传承和延续。关于"语言专属于人类"的论证可以从《牛津英语手册》对"语言"的定义窥见一斑：（1）一种交际系统，它使用成体系的语音或其转化的其他媒介，如书写、印刷或身体符号。目前多数语言学家认为语言能力是人之所以为人的根本特征。（2）这种系统的特例，如阿拉伯语、法语、英语、夸久特儿语、梵文、斯瓦希利语等。（3）语言多少带点系统性的交际手段，例如动物的叫喊或动作、代码、姿势、机器语言，或一些比喻性的，如"梦的语言""爱的语言"等。（4）某一社会团体的用语，如科学语言、技术语言、新闻语言、理俗语言等。（5）社会上可疑的一种用语，往往带有修饰成分，如"不良语言、下流语言、激烈语言"等，但也有单独用的，如"注意你的语言"（McArthur, 1992）。

1.2 语言的功能（Functions of Language）

语言是正常人类所具有而为其他物种所不备的能力，能通过口头或书面方式表达精神现象或事件。其根本点是在语音与思想、概念、头脑中的形象之间建立联想关系，并能用重复方式发出和理解这些语音。语言的主要功能是进行人际交往（《美国百科全书》，EA 1996: 727）。

1.2.1 雅各布森语言功能框架（Jakobson's Framework of Language Function）

罗曼·雅各布森（Roman Jakobson），俄罗斯杰出的语言学家、诗学家，莫斯科语言小组的领袖。他是布拉格学派的"宿将"，也是结构主义思潮的先驱。他生前曾为9家科学院的院士，得过25个荣誉博士学位，著作超过500种。以他对语言学、文学理论、结构语言人类学、符号学的贡献来说，雅各布森堪称20世纪最具影响力的知识分子之一，其语言学三大见解直至今日仍占有重要地位。他的语言学研究涉及广泛，从最"专"的音位理论直到最"泛"的诗学论述，其中最有意义的、同时对传播学也最有启发的，当数有关隐喻与转喻二元对立的思想。这一思想追根溯源还是来自索绪尔关于横组合与纵组合二元对立的观点,即语言系统的活动是在两个坐标轴上进行的:一是横向的句段(连锁)关系;二是纵向的联想(选择)关系。

雅各布森在《语言学与诗学》(*Linguistics and Poetics*)中提出任何言语活动均需具备六大基本要素:发话人、受话人、语境、语篇、语码和交际双方。基于此六大关键要素及其分别对应的语言功能,他进一步建立了语言功能框架体系(如图1.1所示)。

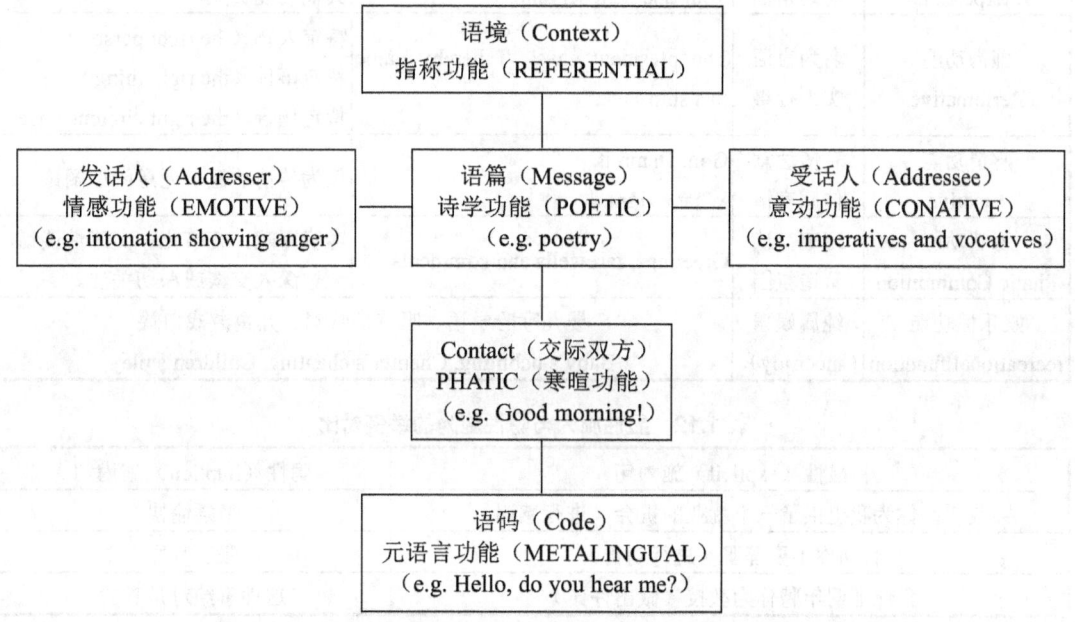

图 1.1 雅各布森语言功能体系(Jakobson's System, 1960)

1.2.2 胡壮麟语言功能系统解析

胡壮麟,北京大学哲学社会科学资深教授,国内 35 所高校的兼职或客座教授,1994年至今任中国语言与符号学研究会会长。胡壮麟先生是学术界德高望重的著名学者、外语教育家,被公认为我国外语界成就卓著的英语专家和语言学大师、中国系统功能语言学领军人。他在中国语言学学科发展、功能语言学研究、符号学研究、文体学研究等领域均取得卓越成就。胡壮麟是将语言学介绍到国内的第一人,他编写的《语言学教程》(1987年第一版)是国内第一本语言学英语教程,随后几易其版,一直为语言学习者奉为经典。

表 1.11 中,信息功能直陈事实、传递信息,是语言最主要的功能之一。信息功能通常以陈述句表述,具有辨别性,或真或假。人际功能和感情功能传情达意、溢于言表。就施为功能而言,显性(explicit)施为句中会出现"请求、祝贺、宣判"之类的施为动词,如例 1-9 中新娘或新郎的婚礼宣誓,寥寥数语,实则是永驻爱心的一生承诺。隐性(implicit)施为句中不出现施为动词,叙述句本质上也应是一种施为句,应属于施为句中一个特殊的次类。这样,言语行为的理论就从单纯对原先意义上的施为句的分析,发展成为"言有所为"的一般理论。显性施为与隐性施为的对比如表 1.12 所示。

表 1.11　胡壮麟语言功能系统解析（2001：11-16）

功能	解析	示例	典型特征
信息功能 Infomative	直陈事实 传递信息	I have a red car. He went to Paris last week.	首选陈述句（declarative sentences）
人际功能 Interpersonal	界定身份 明确角色	Dear sir. Your obedient servant.	此功能范围较广，常与感情功能及其他功能交叉。
施为功能 Perfomative	名为言语 实为行事	The president says: "I hereby name this ship Jack."	特定人物（the right person） 特定事件（the right thing） 特定场合（the right circumstance）
感情功能 Emotive	表情达意 传感言情	God. Damn it. What a sight.	仅为传情达意，无意闲谈阔论。
寒暄功能 Phatic Communion	寒暄交谈 营造氛围	Greetings, farewells and comments	客套寒暄，礼节化、交感性谈话，无意深入交谈或深切关注。
娱乐性功能 recreational function	纯属娱乐 (sheer joy)	婴儿咿呀学语、唱诗班吟唱、儿童游戏口诀 Baby's babbling, Chanter's chanting, Children's play	

表 1.12　显性施为与隐性施为的举例对比

显性（explicit）施为句	隐性（implicit）施为句
我感谢你为我提供了一个就业的机会（进行感谢）	新婚愉快
我劝你不要辞职（进行劝告）	张三有罪
我保证明年聘你为教授（做出许诺）	这件事绝对是真的

例 1-9　与众不同的婚礼誓言

神父：你是否愿意这个男子成为你的丈夫？陪他吃三聚氰胺奶、明胶老酸奶、瘦肉精香肠、地沟油菜……直至生命尽头？

新娘：我愿意！

神父：你是否愿意这个女人成为你的妻子？为她买镉大米、双氧翅、铝馒头、纸腐竹……直至生命尽头？

新郎：我愿意！

神父：我以皮鞋之名恭喜你们结为夫妻。

施为句有其独特的形态结构特征，其构成在构词、句法、语义和语用搭配方面均要受到一定限制。其主语须为第一人称单数，且主语的现实主体需要有某种行事权威。例如，女王宣布"我将这艘船命名为维多利亚号"。施为句，尤其是显性施为句中须包含施为动词（即言语动词）。时态、语气和语态分别须对应简单现在时、陈述语气和主动语态。

例 1-9 中的婚礼宣誓有戏谑之意，诙谐幽默，是语言娱乐的典型例证。这种幽默范例在日常生活中比比皆是。例如，行酒令、绕口令、民间童谣或"石头剪子布"游戏。酒令是酒与游戏的结合物，春秋战国时期的投壶游戏、秦汉之间的"即席唱和"等都是一种酒令。行酒令，是筵宴上助兴取乐的饮酒游戏。饮酒行令，不仅要以酒助兴，往往还伴之以赋诗填词、猜谜行拳之举，要求行酒令者敏捷机智，有文采和才华。一般推举一人为令官，余者听令轮流说诗词、联语或其他类似游戏，违令者或负者罚饮，所以又称"行令饮酒"。酒令分俗令和雅令：俗令广泛流行于百姓之间，猜拳是俗令的代表。例如，"独一枚，哥俩好，三星照，四季财，五魁首，六六顺，七个巧，八匹马，九长寿，满十（实）在，宝一对"。雅令即文字令，通常是在文化人之间流行。《红楼梦》集中展现了酒令的花样，小说中的酒令让人大开眼界，如传花、拍七、猜谜、说笑话、筹令、占花名、藏钩、射覆、汤匙令、酒牌令等。

寒暄语会凸显强烈的文化差异。例如，中国人告别时会很有礼貌地互道珍重，主人一般会说"您慢走"，而客人则往往会说"您留步"；中国人在谈及身体健康和保养时，总会很关心地告诉对方"要多喝热水""多穿点衣服"；中国人在结束电话时会有一串告别词"嗯，嗯嗯，嗯嗯嗯……哎，哎哎，哎哎哎……好嘞，好的……嗯嗯嗯……挂了啊……哎哎……"。对这些寒暄语，中国人不足为奇且习以为常，而外国人对此则是一头雾水、不知所云。最典型的是，哥几个一块聚会，夜色阑珊、微醺分别时，总会有人打趣说："今天回家又得跪搓衣板了。"朋友们自然心照不宣、会心一笑。其中蕴含的文化韵味绝不是外国人可以领会的。

1.3 语言的起源（Origin of Language）

1.3.1 语言神授说（The Divine-Origin Theory）

关于人类语言起源最原始、最淳朴的猜想和假说无不带有神话色彩。约公元前1500年，腓尼基人在楔形字基础上推演出腓尼基字母并奉卡德摩斯（Cadmus，腓尼基王子）为字母创始神；欧丁神（Odin）被诺尔斯人（Norsemen，挪威人）认定为如尼文字母（Rune，古代北欧文字）之神；希伯来人（古犹太人）则奉人类始祖亚当为字母创造人。圣经《旧约·创世纪》中完整地记载了上帝创造亚当，亚当为万物命名。古埃及人认为语言的创造者是透特神，印度人认为语言是由宇宙创造者梵天之妻——学习女神沙拉斯瓦提创造的。根据我国云南纳西族的《东巴经》记载，古代三位圣人"生于同时，分居三地"，是他们创造了纳西、汉、藏三种文字。古代佛教所认为的造字者分别是：梵天（Brahma，又称梵、梵王、梵名，古代印度传说中造物神之一），造右行文字；佉卢（西域古犍陀罗人），造左行文字；仓颉，造下行文字。"仓颉造汉字"之传说在先秦便已流行。《荀子·解蔽》中载曰："好书者众矣，而仓颉独传者，壹也。"《吕氏春秋》载曰："奚仲作车，仓颉作书。"《论衡》亦载："仓颉作书，天雨粟，鬼夜哭。"在战国以后的记载中，仓颉是黄帝史官、造字圣人，民间公认其为造字原神。

1.3.2 语言发明说（The Invention Theory）

语言发明说认为语言在人类种群中的产生既不是天赋异禀，更不是神灵授予，而是人类生存的生活方式和社会发展的一种历史必然。语言来源于人类本身。远古时代的人种动物在群体狩猎、采集协作中喉咙里会发出某种生物性呼唤，日久天长、逐渐嬗变为一种音节清晰且具有固定意义的指称性声音符号,这便是最初的语言。

（1）摹声说（The "bow-wow" Theory）

① 直接拟声（Primary Onomatopoeia）

郭沫若先生将英国著名诗人托马斯·纳什（Thomas Nashe）的诗歌《春》（*Spring*）中的 Cucko、jug-jug、pu-we、to-witta-woo 拟声翻译为"嗣嗣,啾啾,哥哥,割麦、插一禾"。此外,动物声音的直接拟声,包括:嚎呜（狼）、嗷（老虎）、喵（猫）、汪汪（狗）、咯咯（鸡）、嘎嘎（鸭）、咕咕（鹅）、咩咩（羊）、哞哞（牛）、咴儿（马）、嗯昂（驴）、叽叽喳喳（麻雀）、叽叽（鸟）、啾啾（斑鸠）。表 1.13 详述了英文中动物声音的直接拟声词。

表 1.13 动物声音拟声词（Primary Onomatopoeia of Animal Sounds）

动物	拟声词	动物	拟声词	动物	拟声词
ape	gibber	horses	nay /snort /neigh /whinny / nicker	eagles	scream
bear	growl	ass	bray	nightingale	jug / jug-jug
lion	roar	pigs	squeal / grunt	owl	hoot / whoop / screech
tiger	growl / roar	mice	squeak	raven	croak
wolf	Howl / growl	camels	grunt	pigeon	coo
elephant	trumpet	frogs	croak	sparrow	twittler / chirp, chirrup
monkey	chatter	turkey	gobble	thrush	whistle
snakes	hiss	beetle	drone	lark	warble
fly	buzz hum / buzz / drone	cricket	chirp / chirrup	magpie	chatter
mosquito	hum / buzz / drone	cicada	chirp / chirrup	parrot	squawk
ox	low / bellow	goat	bleat	cock	crow
bull	low / bellow	sheep	baa	hen	cluck / cackle / chuck /chuckle
cow	moo / boo, low	lamb	bleat/baa	chick	cheep
calf	bleat	duck	quack	dog	bow-wow / yap / snarl / growl
cat	meow / mew / purr	goose	cackle / gabble / gaggle	hound	bay
kitten	mew	wild-goose	honk	puppy	yelp

② 间接拟声（Secondary Onomatopoeia）

比如虎啸、狮吼、龙吟、猿啼、马嘶、犬吠、鸡鸣、鹤唳、蝉噪等。

（2）感叹说（The "pooh-pooh" Theory）

语言感叹起源说的代表人物是古希腊哲学家伊壁鸠鲁。卢梭的"感情论"也略有感叹说倾向,孔迪拉克的《人类认识起源论》中也有明确描述。这种假说认为人类的有声语言源于喜怒哀乐等各种生理感受引发的本能性感叹。这种出于内心感触或外来感受而自觉发出的声音逐渐演变为感叹词。但是语言中的感叹词（Oh, Ah, Oops）数量有限,故此种假说无以得到充分论述。

（3）吆嘿嗬说（The "yo-he-ho" Theory）

劳动号子就是吆嘿嗬说的典型范例。劳动号子简称"号子"，北方常称"吆号子"，南方常称"喊号子"。劳动号子是产生并应用于劳动的民间歌曲，具有协调与指挥劳动的实际功用。其音乐形象粗犷豪迈、坚实有力，是某些体力劳动中不可缺少的有机部分。在劳动过程中，尤其是集体协作性较强的劳动，为了统一步伐、调节呼吸和释放身体负重的压力，劳动者常常发出吆喝或呼叫。号子类别的划分主要依据是不同的工种和传唱环境，大体上可以分为四种：搬运号子（装卸、扛抬、挑担、推车等），工程号子（打夯、打硪、伐木、采石等），农事号子（打麦、舂米、车水、薅草等），船渔号子（水运、打鱼、船务等）。马季、于世猷在相声《劳动号子》中这样解释："劳动人民根据他劳动那个节奏和情感自然而然哼出来的调子，慢慢地形成一种歌，这叫劳动号子。所有这些号子都是在劳动当中产生的，凡是有劳动的场面，您去听，准有这种歌声。例如，轰牛号子——哦～喂～喂～喂～哟～哟～喂～喂～喂～哟；赶鸭号子——鸭～鸭～鸭；轰猪号子——噜～噜～噜；赶车号子——嘚～喔～驾～驾～喔；插秧号子（秧歌调）——嗦～啦～嗦～啦～哆～啦～哆。"

1.3.3 进化推演说（The Evolutionary Theory）

语言的形成和发展是人类体格和心智进化推演的产物，人类发声器官的进化更适合语言的发声，并且劳动使语言交流成为生产、生活的必需。

1.4 语言学分支（Main Branches of Language）

图 1.2 展示了语言与语言学的结构关联。如图 1.3 所示，语言学包括理论语言学（theoretical linguistics）和学科交叉语言学（macrolinguistics, interdisciplinary linguistics）。具体而言，理论语言学分支包括语音学、音系学、形态学、句法学、语义学和语用学。学科交叉语言学包括应用语言学（研究语言的应用）、心理语言学（研究语言与心智之间的关系）、社会语言学（研究语言与社会的交互关系）、神经语言学（研究语言与人类大脑的关系）、计算语言学（诸如，机器翻译、信息检索、人工智能等）等。

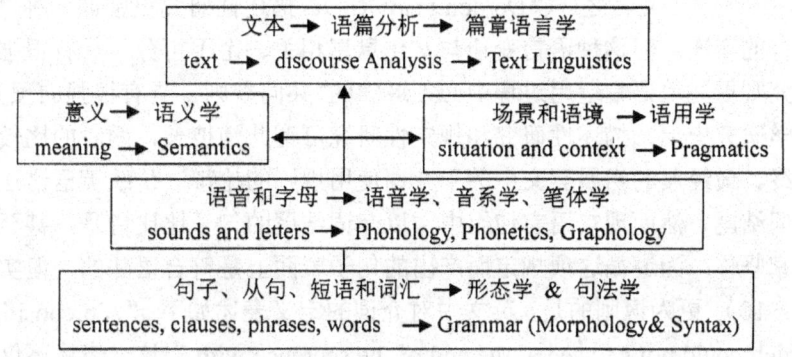

图1.2　语言与语言学的结构关联（Structural Connection between Language and Linguistics）

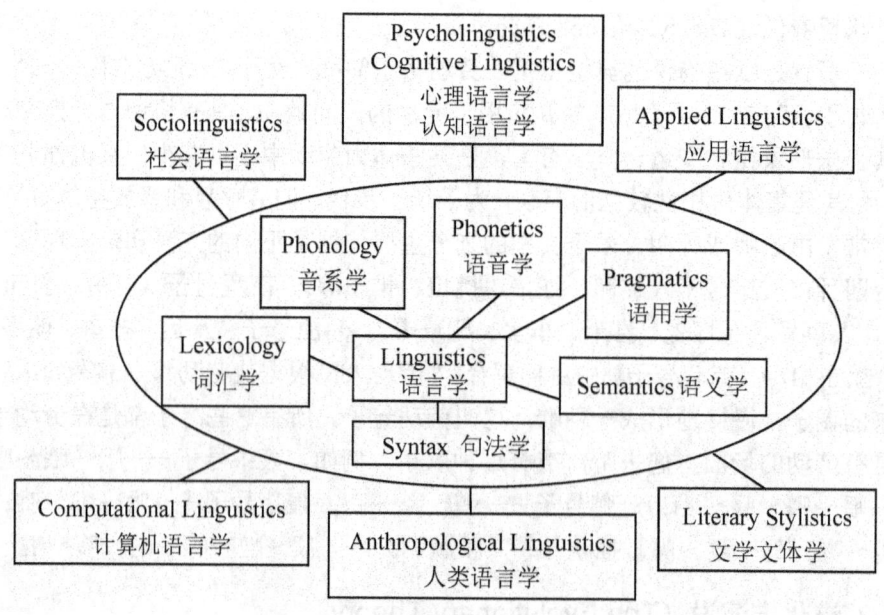

图 1.3 语言学研究分支图例

1.5 语言学的基本概念区分（Important Distinctions in Linguistics）

1.5.1 描述性研究与规定性研究（Descriptive and Prescriptive）

描述性研究和规定性研究对语言研究方法的实质和功能分别加以界定。顾名思义，描述性研究着重于如实记录描述并据此解释探寻人们实际运用语言的方式，力争客观地观察分析并尽量避免判断评述。其重要核心之一就是要真实面对并客观接受语言的历史变迁和社会变异。规定性研究是一些语言学家或者语法学家为规范语言的正确使用而人为地制定出一套语法系统和语言使用规范，且试图将其加以固定，使人们在运用语言时有规则可循，并引导人们正确规范地使用某种语言。简言之，描述性研究是"实言之"（"People do/don't say X."），规定性研究是"应言之"（"Do/don't say X."）。描述性研究更强调一种"约定俗成"，它更关注语言的变迁，但这种语言变迁与文化息息相关、密不可分，具有很强的时代性；而规定性研究则更注重语言运用过程中必须遵守的"共同规则"，具有很强的预先"规定性"。

在语言学研究史上，描述性研究和规定性研究可谓此消彼长，两者的比较论辩贯穿语言学研究始终。最经典的当属英文中关于介词使用规则的论辩。传统英语语法规定一个句子不能以介词结尾，然而现实语言使用中，以介词结尾的句子比比皆是，甚至一些文学作家和语法学家坚称：为遵循这项规定而产出的句子表面上是符合语法的，但实际却是生硬艰涩（见例 1-10）。更为讽刺的是，英文中对介词的定义表述如下："A preposition is defined as a word which could not be used at the end of the sentence with." 这一表述不仅将描述性研究和规定性研究两者的区别展示得一览无余，而且针对规定性研究的评述也是一针见血、力透纸背，颇有几分幽默风趣。而规定性研究也是以己之矛戳己之盾，难以自圆其说。事实上，语言学界对于英语介词后置和介词随伴的研究一直方兴未艾（见例1-11）。

例 1-10
　　a. There's no one else to hide behind. (Grammatically correct and natural)
　　b. There's no one else behind whom to hide. (Grammatically correct, but unnatural)
　　c. Where did you come from? (Grammatically correct and natural)
　　d. From where did you come? (Grammatically correct, but unnatural)

例 1-11
　　a. This is something we must meditate on. 介词后语（preposition stranding）
　　b. This is something on which we must meditate. 介词随伴（preposition pied piping）
　　c. *This is something on which we must meditate on. (double-preposition, ungrammatically)
语言学中符号"*"表示此句不符合语法。

语言的实际使用中，规定性语言未免有规矩套子、循规蹈矩之嫌，而描述性语言则是实事求是的真实呈现。例如，汉语中词类的活用不拘一格、独树一帜，呈现了语言的奇光异彩。词类活用在古汉语中很常见，除了成语外，现代文中这样的词类活用也比比皆是。表 1.14 中成语的词类活用可谓出神入化，表 1.15 中古诗词的词类活用更是炉火纯青。这些看似逾越规则的描述性语言不仅真实记载、呈现了语言的"争奇斗艳"，也客观反映了人类对于世界的真实思维成果。

表 1.14　成语的词类活用

类型		示例
词类活用	名词活用为动词	袖手旁观、无所事事、朝秦暮楚、罄竹难书、莫名其妙、袍笏登场、相形失色、声东击西、焚书坑儒、衣锦还乡、沐猴而冠、沧海桑田、户枢不蠹、洞烛其奸、华而不实、履险如夷、经天纬地、衣冠禽兽、车水马龙、能官能民、能上能下、不翼而飞、不胫而走、不蔓不枝、不伦不类、不齿于人、不男不女、不毛之地
	动词活用为名词	得不偿失、百废俱兴、入不敷出、救死扶伤、道不拾遗、救亡图存、视死如归、绝处逢生、长歌当哭、鉴往知来、吃喝玩乐
	形容词用作名词	党同伐异、扶老携幼、披坚执锐、革故鼎新
使动用法	名词使动用法	汗牛充栋、祸国殃民、兵不血刃、恩泽万世、汗颜无地
	动词使动用法	降龙伏虎、翻天覆地、惊天动地、倾国倾城、斗鸡走狗、屈身辱志、倾国倾城、走马观花、趋之若鹜
	形容词使动用法	打草惊蛇、丧权辱国、平易近人、赏心悦目、息事宁人、大快人心、丰衣足食、一鸣惊人、治国安邦、殚精竭虑、穷兵黩武、气壮山河、正本清源、曲突徙薪、穷形尽相
意动用法	动词意动用法	不耻下问
	名词意动用法	家天下、幕天席地、草菅人命、鱼肉百姓、千金一刻
	形容词意动用法	乐于助人、不远千里、甘之如饴、先公后私、安居乐业、兵贵神速、贵耳贱目、厚今薄古、幸灾乐祸、是古非今、食不甘味、重男轻女、不远万里、安贫乐道、轻财好色

表 1.15　古诗词的词类活用

类型		示例	注释
词类活用	名词活用为动词	欲穷千里<u>目</u>，更上一层楼（王之涣《登鹳雀楼》）	目：看
		东边日出西边<u>雨</u>，道是无情却有情（刘禹锡《竹枝词二首·其一》）	雨：下雨
		黄师塔前江水<u>东</u>，春光懒困倚微风（杜甫《江畔独步寻花》）	东：向东流
	名词活用为形容词	沉舟侧畔千帆过，病树前头万木<u>春</u>（刘禹锡《酬乐天扬州初逢席上见赠》）	春：茂盛
		千里黄云白日<u>曛</u>，北风吹雁雪纷纷（高适《别董大二首》）	曛：昏暗
	形容词活用为名词	<u>贫贱</u>有此女，始适还家门（《孔雀东南飞》）	贫贱：贫贱之家
		朱颜君未老，白发我先<u>秋</u>（李白《忆襄阳旧游，赠马少府巨》）	秋：衰老
		千里莺啼<u>绿</u>映红，水村山郭酒旗风（杜牧《江南春》）	绿：绿叶
	形容词活用为动词	莫笑农家腊酒浑，丰年留客<u>足</u>鸡豚（陆游《游山西村》）	足：备足
		劝君更<u>尽</u>一杯酒，西出阳关无故人（王维《送元二使安西》）	尽：喝完
		槲叶落山路，枳花<u>明</u>驿墙（温庭筠《商山早行》）	明：照亮
使动用法	形容词使动用法	春风又<u>绿</u>江南岸，明月何时照我还（王安石《泊船瓜洲》）	绿：使绿
		山光<u>悦</u>鸟性，潭影空人心（常建《题破山寺后禅院》）	悦：使欢悦
		天苍苍，野茫茫。风吹草低<u>见</u>牛羊（《敕勒歌》）	见：使显现
		青海长云<u>暗</u>雪山，孤城遥望玉门关（王昌龄《从军行七首·其四》）	暗：使变得暗淡
意动用法	形容词意动用法	天意怜幽草，人间<u>重</u>晚晴（李商隐《晚晴》）	重：以……为重
		谁人得似张公子，千首诗<u>轻</u>万户侯（杜牧《登池州九峰楼寄张祜》）	轻：把……看轻

以下例句中的语言现象是修辞学辞格之一的转品（转类），是词语原本性质、原始"品性"的临时转换，指某词语在句子中不体现其本原、常用的词性而临时被赋予其他词性。简言之，这种模糊修辞手法突破了"字典意"，而蕴含着"字典意"以外的"临时意"。例如，"<u>老</u>吾老以及人之老，<u>幼</u>吾幼以及人之幼"。第一个"老""幼"，释义为"赡养孝敬""抚养教育"，由形容词转为动词；第二个、第三个"老""幼"，释义为"长辈""子女"，由形容词转为名词。再如，"如果我不曾<u>愁</u>你的愁，<u>苦</u>你的苦，那我就不配说我爱过你"。第一个"愁""苦"是形容词活用为动词，第二个"愁""苦"是形容词活用为名词。转品是一种临时的、活用的、偶发的修辞现象，该词语只在这一类句子中具有新词性，并不影响其他语境中该词语的正常使用。比如，"这个人很阿Q"中的"阿Q"在其他句子中仍然是名词。

例 1-12　名词活用为动词

北方人念阵字，总老像是层字，<u>平平仄仄</u>起来，这念错的歧韵，倒来得正好。（郁达夫《故都的秋》）

例 1-13　动词活用为名词

我请问烟尘往事，那一位归乡的老人，手中握的相片，那个人是谁。老先生缓缓转身，露出了光彩的眼神，微笑对我说明，是他的<u>抱歉</u>。（张艾嘉《戏雪》）

例 1-14　名词活用为形容词

a. 这个人很<u>阿Q</u>。　　b. 小孩子最讨厌大人<u>婆婆妈妈</u>了。

例 1-15　形容词活用为名词
a. 关于郑州我想的全是你，想来生活无非是<u>痛苦</u>和<u>美丽</u>。（李志《关于郑州的记忆》）
b. 但我不能放歌，<u>悄悄</u>是别离的笙箫。（徐志摩《再别康桥》）
c. 我的<u>安静</u>在沸腾，你是否听见。（苏打绿《安静在沸腾》）

例 1-16　形容词活用为动词
a. 听说你<u>抑郁</u>了？
b. 莫等闲，<u>白</u>了少年头，空悲切！（岳飞《满江红·写怀》）
c. 你发如雪，<u>凄美</u>了离别。（周杰伦《发如雪》）
d. 静止了，所有的花开，<u>遥远</u>了，<u>清晰</u>了爱。（周杰伦《花海》）
e. 一身琉璃白，<u>透明</u>着尘埃，你无瑕的爱。（周杰伦《千里之外》）
f. 心里的忧闷，像雨后遥山一般，浓酽酽的又<u>翠深</u>了一层。（苏雪林《鸽儿的通信》）

例 1-17　人称代词活用为形容词
a. 好<u>你</u>啊！　　b. 真有<u>你</u>的！

1.5.2 语言与言语（Langue and Parole）

语言（langue）与言语（parole）的概念区分由索绪尔提出，具体表述见表 1.16。

表 1.16　语言（langue）与言语（parole）的概念特征（Definition and Features of Langue and Parole）

语言与言语	Langue：法语，同 language（语言），是一个抽象的语言系统	Parole：法语，同 speech（言语），指人们实际的言谈、话语
定义	由某一个语言社团共享并遵守的、约定俗成的语言体系	实际交谈中，约定俗成语言规则的具体应用
	概括性规则（the generalized rules）	真实语境中的语言使用（naturally occurring）
特征	语言应用的深层指导规则	即时即景，场景特定的遣词造句
	规则相对稳定系统 relatively stable and systematic	受个人说话风格和交谈场景限制 subject to personal and situational constraints
	强调语言社团的约定俗成 social rather than individual	强调言语主体的个性差异 individual rather than social
	语言固定的本质属性 essential rather than accidental	言语表现的偶然性 accidental rather than essential

下面举例说明语言与言语在中文中的区别。

例 1-18
语言：主谓宾结构。
　　　你吃饭了吗？
言语：词序颠倒，言者随心所欲。
　　　你吃饭了吗？
　　　吃饭了吗，你？

你，饭吃了吗？
饭吃了吗，你？
吃了吗，饭，你？

例 1-19 语气词在言语中的传情达意

好的。Ok. 好吗？Ok? 好吗……Wow...That is amazing. 好呢！That is nice!
好吧！Ok... 好啊！Ok! 好了！Now things are ok. 好啦！Ok, that is enough.

1.5.3 语言能力与语言运用（Competence and Performance）

艾弗拉姆·诺姆·乔姆斯基是美国语言学家和语言哲学家，麻省理工学院语言学的荣誉退休教授，1972 年当选为美国国家科学院院士，1984 年获美国心理学会颁发的杰出科学贡献奖，他的生成语法理论是 20 世纪理论语言学研究上最伟大的贡献。乔姆斯基创立了转换生成语法理论，这一理论不仅获得语言学界很高的评价，而且在心理学、哲学、逻辑学等方面引起人们普遍的重视。他还通过对伯尔赫斯·弗雷德里克·斯金纳《口头行为》的评论，发动了心理学的认知革命，对 20 世纪 50 年代占主导地位的行为主义者学习精神和语言的方式发起挑战。

一个人的实际语言运用并不总是其语言能力的确切表现。首先，基于经济省力，说话者往往言简意赅，选取常用的词汇。例如，英语中用 car 指代各式各样、不同型号的汽车，但显然这并不能说明本族语者无法习得各种车型的具体名称（参见表 1.17）。再者，由于语言使用中诸如疲劳过度、注意力不集中、过于激动或过分紧张等个体情感的干扰，往往会出现言不由衷、词不达意、颠三倒四的"口误"现象。例如，忙中出错，将 I took the book home 说成 I took the hook bome。这类语言运用失误显然不能表明说话者不具备这方面的语言能力。

表 1.17 常见车辆类型中英文对比

英文车型名称	中文车型名称	英文车型名称	中文车型名称
sedan	小轿车	van	中小型货车
hatchback	掀背式轿车	minivan	小型货车
station wagon	旅行轿车	moving van	搬家汽车
limousine	豪华轿车	truck	卡车
hybrid	混合动力车	tow truck	拖车
convertible	敞篷车	pickup truck	皮卡车
sports car	跑车	tractor trailer	拖拉机挂车
SUV (sports utility vehicle)	运动型多功能车	moped	电动自行车
Camper/RV (recreational vehicle)	露营车	motorcycle	摩托车
MUV (multi-utility vehicle) MPV (multi-purpose vehicle)	商务车	motor scooter	小型摩托车
jeep	吉普	off-roader	越野车

例 1-20 中因为同音词，BBC 字幕出错或播音员播报出现了口误。例 1-21 中由于某种

情感原因（诸如粗心、生气、焦虑或紧张），出现了让人啼笑皆非的拼读错误。显然这两例中均是语言运用的错误，与语言能力是没有任何关系的。尤其是例 1-20 中，BBC 播音员的语言运用可谓炉火纯青，因此字幕出错和播音员口误与其语言能力毫无关系，而仅仅是语言使用中的花絮而已。

例 1-20　specific items vs. general term

a. Welcome to the year of the <u>horses</u>. People around the globe celebrate.

*Welcome to the year of the <u>whores</u>. People around the globe celebrate.

b. People going to Glastonbury will want to prepare for <u>rain</u>.

*People going to Glastonbury will want to prepare for <u>rape</u>.

c. Arch <u>Bishop</u> of Canterbury

*Arch <u>Bitch</u> of Canterbury

d. <u>wellies</u>（橡胶水靴）

*<u>willies</u>

e. We might be bad at some things but we are so good at <u>queuing</u>.

*We might be bad at some things but we are so good at <u>killing</u>.

例 1-21　外国"熊孩子"写错字更可怕

a. I love my <u>whole</u> family.

*I love my <u>whore</u> family.

b. To Mum, Thank you for the <u>shirt</u>.

*To Mum, Thank you for the <u>shit</u>.

c. My Dad is the best <u>cook</u> ever.

*My Dad is the best <u>cock</u> ever.

1.5.4　共时语言学与历时语言学（Synchronic and Diachronic）

表 1.18 综述了历朝历代取名用字的历史变迁，可谓历时研究之范例。表 1.19 中，各个年代的"结婚三大件"在变迁中演绎着各个时代的时尚风潮，既记载了人们生活质量的变迁，同时又间接反映了一个时代的社会风尚与价值取向，是历时研究的典型范例。随着社会、语言的发展以及人类意识观念的加强，人的名字越来越复杂精致、深刻隽永，取名成了一门学问，取名时讲究对其内涵进行推敲斟酌。

表 1.18　历时研究：历朝历代取名用字的历史变迁

年　代	特　征	取　名　用　字
夏	质朴淳厚，膜拜太阳，天干命名	孔甲、履癸、外丙、雍己、盘庚、武丁、小辛
商		开国之君商汤（太乙）、亡国之君殷纣王（帝辛）
		祖己、父癸、虎父丁、弓父庚

续表

年　代	特　征	取　名　用　字
西周、春秋、战国、秦朝	庄重新颖，五则六避	姬发（周武王）、孔丘（孔子）、庄周（庄子）、李耳（老子）、屈平（屈原）、宋玉
		五则："名有五，有信（身体上的某些标志）、有义（婴儿表现的天赋）、有象（相貌）、有假（假借）、有类（相似）"，以名生为信，以德命为义，以类命为象，取于物为假，取于父为类；或彰显特色，或祥瑞达通，或托物言志，或厚德载物，或寄托期望；七不："不以国，不以官，不以山川，不以隐疾，不以畜牲，不以器币"来取名
汉代	报效国家，治国安邦	建功立业：孔安国、赵充国、于定国
		敬仰英雄：陈汤、赵尧、张禹
		尚武善斗：苏武、班彪、夏侯胜
		气概豪迈：孔奋、魏霸、法雄
		德操卓荦：曹操、董卓、庞德
魏晋南北朝	笃信佛教，风尚之盛	著名书法家王羲之七子分别是玄之、凝之、涣之、肃之、徽之、操之、献之，两位孙子的名字是桢之、靖之，两位曾孙的名字是翼之、悦之；"僧""惠""昙"等字表示信仰佛教，牛僧孺、王僧达、陆惠晓、王昙首；"道""玄""灵"等字表示信仰道教，李道宗、房玄龄、王玄谟、谢灵运、颜真卿
隋唐五代	单字盛行，标榜排行	房玄龄字乔、张巡字巡、徐坚字伦、谢逸字海
		喜标排行：李商隐称李十六，刘禹锡称刘二十八
		取名用"彦"字（指有才能德行的杰出人物）集中在唐末五代，唐末宰相徐彦章、后梁都指挥使杨彦洪、南汉大将伍彦寿
宋	重文轻武，美德善行	高怀德、石守信、吕端（字易直）、包拯（字希仁）
元	蒙语音译	成吉思汗、窝阔台、拖雷、兀良合台、耶律楚材、石抹狗狗、宁猪狗、高闹儿
明	世俗幸福，光宗耀祖	高攀龙、杨嗣昌、周遇吉、李万庆、黄得功
清	慕古之风，假器而名	假用古代玉器、青铜器的名称，如施琅、郭琇、岳钟琪、田文镜、李绂、和珅、姚鼐
历辽、金、元、明、清，一直延续到近现代	双字盛行，谱学兴盛，思贤欲齐，家族字辈	引经据典，如北宋词人周邦彦的名字就出自《诗经》"彼其之子，邦之彦兮"，据宋人俞成《萤雪丛说》记载，当时崇拜颜回的人取名"希颜"或"望回"，敬慕韩愈的人取名"次韩"或"齐愈"

表 1.19　历时研究：20 世纪 50 年代以来结婚"三大件"的变迁史

年　代	结　婚　三　大　件
50 年代	吹响唢呐、坐回轿、撒把糖
60 年代	"72 条腿"或"36 条腿"，"36 条腿"大约是指床、大橱、五斗橱、夜壶箱（床头柜、写字台）、桌子一件，椅子四把，加在一起共 36 条"腿"
70 年代	"三转一响"：自行车、手表、缝纫机、收音机
80 年代	电冰箱（一般是单门的）、电视机（一般是黑白的）、洗衣机（一般是单缸的）

续表

年 代	结 婚 三 大 件
90 年代	空调（或摩托车）、电脑（或音响）、录像机（或影碟机） "三金"：金戒指、金耳环、金项链
00 年代	房子，车子，票子

注："三大件"的说法始于 20 世纪 70 年代，五六十年代指的是结婚礼物。

图 1.4 反映了历时语言学与共时语言学的不同之处。

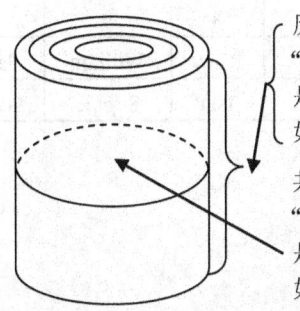

历时语言学（diachronic linguistics）又名曰"演化语言学"或"历史语言学"。纵断面之"连续轴线"演示的是某一种历史变迁，是纵向发展角度研究某种语言在一定时间跨度内的历史性演化。
如：1949 年以来中国人名字中折射的时代特色和历史变迁。

共时语言学（synchronic linguistics）又被称为"断代语言学"或"静态语言学"。横断面之"同时轴线"呈现的是某种静止状态，是研究某一个固定历史时段的静态特征。
如：20 世纪 90 年代中国人名字的时代特征。

图 1.4　历时语言学与共时语言学（Diachronic Linguistics vs. Synchronic Linguistics）

例 1-22　共时研究：中国的"新四大发明"

2017 年 5 月，来自"一带一路"沿线的 20 国青年评选出了中国的"新四大发明"：高铁、扫码支付、共享单车和网购。同年 12 月，"新四大发明"入选"汉语盘点 2017"活动年度候选字词。与驰名中外的中国古代四大发明一样，中国的"新四大发明"不仅以科技创新向世界展示了自己的发展理念，同时也正在用中国制造和设计的鲜明特征塑造着全世界在数字化领域的进步。正确认识我国发展所处的历史方位，聚焦中国特色社会主义新时代，关注中国科技的新发展、新创新，这便是典型的共时研究。

表 1.20 展示了 2016 年欧美十大最流行姓名，这次排名与他们 1996 年的排名有很大差距，而表 1.21 则列出了 2011 年欧美十大最流行姓名。显而易见，前者为研究某一时间跨度的历时研究，而后者则为聚焦某一时间截面的共时研究。无独有偶，中国家长热衷的"00 后"孩子名字同样追求个性，印证了时代特色，最典型代表有：王者荣耀、方兴未艾、黄河澎湃、黄埔军校、徐栩如生、陈雨洛彦、谢祖龙恩、朱穆朗玛、居民户口簿。

表 1.20　历时研究：1996 年和 2016 年的欧美十大流行姓名

Boys	Rank 1996	Rank 2016	Girls	Rank 1996	Rank 2016
Oliver	23	1	Olivia	24	1
Harry	17	2	Amelia	63	2
George	19	3	Emily	4	3
Jack	1	4	Isla	382	4
Jacob	35	5	Ava	753	5
Noah	225	6	Isabella	106	6

续表

Boys	Rank 1996	Rank 2016	Girls	Rank 1996	Rank 2016
Charlie	38	7	Lily	85	7
Muhammad	108	8	Jessica	3	8
Thomas	3	9	Ella	56	9
Oscar	128	10	Mia	116	10

表1.21 共时研究：2012年欧美十大流行姓名

1	2	3	4	5	6	7	8	9	10
Harry	Oliver	Jack	Charlie	Jacob	Thomas	Alfie	Riley	William	James
Amelia	Olivia	Jessica	Emily	Lily	Ava	Mia	Isla	Sophie	Isabella

第二章 语音学与音系学（Phonetics and Phonology）

语音，语言的呼吸，欢悦地呈现出语言跳跃的音韵、音律之美。恰如多敏的诗歌：
"呼吸/在鸟之咽喉/空气的呼吸/在树枝间。语词/如同风自身/它神圣的呼吸/出发又回转。呼吸总能找到/树枝/云朵/鸟的咽喉。语词/神圣的语词/找到嘴唇。"

2.1 语音学、音系学简介（Introduction to Phonetics and Phonology）

语音是语言符号的能指。作为语言学的重要分支，语音学和音系学都是对人类语言声音的研究，两者既有联系又有区别。语音学以音素为研究对象，其研究内容与某一特定的语言无关，是对人类所有语言的表层物理属性（语音）的描述和记录，它既研究具有语义区别性价值的语音，也研究不具有语义区别性价值的语音。具体而言，语音学研究语音的发音机制（生理现象），声波传播的语声特性和声学参数（物理属性）以及听觉感知机理（心理作用）。这三大主要研究内容分别对应语音学的三个子范畴：发音语音学、声学语音学和听觉语音学（见图2.1）。音系学则以音位作为其研究对象，研究的是某一特定语言的语音体系和规律，比如音位的确定、音位的结合规则（组合关系和聚合关系）、语调和韵律等内容。而且音系学只研究不具有语义区别性价值的语音。语音学和音系学也有紧密的联系。语音学研究对象的特定属性（生理属性和物理属性）为音系学研究提供了物质基础和物质性的解释机制，感知方面的语音学研究也为音系的结合规则提供了认知和神经功能的解释机制。

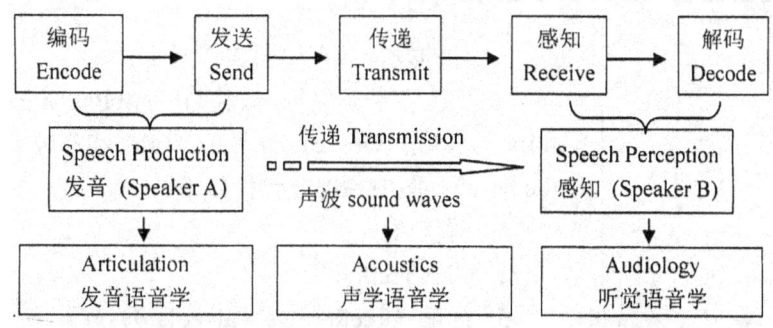

图 2.1 语音传送三步骤（A Three-step Process of a Speech Sound）

例 2-1　[1] sound in leap vs. peel

语音学视角，根据发音清晰度，leap 和 peel 中的[1]被区分为清晰音（clear /l/）和模糊音（dark/l/）。音系学视角，这两个音分别为清晰音[l]和模糊音[ɫ]。语音学注重的是如何调节发音方式发出这两个音。音系学要探究的是：为什么这两个音可以和谐共存？是否有深层规则？清晰音[l]和模糊音[ɫ]是否可以合并为一个更常规的音/l/？显而易见，语音学家所关注的是这两个/l/发音方式的差异，而音系学家则聚焦于这两个音位变体的深层规则和模式。

例 2-2 演示了语音学和音系学既各具特色、互相区别，又相互关联、承前启后的关系。语音学只是呈现"一""不"发音的变调现象，而音系学则追本溯源、探求规律。

例 2-2　发音示例

语音学示例：《长恨歌》中的"一""不"发音
a."天生丽质难自弃，一朝选在君王侧。"（yī变调读去声 yì）
b."回眸一笑百媚生，六宫粉黛无颜色。"（yī变调读阳平 yí）
c."钗留一股合一扇，钗擘黄金合分钿。"（yī分别变调读去声 yì和阳平 yí）
d."春宵苦短日高起，从此君王不早朝。"（读本调去声 bù）
e."遂令天下父母心，不重生男重生女。"（bù变调阳平 bú）

音系学示例（"一""不"变调规律）：
"一"本调为阴平高平调（调值 55），单念或在句尾念本调即阴平。
"不"本调为去声全降调（调值 51），单念或在非去声音节处念本调去声。
a 中"一""不"在去声字前念阳平（调值为 35）
b 中"一""不"在非去声字前念去声（调值为 51）。

综上，"一""不"变调规律口诀："一""不"变调同，去声前面变阳平；"一"字之外还要变，阴、阳、上前变去声。

2.2 语音（Speech Sounds）

2.2.1 发音器官（Speech Organs）

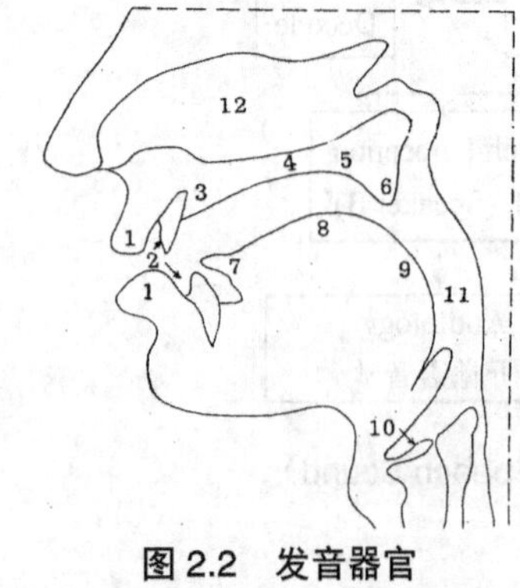

人体的发音器官如图 2-2 所示。

三大主要发音区域：喉腔与咽腔（Pharyngeal cavity, the throat），口腔（Oral cavity, the mouth）和鼻腔（Nasal cavity, the nose）。图中各部分名称如下：

1. 唇（Lips）；
2. 齿（Teeth）；
3. 牙龈（Teeth ridge（alveolar））；
4. 硬腭（Hard palate）；
5. 软腭（Soft palate（velum））；
6. 小舌（Uvula）；

图 2.2　发音器官
（MacMahon, 1990：7）

7. 舌尖（Tip of tongue）；
8. 舌面（Blade of tongue）；
9. 舌后（Back of tongue）；
10. 声带（Vocal folds）；
11. 咽腔（Pharyngeal cavity（Pharynx 咽，Larynx 喉））；
12. 鼻腔（Nasal cavity）。

2.2.2 语音的书写形式（Orthographic Representation of Speech Sounds）

国际音标（International Phonetic Alphabet, IPA）又称国际语音字母，早期又称万国音标，是一套为全世界所有语言标音的通用系统，以拉丁字母为基础，由国际语音学会设计出来作为口语声音的标准化标示方法，它可以分辨出口语里如音位、语调以及词语和音节的分隔等语音特质的对立成分。

用音标标记语音的方法叫标音法，一般分为宽式标音法/音位转写（Broad/phonemic transcription）和严式标音法/语音转写（Narrow/phonetic transcription）。前者一般使用双斜线"/ /"（slant lines），按音位来标记语音是常用于字典、教材中的通用标注（例如/l/、/p/）；而后者则使用方括号"[ ]"（square brackets），能最详尽地记录语音原貌，是附带区分符号供语音学家专用的标注。例如，dark [ɫ] in feel, build, aspirated [pʰ] in pit (compared with spit)。

此外，为了记录方便，国际语音学会还规定了一套"变音符号（附加符号）"，用以标示常见的发音现象。例如：字母上标"～"为鼻化音（如 ẽ），"ʰ"为强送气，"ᵖ"为弱送气，"aː"为全长 a，"aˑ"为半长 a 等。

2.3 辅音和元音（Consonants and Vowels）

辅音又称子音，元音又称母音，元音是音素的一种，两者的区分是依据发声过程中气流是否受到阻碍（obstruction of the airstream）而界定的。元音和辅音的特质属性如表 2.1 所示，元音是顺畅无阻的，辅音在发音时则会受到发声器官的某种阻碍。

表 2.1 辅音和元音的特质属性（Properties of Consonants and Vowels）

属性	辅音 Consonants	元音 Vowels
发音属性 Articulatory Properties	发声时发声器官会产生某种形式的阻碍	发声时发声器官几乎不形成任何形式的阻碍
声学属性 Acoustic Properties	发声时响度较弱 less sonorous	发声时响度较强 more sonorous
音节属性 Syllabic and Non-syllabic	非音节构成音素（除响音） non-syllabic elements	可充当音节之音核（nucleus）

辅音通过两个维度加以区分，而元音则有 4 个区分维度，如表 2.2 所示。

表 2.2 辅音和元音的区分维度（Classifying Dimensions of Consonants and Vowels）

辅音 Consonants	发音方式 Manner of Articulation		辅音发声时，气流被阻碍的方式
	发音部位 Place of Articulation		辅音发声时，气流被阻碍的发声部位
元音 Vowels	舌位高低 Height/Closeness	高元音、半高元音、半低元音、低元音 Close (high), Close-mid, Open-mid, Open (low)	
		舌体与上颚的距离越近则舌位越高，反之则越远	
	舌位前后 Backness	前元音（front）	汉语 i、ü
		中元音（central）	汉语 a
		后元音（back）	汉语 u、o
	舌位张弛 Tenseness	长元音（tense/long）	英语 /i:/、/ə:/、/u:/、/ɔ:/
		短元音（lax/short）	英语 /i/、/ə/、/u/、/ɔ/
	唇形圆展 Lip-roundedness	圆唇元音	汉语 u、o、ü
		不圆唇元音	汉语 a、i

2.3.1 辅音（Consonants）

根据发音方式与发音部位这 2 个辅音区分维度，英语中的辅音分类如表 2.3 所示。

表 2.3 英语辅音表（A Chart of English Consonants）

发音方式 Manner of Articulation		发音部位 Place of Articulation							
		双唇音 Bilabial	唇齿音 Labiodental	齿音 Dental	齿龈音 Alveolar	后齿龈音 Postalveolar	硬腭音 Palatal	软腭音 Velar	声门音 Glottal
爆破音 Stop/Plosive	VL	p			t			k	
	VD	b			d			g	
摩擦音 Fricative	VL		f	θ	s	ʃ			h
	VD		v	ð	z	ʒ			
破擦音 Affricate	VL					tʃ			
	VD					dʒ			
鼻音 Nasal	VD	m			n			ŋ	
舌侧音 Lateral	VD				l				
近音 Approximant	VD	(w)			ɹ		j	w	

（1）发音方式（Manner of Articulation）

发音方式即发音过程中气流从肺部流入，最后通过口腔或者鼻腔产生声音的方式。语言发音方式如表 2.4 所示，英语辅音发音方式分类如表 2.5 所示。

表2.4 语言发音方式（Manner of Articulation）

阻塞音（Obstruent）	爆破音、塞音（Stop）		
	（摩）擦音（Fricative）		
	破（塞）擦音（Affricate）		
	发音粗糙的辅音（Strident）如咝音（Sibilant）		
响音（Sonorant）	鼻音（Nasal）		
	近音（无擦通音）（Approximant）或半元音（Semivowel）		
	元音（Vowel）		
	抖音（Vibrant）	闪音（弹音）（Flap/Tap）	
		颤音（Trill）	
流音（Liquid）	R化卷舌音（辅音前的r全部读出）（Rhotic）		
	边音、舌侧音（Lateral）		
闭塞音（Occlusive）			
连续音（Continuant）			

表2.5 英语辅音发音方式分类（Consonants in English in Terms of Manners of Articulation）

英语爆破音 Stop Consonants in English			
双唇音 bilabial	p	闭合双唇	purse　rap
	b		cab　back
齿龈音 alveolar	t	气流受阻方式　舌尖抵住齿龈脊	tab　rat
	d		dip　bad
软腭音 velar	k	舌后部抵住软腭	kite　back
	g		good　bug
英语鼻音 Nasal Consonants in English			
双唇音 bilabial	m	闭合双唇	mad　clam
齿龈音 alveolar	n	气流受阻方式　舌尖抵住齿龈脊	no　man
软腭音 velar	ŋ	舌后部抵住软腭	going　funk
英语摩擦音 Fricative Consonants in English			
唇齿音 labiodental	f	上齿与下唇间	from　calf
	v		have　vine
齿音 dental	θ	上下齿与舌尖	thick　bath
	ð	气流输出渠道	the　rather
齿龈音 alveolar	s	舌叶与齿龈脊之间	suit　bus
	z		zit　jazz
后齿龈音 post-alveolar	ʃ	舌叶与后齿龈脊之间	shot　brash
	ʒ		pleasure
声门音 glottal	h	严格意义上讲，/h/并不能被归类于摩擦音，甚至不能归于辅音，因为其发音时并未受到任何气流阻碍	happy hope

		英语破擦音 Affricate Consonant in English	
后齿龈音 post-alveolar	tʃ	气流通过齿龈脊发出并形成摩擦	chick match
	dʒ		jam badge
		英语近音 Approximant Consonant in English	
软腭音 velar	w	舌叶后部抬高到软腭位置但不能太接近，且需圆唇	wet coward
腭音 palatal	j	舌叶抬高到硬腭位置但不能太接近	yes yell
齿龈音 alveolar/post-alveolar	ɹ		right roar
		英语舌侧音 Lateral Consonant in English	
齿龈音 alveolar	l	舌尖放置于齿龈脊位置	luck love

（2）发音部位（Place of Articulation）

发音部位也就是发声过程中气流受阻（the constrictions and obstructions of air）时的发声器官具体部位。发音部位及其分类如表 2.6、表 2.7 所示。

表 2.6　依据发声部位分类的辅音类型

唇音 Labial	双唇音 Bilabial	唇软腭音 Labial–velar
		冠唇音 Labial–coronal
	唇齿音 Labiodental consonant	
	齿唇音 Dentolabial consonant	
	双齿音 Bidental consonant	
舌冠音 Coronal	舌唇音 Linguolabial consonant	
	齿音 Dental consonant	
	齿间音 Interdental consonant	
	齿齿龈音 Denti-alveolar consonant	
	齿龈音 Alveolar consonant	
	舌冠软腭音 Coronal–velar consonant	
	齿龈后（齿腭音）Postalveolar	腭龈音 Palato-alveolar
		卷舌音 Retroflex
舌面音 Dorsal	齿龈后音 Postalveolar，龈腭音 Alveolo-palatal	
	硬腭音 Palatal，唇腭音 Labial–palatal	
	软腭音 Velar	
	小舌音 Uvular，小舌会厌音 Uvular–epiglottal	
腭音、喉音 Laryngeal（Guttural）	咽音（会厌咽腔）Pharyngeal/Epiglottal	
	声门音 Glottal	
周边辅音 Peripheral consonant		

表 2.7 依据发声部位分类的英语辅音

发音部位	发音方式	英语辅音	单词示例	发音部位	发音方式	英语辅音	单词示例
双唇音 Bilabial	爆破音 Stop	p	purse rap	后齿龈音 Post-alveolar	擦音 Fricative	ʃ	shot brash
		b	back cab			ʒ	vision
	鼻音 Nasal	m	mad clam		破擦音 Affricate	tʃ	chick match
唇齿音 Labio-Dental	擦音 Fricative	f	from calf			dʒ	jam badge
		v	Vine have	硬腭音 Palatal	近音 Approximant	j	yes
齿音 Dental	擦音 Fricative	θ	thick bath	软腭音 Velar	爆破音 Stop	k	kite back
		ð	the rather			g	good bug
齿龈音 Alveolar	爆破音 Stop	t	tab rat		鼻音 Nasal	ŋ	going uncle
		d	dip bad		近音 Approximant	w	wet coward
	鼻音 Nasal	n	no man	声门音 Glottal	擦音 Fricative	h	hi Bahamas
	边音 Lateral	l	luck fully				
齿龈音 Alveolar	擦音 Fricative	s	suit bus			ʔ	Wha(t)
		z	zit jazz				

注：1. 如何形象感知硬腭音呢？当吃烫嘴的热披萨时，灼热感强烈的部位便是硬腭（the place that burns like hell when he/she eats pizza that is too hot）；

2. 例句 "Wha(t) time is it？" 中 what 一词中的/t/音脱落，故此其前面的元音被滞留于声门中而产生声门音/ʔ/。声门音虽扮演辅音角色，但实际其并不是严格意义上的辅音。

（3）发声（Phonation）

气流方式与发音舌位如表 2.8 所示。

表 2.8 气流方式与发音舌位（Airstreams & Tongue Shapes）

气流方式 Airstreams	发音舌位 Tongue Shapes
送气 Egressive 吸气 Ingressive	舌尖音 Apical
喷气（挤喉音）Ejective	近尖端、亚顶端 Subapical
爆破（内破音）Implosive	层状、薄片状 Laminal
非爆破 Nonexplosive	沟状 Sulcal
倒吸气（吸气音、咂音）Lingual (clicks)	圆拱状 Domed
肺气流（音）Linguo-pulmonic	舌侧 Lateral
喷射气流 Linguo-ejective	
冲击气流 Percussive	

表 2.9 所列出的三个一组的辅音组队发音方式和发声部位相同，唯一的特征是清浊成对。

表 2.9 英语辅音组队（Phonation Pairs in English）

方式	爆破音 Stop		摩擦音 Fricative					破擦音 Affricate
部位	双唇 Bilabial	软腭 Velar	唇齿 Labiodental	齿龈 Alveolar	齿间 Dental		后齿龈 Post-Alveolar	
VL	p	k	f	t	s	θ	ʃ	tʃ
VD	b	g	v	d	z	ð	ʒ	dʒ
示例	pat bat	card guard	fat vat	tire dire	sit zit	thigh thy	fission fusion	batch badge

2.3.2 元音（Vowels）

英语元音划分维度如表 2.10 所示。

表 2.10 英语元音划分维度（Vowel Qualities Determinating Dimensions）

舌位高低 Height (Closeness)	发音时舌体较之于上颚的垂直位置	close (high)		
		near-close (near-high)		close-mid/high-mid
		mid (true-mid)		open-mid /low-mid
		near-open (near-low)		open (low)
舌位前后 Backness	舌体较之于口腔后部的相对位置	central	front	near-front
		near-back		back
舌位张弛 Tenseness	发音时舌体的松紧张弛	长元音 tense / long		短元音 lax / short
唇形圆展 Roundedness	发音时嘴唇的圆展（是否圆唇）	圆唇元音 rounded		不圆唇元音 unrounded

　　DJ 音标又称 Jones 音标，与英国语音学家丹尼尔·琼斯（Daniel Jones）有关。琼斯 1917 年根据国际音标编著的《英语发音词典》（*English Pronouncing Dictionary*）成为一本典范。琼斯曾任国际语音学会秘书，他致力于英语语音和音位理论的研究。琼斯是第一个对英国英语（British English）中的社会方言（即标准语音，Received Pronunciation）进行系统整理的语音学家。

　　琼斯根据舌位高低（tongue height, vertical dimension）、舌位前后（tongue backness, horizontal dimension）以及唇形圆展（roundedness, lip articulation）确定了定位元音（Cardinal vowels），如图 2.3 所示。定位元音（cardinal vowels），又被译为基本元音、标准元音或正则元音。它精确标注出某一发音区域界限之内舌位、音值均明确固定的基本元音。一旦这一套标准参照点确定下来，其他元音舌位便可以根据他们与这些定位元音比对形成的相对位置加以确定。因此，定位元音并不专属于某一具体的语言，人们可以在定位元音舌位图上确定任何一种语言的元音舌位，还可以进行不同语言或者不同方言的语音比较研究。图 2.3 根据元音舌位的高低、前后模拟出一个类似于口腔的不等边四边形，其中编号 1-8 为 8 个主要定位元音（primary cardinal vowels）。在主要定位元音舌位保持不变的基础上，通过改变舌的形状，继而产生 10 个次要/第二定位元音（secondary cardinal vowels），即图 2.3 中编号为 9-18 的元音。值得注意的是，主要定位元音为非圆唇音时，次要定位元音为圆唇音；反之，主要定位元音为圆唇音时，次要定位元音则为非圆唇音。

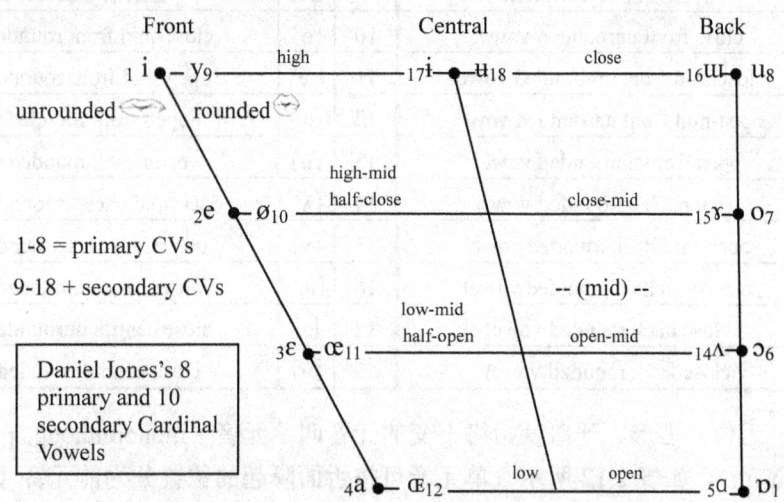

图 2.3　丹尼尔·琼斯的 8 个主要定位元音舌位图

图 2.4 示例了通用美式英语（General American，缩写为 GA 或 GenAm）和标准英语（Received Pronunciation，缩写为 RP）中的元音发声部位。

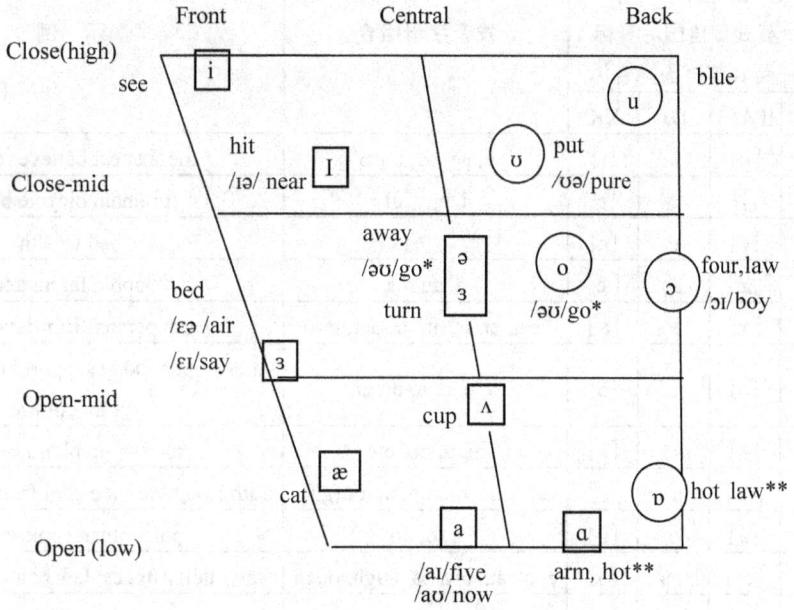

图 2.4　斯纳尔斯基（Szynalski）的英语舌位图

注：〇代表圆唇元音。

* 标识表示英国一些上层人士在 **go** 一词中的元音发音中经常在 RP /əʊ/ 和 GenAm /oʊ/ 之间切换。

** 标识表示诸如 **law** 等词的发音在通用美语中常被写为 /ɔː/，而口语中很多人却将 **hot**（/ɒ/）和 **law** 中的元音等同于一个元音并稍微圆唇。

英语基本元音列表如表 2.11 所示。

表 2.11　英语基本元音列表（Table of Cardinal Vowels）

序号	IPA	音系描述 Description	序号	IPA	音系描述 Description
1	[i]	close front unrounded vowel	10	[ø]	close-mid front rounded vowel
2	[e]	close-mid front unrounded vowel	11	[œ]	open-mid front rounded vowel
3	[ɛ]	open-mid front unrounded vowel	12	[ɶ]	open front rounded vowel
4	[a]	open front unrounded vowel	13	[ɒ]	open back rounded vowel
5	[ɑ]	open back unrounded vowel	14	[ʌ]	open-mid back unrounded vowel
6	[ɔ]	open-mid back rounded vowel	15	[ɤ]	close-mid back unrounded vowel
7	[o]	close-mid back rounded vowel	16	[ɯ]	close back unrounded vowel
8	[u]	close back rounded vowel	17	[ɨ]	close central unrounded vowel
9	[y]	close front rounded vowel	18	[ʉ]	close central rounded vowel

发音时，舌位、唇形、开口度始终不变的元音叫单元音（monophthong, pure or stable vowels, /ɪ/ in *hit*），如表 2.12 所示。单元音可按舌面隆起的位置分为前元音（[i:] [i] [e] [æ]）、中元音（[ʌ] [ə:] [ə]）和后元音（[ɔ] [ɔ:] [u:] [u] [a:]）。

表 2.12　英语单元音（Monophthongs in English）

单元音	音标符号 IPA：国际标准音标 DJ：英式英语国际音标 KK：美式英语国际音标				发音字母组合	示　例
	IPA88	IPA63	DJ	KK		
前元音	[i:]	[i:]	/i:/	[i]	e, ee, ea, ie, ei	me feet eat believe receive
	[ɪ]	[i]	/ɪ/	[ɪ]	i, e, y, ui	it remain bicycle build
	[e]	[e]	/e/	[ɛ]	e, ea	bed wealth
	[æ]	[æ]	/æ/	[æ]	a, au, ua	apple fat matter
中元音	[ɜ:]	[ə:]	/ɜ:/	[ɚ]	ear, er, ir, or, ur, our, ere	earth person firm flavor burst
	[ə]	[ə]	/ə/	[ə]	a, e, o, u, or, er	alone open today support humor number polar culture
	[ʌ]	[ʌ]	/ʌ/	[ʌ]	o, u, oo, ou	mother up blood couple
后元音	[u:]	[u:]	/u:/	[u]	u, o, ue, oe, oo, ui, ou(gh)	truth lose blue shoe cool fruit soup through
	[ʊ]	[u]	/ʊ/	[ʊ]	u, o, oo	put woman cook should
	[ɔ:]	[ɔ:]	/ɔ:/	[ɔ]	a, al, au, aw, oa, augh, ough	water talk Auguest law board caught ought
	[ɒ]	[ɔ]	/ɒ/	[ɑ]	a, o	watch hot
	[ɑ:]	[ɑ:]	/ɑ:/	[a]	a, o, ow	father arm heart

双元音（diphthong/ complex vowel/ vowel glide, /ɔɪ/ in *boy*）中联合的两个元音是一个整体，其发音时涉及两个单元音舌位之间平滑的过渡。英语双元音根据其尾音又可分为开合

双元音和集中双元音（见表 2.13）。英音的三元音（triphthong, /aʊər/ in flower）被视为英音的重要标志之一，在特定的一些词中，英式英语会在/ʊə/这个音前加上/j/构成三元音（如 lure/ljʊə/, cure/kjʊə/）。经典英音中，三元音中间的那个音常被省略（/ˋa(ɪ)ə/和/ˋa(ʊ)ə/）。另外，按照双元音的发音方法，发音重心放在第一个音素/a/上，而且/ˋa(ɪ)ə/中的/a/发音靠前，/ˋa(ʊ)ə/中的/a/发音靠后，听觉感知差异微妙。世界语言中，所有的语言都包含单元音，且大多数拥有双元音，但三元音则极其稀少。英语同时具有这三种音节发音结构。

表 2.13 英语双元音（Diphthongs in English）

双元音	发音字母组合			
开合双元音（合口双元音）：以合口元音/ɪ/、/ʊ/结尾	/eɪ/	a	ai	ay
	/oʊ/	o	oa	ow
	/aɪ/	i	y	ie	uy
	/aʊ/	ou		ow
	/ɔɪ/	oi		oy
集中双元音：以中元音[ə]（即舌中部发音）结尾	/ɪə/	ear		eer
	/eə/	air	ear	are
	/ʊə/	oor	our	ure

音标是记录、标识音素的语音标记符号，因此对于儿童母语音标习得和外语初学者而言，单纯的音标记忆难免无据可循、复杂烦冗。凯伦·泰勒和雪莉·汤普森（Karen Taylor and Shirley Thompson）绘制了颜色词元音对应记忆（如图 2.5 所示），将人们熟知的颜色词作为每个元音音标的代表，将抽象的元音符号用颜色词具体化，继而根据基本元音，将新词汇归属于某一特定的颜色词代表区域，不仅妙趣横生，且记忆效果事半功倍。表 2.14 亦有妙曲同工之处，舌位移动元音和舌静止元音分别用颜色词代表，区分便一目了然了。这种元音音素记忆方法同样也可以采用食物词汇如法炮制（如表 2.15 所示）。

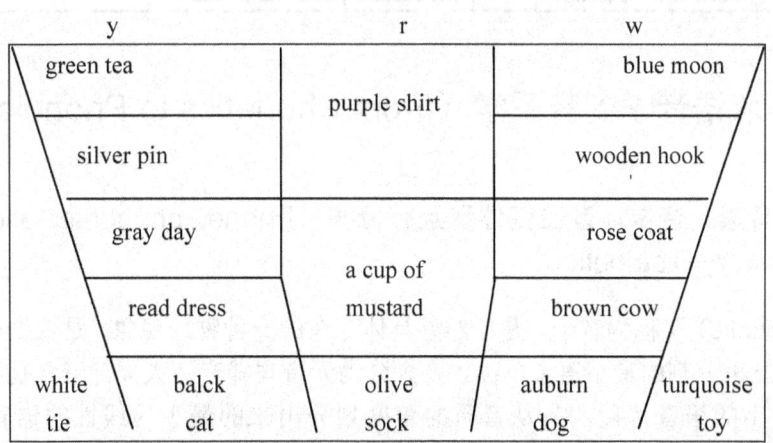

图 2.5 颜色词元音对应记忆图（Karen Taylor & Shirley Thompson）

表2.14 舌位移动元音和舌位静止元音（Moving Vowels & Non-Moving Vowels in English）

舌位移动元音 MOVING VOWELS 发音时，舌位发生移动，包含紧元音（tense vowels）、双元音（diphthongs）和滑音（glides）						
i	ei	ai	oʊ	u	aʊ	ɔi
GREEN	GRAY	WHITE	ROSE	BLUE	BROWN	TURQUOISE
舌位静止元音 NON-MOVING VOWELS 发音时，舌颌保持静止不动，包含松元音（lax vowels）和单元音（monophthongs）						
I	æ	ɔ	ɝ	ɛ	a	ʌ	ʊ
SILVER	BLACK	AUBURN	PURPLE	RED	OLIVE	MUSTARD	WOODEN

表2.15 颜色词元音对应记忆图之食物拓展篇（Color Vowel Word List: Food）

GREEN TEA	WHITE TIE	BLUE MOON
peaches cheese beans zucchini a jar of peanut butter	papaya pineapple ice cream limes rice	cucumbers noodles tuna soup blueberries juice
SILVER PIN	TURQUOISE TOY	WOODEN HOOK
Chicken fish a dozen shrimp a carton of milk	oil oysters	cookies pudding sugar
GRAY DAY	PURPLE SHIRT	ROSE COAT
mangoes grapes grapefruit a box of raisins a dozen eggs a sack of potatoes	turnips a burger	goat cheese oatmeal soda coconut milk
RED DRESS	A CUP OF MUSTARD	BROWN COW
a head of lettuce a loaf of bread a bottle of ketchup	mushrooms onions honey	flour flowers
BLACK CAT	OLIVE SOCK	AUBURN DOG
apples yams radishes a bunch of bananas cabbage	hotdogs popcorn squash avocados pasta almonds	sausage oranges strawberries

2.4 从语音学到音系学（From Phonetics to Phonology）

2.4.1 音素、音位、音位变体和互补分布（Phone, phoneme, allophone and Complementary Distribution）

音素（phone）又称为音子，是自然界具体存在的一种物理现象，是依据语音的自然属性析出的不能再分割的最小语音单位。音素分为元音与辅音两大类。音素是构成音节的最小单位或最小的语音片段，是从音质的角度划分出来的最小的线性的语音单位。音位（phoneme）是音系学研究领域的基础概念，是根据语言的社会属性划分出来的一个抽象语音单位，是人类某一种语言系统中具有语义区别意义（即辨义作用）的最小语音单位。

音素和音位彼此区分又互相联系，两个概念的区分联系也是从语音学到音系学的跨越桥梁。首先两者的研究领域划属不同，音素是基本的语音单位（a phonetic unit），而音位则是音系学研究单位（a phonological unit）。其次两者的功能作用不同，有些音素具有语义区别性价值，有些音素没有。而音位则必须具有区分语义功能。最后两者的语音描述符号不同，音素放在方括号中，而音位则置于双斜线中。现实交流中，听到的和发出的语音都可以被界定为音素。音位作为抽象概念，并不是一个具体的语音，而是音系研究中一个语音基本对立体单位（basic contrastive unit）。但在具体语音语境中（phonetic context），音素是音位实现的语音载体，每一个音位是一组语音特征的集合体。

音位变体（allophone）又称为同位异音，是语音学的研究术语，指的是一个音位在实际语音环境中的多个不同发音方式的具体表现。如图 2.6 所示，英语辅音音素 p 在音系层面，只有一个 /p/，但在语音实现层面，既可以是 peak 中送气的 [pʰ] 也可以是 speak 中不送气的 [p]，这样 [pʰ] 和 [p] 就是同位异音。这种情况下，两者构成互补分布。另外一组同位异音中，清晰音 [l] 和模糊音 [ɫ] 同理也构成互补分布且只有一个音位 /l/。互补分布体现的是同一音位的不同变体之间的分布关系，即不同音位变体共有一个音位，彼此发音相似，但却不能出现在相同的语音位置上，且没有意义区分功能。音位界定步骤方法见图 2.7。

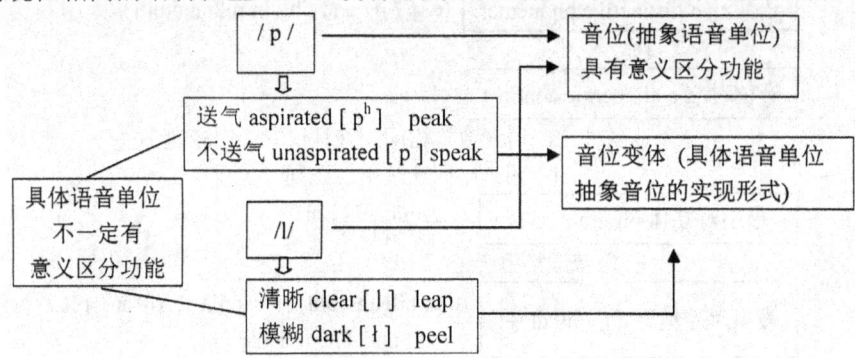

图 2.6　音位与音位变体（phonemes vs. allophones）

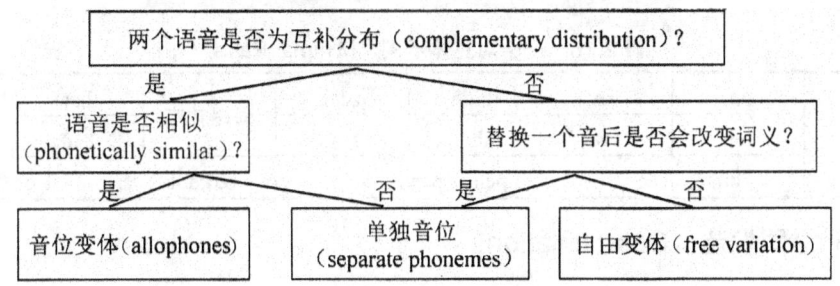

图 2.7　音位界定方法（Simplified Procedure to Determine the Phonemic Status of Two Sounds）

例 2-3　The phoneme /p/, /t/ is realized
　　a. as the allophone [pʰ], [tʰ] word-initially
　　b. as the allophone [p], [t] in an initial cluster following [s]
　　c. as the allophone [p̚], [t̚] word-end

例 2-4　two levels of representation

Underlying level: 　　　　/p/　　　　　　　/t/
(phonemic level)
Surface level:
(phonetic level)　　[p]　[pʰ]　[p˺]　　[t]　[tʰ]　[t]

2.4.2 音位对立、最小对立体和最小对立集合（Phonemic Contrast, Minimal Pair and Minimal Set）

音位对立是指可以出现在相同的语音环境中且具有语义区分功能的两个音位的相互关系。如图 2.8 所示，pill 和 bill 中的/p/和/b/占据了相同的语音位置，且具有语义区分价值，那么/p/和/b/就形成音位对立。当两个语音群（通常是单词）有且只有一处不同语音，且不同的语音处在相同的位置上，那么这两个语音群就形成最小对立体（见表 2.16）。这样的最小对立体汇聚组合便会形成最小对立集合。

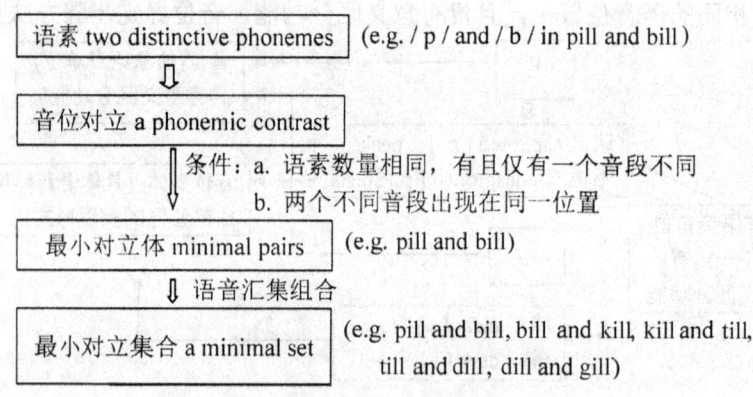

图 2.8　音位对立、最小对立体和最小对立集合

表 2.16　最小对立体示例（Minimal Pairs）

词首辅音	pin	rot	thigh	zeal	词尾辅音	hat	mean
	bin	lot	thy	seal		had	meme
元音	bin & bean		pen & pan		cook & kook	Hot & heart	

2.4.3 协同发音（Coarticulation）

协同发音是指发音过程中，某一个音受到毗邻音的影响而附带了其发音属性的发音过程。比如，元音会受到邻近鼻辅音的影响而带有鼻音特征，或辅音/k/在 cool 中受到元音/u/的影响而被唇音化（labialised），发音时需要圆唇。协同发音经常和同化互换使用，"I do not always palatalize my consonants. But when I do, I make sure it is before vowels." 这句话便是典型体现。协同发音分为先置协同发音（Anticipatory Coarticulation, e.g. *lamb*: /æ/⟶ [æ̃]/___m）和后置协同发音（Perseverative Coarticulation, e.g. *map*: /æ/⟶[æ̃]/m___）。

2.5 音系过程与音系规则
（Phonological Processes and Phonological Rules）

2.5.1 同化（Assimilation）

同化是非常普遍的一种音系过程，是指某一个音的发音属性受其毗邻音（an adjacent or nearby sound）影响而出现两个音相似甚至相同的现象。常见的同化现象见表 2.17。这种同化现象可以发生在一个单词的两个音之间，也可以在词际之间发生，如表 2.18 和表 2.19 所示。语音同化还可以用来解释某一种词形变化。例如，impossible 中的前缀为什么是 im-，而不是常用的 in-，是因为深层结构 in-受到其后双唇辅音/p/的影响而被唇化为 im-。这种现象常见于快速语流中。如 handbag 发音为/ˈhæmbæg/，对比正常饱满发音的/ˈhænˌbæg/ 或/ˈhændˌbæg/，显然/ˈhæmbæg/中/m/和/b/发音方式一样（均为双唇音），因此连续、快速语流中，这样发音更为便捷省力。再如即便是慢速的语流中 cupboard 也会被同化发音为/ˈkʌbərd/，而非/ˈkʌpˌbɔrd/。这样，就很容易理解下面一组词汇的前缀变化了，inactive /ɪnˈæktɪv/，intolerable /ɪnˈtɔlərəbl/，inconvenient /ˌɪŋkənˈviːnɪənt/，incorrect，impossible，impolite /ˌɪmpəˈlaɪt/，irregular /ɪˈregjʊlə/ and illegal /ɪˈliːg(ə)l/。同化分为逆同化（后进同化，Regressive Assimilation）与顺同化（前进同化，Progressive Assimilation）。示例如下：

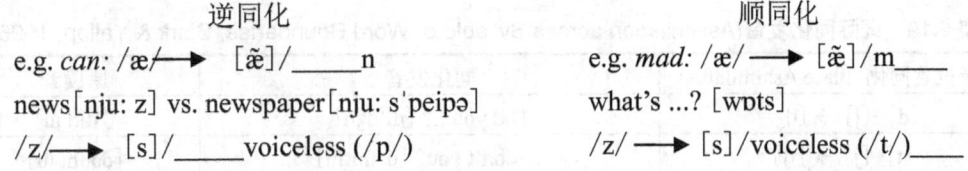

表 2.17 鼻音化、齿音化和软腭化（Nasalization, Dentalization and Velarization）

定义	示例	音系规则
鼻音化 (Nasalization) (Diacritic: ̃)		
在元音发音之末，发声器官做好鼻辅音发音准备，软腭下降，气流从鼻腔流出，进而影响元音发音，使其呈现鼻音特征	can [kæ̃n] mad [mæ̃d]	/æ/ ⟶ [æ̃] / (nasal C)____nasal C (/n/: nasal consonant)
齿音化 (Dentalization) (Diacritic: ̪)		
两个音在连续发音中，舌尖和上齿的接触被附加了齿音特征	tenth [tenθ] nineth [naɪnθ]	/æ/ ⟶ [æ̃] / ____dental C (/n/: alveolar nasal /θ/: dental fricative)

续表

定义		示例	音系规则
软腭化 (Velarization) (Diacritic: ˠ & ᵚ & ˞)			
发音时,舌后抬起到软腭,呈现软腭音特征	词内	bank [bæŋk] lank [læŋk]	/n/ ⟶ [ŋ] /____velar C (/n/: alveolar nasal
	音节间和词际	pan[ŋ] cake sun[ŋ] glasses can[ŋ] keep	/ŋ/: velar nasal /k/: velar stop /ŋ/&/k/: same articulation place)
	软腭化齿龈边音 velarized alveolar lateral approximant	Bill [bɪɫ] Billy [ˈbɪli](英) [ˈbɪɫi](美)	/l/ ⟶ [l] / insyllable onset /l/ ⟶ [ɫ] / syllable coda (/l/: clear (light), /ɫ/: dark l)

表 2.18 词内同化发音（Assimilation within the Words）

发音位置同化 Place Assimilation	同化发音/原读音	
[d]+[j] = [dʒ]	education [edʒuˈkeɪʃən]/[edjuˈkeɪʃən] soldier [ˈsəʊldʒə]/[ˈsəʊldjə]	during [ˈdʒʊərɪŋ]/[ˈdjʊərɪŋ]
[t]+[j] = [tʃ]	mutual [ˈmju:tʃʊəl]/[ˈmju:tjʊəl]	mature [məˈtʃʊə]/[məˈtjʊə]
[s]+[j] = [ʃ]	issue [ˈɪʃju:]/[ˈɪsju:]	tissue [ˈtɪʃju:]/[ˈtɪsju:]
[g]+[θ]=[kθ]	strength [streŋkθ]/[streŋθ]	
[n]+[k]/[g] = [ŋk]/[ŋg]	enquire [ɪŋˈkwaɪə]/[ɪnˈkwaɪə]	engage [ɪŋˈgeɪdʒ]/[ɪnˈgeɪdʒ]
[p]+[n] = [pm]	open [ˈəʊpm]/[ˈəʊpn]	happen [ˈhæpm]/[ˈhæpn]

表 2.19 词际同化发音 (Assimilation across Syllable or Word Boundaries, Clark & Yallop, 1995)

发音位置同化 Place Assimilation	同化发音	原读音
[d]+[j] ⟶ [dʒ]	Did you...? [diˈdʒu]	[ˈdid ju]
[t]+[j] ⟶ [tʃ]	..., don't you? [dəʊntʃu]	[dəʊnt ju]
[s] ⟶ [ʃ] ____[j]	miss you [mɪʃju]	[mɪs ju]
[z] ⟶ [ʒ] ____[j]	in these years. [ˈði: ʒ ʒə: z]	[ˈði: z jə: z]
[z] ⟶ [ʒ/ʃ] ____[ʃ]	Has she come? [hæʒ ʃi] 或 [hæʃ ʃi] The door's shut. [dɔə ʒ/ ʃ ʃʌt]	[hæz ʃi ˈkʌm] [dɔə z ʃʌt]
[d] ⟶ [b] ____[b]	Goodbye, sir. [ˈgub ˈbaɪ]	[ˈgud ˈbaɪ]
[d] ⟶ [g] ____[g]	She's a good girl. [ə ˈgug ˈgə: l]	[ə ˈgud ˈgə: l]
[n] ⟶ [ŋ] /____[k, g]	You can come here. [kŋ kʌm] You can go now. [kŋ ˈgəʊ]	[kn kʌm] [kn ˈgəʊ]
[nt] ⟶ [ŋk] /____[k, g]	I don't care. [ˈdəʊŋk ˈkeə] I shan't go. [ʃa: ŋk ˈgəʊ]	[ˈdəʊnt ˈkeə] [ʃa: nt ˈgəʊ]
[n(t)] ⟶ [m] ____[m, b]	Back in ten minutes. [ˈtem ˈmɪnɪts] He is ill in bed with a cold. [ɪm bed] I hope you don't mind. [dəʊm maɪnd]	[ten ˈmɪnɪts] [ɪn bed] [dəʊnt maɪnd]
[nt] ⟶ [mp] /____[p, b]	I don't promise. [ˈdəʊmp ˈprɒmɪs] I shan't be long. [ˈʃa: mp bi]	[ˈdəʊnt ˈprɒmɪs] [ˈʃa: nt bi]

2.5.2 去浊化和增音（Phonological Processes: Devoicing and Epenthesis）

下面将举例说明语言中的增音。

例 2-5 不定冠词的增音（The Indefinite Article *a/an* in English）

语言现象描述：a. a boy, a desk, a college, a university, a useful machine
b. an apple pie, an engineer, an interesting book, an ordinary man, an hour, an honest man.

语言表层现象分析概括：a. 当其修饰的名词词首为辅音时，不定冠词 a 出现。
　　　　　　　　　　　b. 当其修饰的名词词首为元音时，不定冠词 an 出现。

音系规则：插入一个鼻音（Ø 标注此处为空位）。

a. *a: a* → 辅音词首（consonant-initialing word）

$$\text{Ø} \rightarrow [n] / [ə] \_\_\_\_\_ V \longrightarrow \text{b. } an: an \text{ 元音词首（vowel-initialing word）}$$

例 2-6 规则名词复数的增音（English Regular Nominal Plural Forms）

语言现象描述：规则名词复数形式-s 共有三种发音，[z]，[s]和[iz]。
　　　　a. dog<u>s</u>[dɒgz], hand<u>s</u>[hændz], day<u>s</u> [deɪz], piano<u>s</u>[pɪˈænəʊz], window<u>s</u>[ˈwɪndəʊz].
　　　　b. book<u>s</u> [buks], cap<u>s</u>[kæps], cat<u>s</u>[kæts].
　　　　c. bus<u>es</u>[ˈbʌsɪz], ox<u>es</u>[ɒksəz], watch<u>es</u>[wɒtʃɪz], dish<u>es</u>[ˈdɪʃɪz].

语言表层现象分析概括：规则名词复数-*s* 的三种不同发音方式。
　　　　a. [z]发音，当复数前面的语音为元音或清辅音时（除/z, ʒ, dʒ/）。
　　　　b. [s]发音，当复数前面的语音为清辅音时（除/s, ʃ, tʃ/）。
　　　　c. [iz/əz]发音，当复数前面的语音为咝音（sibilants）时，即/s, z, ʃ, ʒ, tʃ, dʒ/。

语音环境：
　　　　a. [z]出现在浊音后。
　　　　b. [s]出现在清音后。
　　　　c. [iz/əz]出现在咝音后。

音系规则：
　　　　a. 去浊化 Devoicing: [z] → [s]/[-voice, C] _____.
　　　　b. 增音 Epenthesis: Ø → [ə]/[sibilant] _____ [z].

规则使用顺序验证 Rule Ordering (N/A: not applicable)

（1）待验证顺序假设为：先去浊化，后增音

待验证词	a. seats	b. beds	c. cakes
假设深层结构为/z/	//si:t + z//	//bed + z//	// keɪs + z//
步骤一：去浊化	/t/: voiceless	/d/: voiced	/s/: voiceless
	/z/ → /s/	N/A	/z/ → /s/
生成结果	//si:t + s//	//bed + z//	// keɪs + s//
步骤二：增音	N/A	N/A	N/A
生成结果	//si:t + s//	//bed + z//	// keɪs + s//

最终生成结果	si:ts	bedz	*keɪss

*假设的规则顺序验证结果错误：Step 1：去浊化+ Step 2：增音

（2）待验证顺序假设为：先增音，后去浊化

待验证词	a. seats	b. beds	c. cakes
假设深层结构为/z/	//si:t + z//	//bed + z//	// keɪs + z//
步骤一：增音	N/A	N/A	/s/: sibilant Ø → [ə]
生成结果	//si:t + z//	//bed + z//	// keɪs + ə + z//
步骤二：去浊化	/t/: voiceless /z/ → /s/	/d/: voiced N/A	/ə/: vowel N/A
生成结果	//si:t + s//	//bed + z//	// keɪs + ə + z//
最终生成结果	si:ts	bedz	keɪsəs

假设的规则顺序验证结果正确：Step 1：增音+ Step 2：去浊化

The Elsewhere Condition: The more specific rule applies first.

增音规则：(Ø 标注此处为空位)

    a. Ø → [y]/[a, o, e, i, u, ü]＿＿＿　　b. Ø → [w]/[u, ou, ao, iao]＿＿＿
    c. Ø → [n]/[n]＿＿＿　　　　　　　　d. Ø → [ng]/[ng]＿＿＿
    e. Ø → [r]/[zi, ci, si]＿＿＿　　　　　f. Ø → [z]/[zhi, chi, shi]＿＿＿

如表 2.20 所示，汉语普通话"啊"的音变实质也是音系学范畴研究的增音现象。

表2.20　汉语普通话"啊"的音变规律

前面音节的末尾音素	音变规律	举例	
a, o, e, i, u, ü （不包括 ao, iao）	读 ya，同"呀"	夸啊！(a+y+a) 大家快来吃菠萝啊！(o+y+a) 都是记者啊！(e+y+a) 好新潮的大衣啊！(i+y+a) 你怎么不吃鱼啊？(u+y+a) 这孩子多活跃啊！(ü+y+a)	
u, ou（包括 ao, iao）	读 wa，同"哇"	您在哪儿住啊？(u+w+a) 看你这一身油啊！(ou+w+a) 他说得真好啊！(ao+w+a) 还这么小啊！(iao+w+a)	
n	读 na，同"哪"	笑得真欢啊！(n+a)	发音真准啊！(n+a)
ng	读 nga	行不行啊？(ng+a)	不管用啊！(ng+a)
i（舌尖前元音）	读 ra	这是第几次啊？(ci+r+a)	他就是老四啊！(si+r+a)
i（舌尖后元音）r 和 er	读 za	随便吃啊！(chi+z+a) 今天是节日啊！(er+z+a) 这儿多好玩儿啊！(er+z+a)	

例 2-7 天津方言增音现象（增加韵母）Ø → [i] / [n, l] ____ （Ø indicates an empty position）

　　a. 女（nü）→ nui（天津方言：nu + i）　　b. 吕（lü）→ lui（天津方言：lu + i）

例 2-8 天津方言增音现象（增加声母）Ø → [n] / ____ [a, o, e] （Ø indicates an empty position）

天津方言中的增加声母现象如表 2.21 所示。

表 2.21　天津方言中的增音现象（增加声母）

词语	可爱	棉袄	熬鱼	饿	超额	安全	欧洲	海鸥
普通话	ai	ao	ao	e	e	an	ou	ou
天津话	nai	nao	nao	wo	ne	nan	nou	nou
增音	n+ai	n+ao	n+ao	w+o	n+e	n+an	n+ou	n+ou

2.6 区别性特征（Distinctive Features）

音位包括音质音位（音段音位）和超音质音位（超音段音位）。前者主要指元音、辅音音位，是从音质特征的辨义区别功能归纳出的音位，后者主要指常附于音段音位序列之上的调位、时位和量位，是根据音高、音强、音长等特征归纳出来的功能区分单位。英语音质音位分类详见表 2.22。

表 2.22　英语音质音位分类（Classification of Speech Sounds）

语音	元音		口腔元音		鼻元音	
	辅音	响音（sonorants）	鼻音（nasals）		滑音（glides）	
			流音（liquids）		边音（laterals）	
					r 音（rhotics）	
		塞音（obstruents）	爆破音（stops）	摩擦音（fricatives）	破擦音（affricates）	

音位区别性特征（简称区别特征）是指能够区别音位的发音特征，是区别意义的最小单位。一个音位实际上是一束区别性特征的集合。音位的区别性特征按二元偶分法加以确定，表现为二元的对立（如表 2.23 所示），同时，音位描写采用矩阵方式更是一目了然。如表 2.24 所示，英语辅音的[±浊 voiced]能够区别不同的音位，而[±送气 aspirated]则只能区别同一个音位的不同变体。因此，[±浊 voiced]是区别特征，而[±送气 aspirated]则不是。然而，汉语普通话中这两组特征的区别性界定却正好相反，[±送气]被界定为区别性特征而[±浊]则不是，因为前者可以区分不同的辅音音位而后者却不能。一种语言可以用十几个、二十几个有限数量的区别性特征对其全部音位加以归纳概括，一则以简驭繁，二则有利于进一步发掘认识该语言的音位系统特点。表 2.25—表 2.31 展现了不同方面的区别性特征。

罗曼•雅各布森（Roman Jakobson，1896—1982），俄罗斯杰出的语言学家、诗学家，莫斯科语言小组的领袖，形式主义代表人物。在语言学方面，20 世纪 30 年代他作为布拉格学派的领军人物，继承了索绪尔以来的传统，并发展了结构主义语言学，使布拉格大学成为当时欧洲普通语言学的重要阵地。雅各布森在语音学和语法学上都建树颇丰，他开创了音系学中一直沿用至今的"十二对特征音素描写形式"。

相声大师侯宝林有一个段子说："这人长得一个人一个样。要是全国人民都长一个模样，照相馆就省事了，你去照一张相，大家都拿着底板去洗得了！"文学作品也反对没有生命力、千人一面的"脸谱化"创作。从中可见一斑，区别性特征意味着与众不同、独一无二、绝无仅有的一种标志特征。相声演员往往会因其特征或体型得到一个较接地气的绰号（外号、诨号），含有亲昵、嬉笑或嘲弄的意味。绰号一般通俗形象、特点鲜明，往往过耳不忘。例如，"小蘑菇"常宝堃、"二蘑菇"常宝霖、"三蘑菇"常宝霆、"四蘑菇"常宝华、"牙签"马三立、"少马爷"马志明、"大黄"黄族民、"幺鸡"侯宝林、"土豆"郭启儒、"笑佛"唐杰忠、"李大白乎蛋"李伯祥、"大鼻子"李金斗、"大腮帮子"郑福山、"小眼子"赵津生等。

表 2.23 音位区别性特征二元偶分法
Possible Outcomes of 2 (X, Y) and 3 (X, Y and Z) Binary Features

音位	a	b	c	d
X	+	+	−	−
Y	+	−	+	−

音位	a	b	c	d	e	f	g	h
X	+	+	+	+	−	−	−	−
Y	+	+	−	−	+	+	−	−
Z	+	−	+	−	+	−	+	−

表 2.24 英语辅音音位区别性特征
Distinctive Feature Matrix for English Consonant Phonemes (Radford, et al., 1999)

音位	p	b	t	d	k	g	f	v	θ	ð	s	z	ʃ	ʒ	h	m	n	ŋ	w	l	r	j	tʃ	dʒ
辅音	+	+	+	+	+	+	+	+	+	+	+	+	+	+	+	+	+	+	−	+	+	−	+	+
近音	−	−	−	−	−	−	−	−	−	−	−	−	−	−	−	−	−	−	+	+	+	+	−	−
响音	−	−	−	−	−	−	−	−	−	−	−	−	−	−	−	+	+	+	+	+	+	+	−/+	−/+
连续音	−	−	−	−	−	−	+	+	+	+	+	+	+	+	+	−	−	−	+	+	+	+	−	−
咝音	−	−	−	−	−	−	−	−	−	−	+	+	+	+	−	−	−	−	−	−	−	−	+	+
鼻音	−	−	−	−	−	−	−	−	−	−	−	−	−	−	−	+	+	+	−	−	−	−	−	−
边音	−	−	−	−	−	−	−	−	−	−	−	−	−	−	−	−	−	−	−	+	−	−	−	−
浊音	−	+	−	+	−	+	−	+	−	+	−	+	−	+	−	+	+	+	+	+	+	+	−	+
[PLACE]	L	L	C	C	D	D	L	L	C	C	C	C	C	C	C	R	L	C	D	L	C	C	C	C
齿前音	−	−	+	+	−	−	−	−	+	+	+	+	−	−	−	−	+	−	−	+	−	−	−	−

表 2.25 喉部特征（Laryngeal Features Specifying the Glottal States of Sounds, Stevens, 1971）

发音特征	二元值	描述	示例
清浊化	[+/-浊音] [+/-voiced]	声带是否振动（vibration of the vocal folds）	/b/, /d/, /g/, /v/, /z/, /ð/, /ʒ/, /m/, /n/, /ŋ/, /w/, /l/, /r/, /j/, /dʒ/ /p/, /t/, /k/, /f/, /θ/, /s/, /ʃ/, /h/, /tʃ/
展喉性	[+/-展喉音] [+/-spread glottis]	送气/摩擦（aspiration/friction） 声门是否打开（the openness of the glottis） 无湍急气流（non-turbulent airflow）通过声门 如，清辅音、声门音	
声门紧缩	[+/-声门紧缩音] [+/-constricted glottis]	声门是否闭合、紧缩（closure of the glottis） 如，某些口语中的吱嘎音声门近音[ʔ]、[ʔ]	

表 2.26 主要分类特征（Major Class Features）

发音特征	二元值	描述
成音节性 syllabic	[+/-成音节] [+/-syllabic]	[+]元音，成音节可为韵核（nucleus） [-]辅音，除辅音成音节（syllabic consonants /l, m, n/）
辅音性 consonantal	[+/-辅音] [+/-consonantal]	发声器官中可听到气流阻塞（airstream obstruction） [+]塞音、鼻音、流音和颤音 [+]obstruents, nasals, liquids, trills [-]元音、滑音、vowels, glides and laryngeal segments
近音性 approximant	[+/-近音] [+/-approximant]	[+]元音、滑音、流音 vowels, glides, liquids [-]鼻音、阻塞音 nasals and obstruents
响音性 sonorant	[+/-响音] [+/-sonorant]	无明显湍急气流 [+]元音、响辅音（滑音、流音和鼻音） [-]阻塞音

表 2.27 主要分类标准特征示例

特征	辅音性 consonantal	响音性 sonorant	成音节性 syllabic
塞音 obstruents	+	-	-
鼻音/流 nasals/liquids	+	+	-
滑音 glides	-	+	-
元音 vowels	-	+	+
成音节响音 syllabic sonorant	+	+	+

表 2.28 发音口腔特征示例

特征	[p]	[t]	[tʃ]	[k]
齿前音 Anterior	+	+	-	-
舌尖部性 Coronal	-	+	+	-
唇音性 Labial	+	-	-	-
舌背部性 Dorsal	-	-	-	+

表 2.29 发音方式特征（Manner Features）

发音特征	二元值	描述	示例		
连续音性	[+/-连续音] [+/-continuant]	无明显气流阻碍，连续气流			
鼻音性	[+/-鼻音][+/-nasal]	降低软腭（the velum），气流从鼻腔发出			
尖音性	[+/-尖音][+strident]	仅适用于阻塞音 声音较嘈杂的摩擦	/f/ /v/ /Φ/ /β/	/s/ /z/ /θ/ /ð/	/ʃ/ /ʒ/
舌侧音性	[+/-舌侧音][+/-lateral]，气流从降低的舌侧发出（lateral flow）				
延缓/滞后释放性	[+/-延缓释放][+/-delayed release]（用于区分爆破音和破擦音）				

表 2.30 发音位置特征（Place/Cavity Features）

发音特征	二元值	发音位置描述			
唇音性 labial	圆唇性 [+/-round]	发音时需要圆唇（lip rounding）			
		圆唇辅音：双唇音（bilabial）和唇齿音（labiodental）			
舌尖部性 Coronal	舌尖音、舌叶音、近尖端音 apical, laminal, subapical	唇、舌叶和舌底			
	舌唇化 linguolabial	上唇 with the upper lip			
	齿间性 interdental	齿间 between the teeth			
	齿性 dental	齿背 with the back of the teeth			
	齿龈化 alveolar	齿龈脊/齿龈堤 with the alveolar ridge			
	后齿龈化 postalveolar	齿龈脊后 behind the alveolar ridge			
齿龈后音/咝咝音 postalveolar/sibilants		拱形 domed or slightly palatalized（腭龈音 palato-alveolar）			
		硬腭化 palatalized（龈腭音 alveolopalatal）			
		闭音 closed（嘶嘶声 hissing-hushing）			
腭音性(pre) palatal		硬腭 on or in front of the hard palate			
舌尖部性 Coronal	舌尖性[+/- anterior]	舌尖、舌面或齿龈脊之前			
	分散性 [+/-distributed]	舌位延展（the extension）			
		/f/ /v/	/θ/ /ð/	/s/ /z/	/ʃ/ /ʒ/
		−	−	+	+
舌背部性 Dorsal		包括所有元音、腭音、软腭音、小舌音（vowels, palatal, velar and uvular）			
	高音性[+/-high]	舌背（dorsum）抬高，接近硬腭			
	低音性[+/ -low]	舌背紧缩并降低			
	后音性[+/-back]	舌头轻微后撤到口腔后部			
	紧音性 [+/-tense]	主要和元音发音时舌根的位置有关			
		紧元音发音时，舌根前探（an advanced tongue root）			
咽音性 pharyngeal （含 epiglottal）	（舌）前探性[+/-advanced tongue root]	[+ATR]舌根前探			
	（舌）后撤性 [+/-retracted tongue root]	[+RTR]舌根后撤到咽部，激活咽缩肌（the pharyngeal constrictor muscles）			
声门 glottal		纯粹的声门音（Purely glottal consonants）发音不涉及舌头			

表 2.31 元音空间发音研究
Articulatory Dimension of Vowel Space (Traditional Studies vs. Laryngoscopic Studies)

传统研究（Traditional Studies）		喉部发音方式研究（Laryngoscopic Studies）	
特征	二元值	特征	二元值
front vowels	[+/- front]	back vowels	[+/- back]
raised vowels	[+/- raised]	close vowels	[+/- close]（[+/- high]）
retracted vowels	[+/- retracted]	rounded vowels	[+/- round]
rounded vowels	[+/- round]		

2.7 超音段（Suprasegmentals）

2.7.1 音节结构与音节划分（The Syllable Structure and Syllabification）

音素虽然是语音学分析的最小语音单位，但并不是听感上的直接认知划分，人们在听觉上能够自然感知到的最小语音片段是音节。音节并不能简单理解成读音，它是读音的基本单位，是由音素（包括元音和辅音）按照一定规律组合发音的语音单位。元音音素（不是元音字母）是构成音节的核心主体，辅音是划分音节的分界线。元音音素可以单独构成音节，也可以与辅音字母组合构成音节。元音处于核心地位（即韵核），辅音则依附于元音前后。如图 2.9 所示，音节必须有一个"节核"或"韵峰"，可以把音节分成两个部分：节首和韵基，韵基中的元音是韵核，韵核后面的辅音称作韵尾。

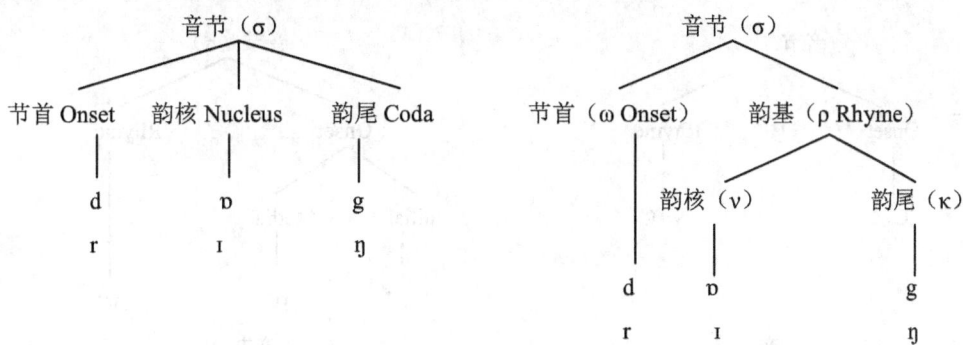

图 2.9 音段模式与等级模式（Segmental Model and Hierarchical Model for dog and ring）

如表 2.32 所示，从音节与音位类型（V 代表元音，C 代表辅音）的关系来看，不同语言的音节结构可以区分为 CVC 和 VC 两大类型。

表 2.32 不同语言中的音节类型（Types of Syllable in Different Languages）

结构 structure	音节 syllable =	节首 onset	+ 韵基 rhyme
$C^+V^+C^*$:	$C_1(C_2)V_1(V_2)(C_3)(C_4) =$	$C_1(C_2)$	$+ V_1(V_2)(C_3)(C_4)$
V^+C^*:	$V_1(V_2)(C_3)(C_4) =$	∅	$+ V_1(V_2)(C_3)(C_4)$

常见 CVC 音节结构树形图如图 2.10 所示。音节按读音可以分为开音节和闭音节（见

表 2.33）。无韵尾音节称为开音节（V 型或 CV 型），反之有韵尾音节则为闭音节（VC 型或 CVC 型）。具体而言，音节中的元辅组合又会有以下几种排列可能：V、VC、VCC、VCCC、CV、CVV、CVVV、CVC、C、CCV 和 CCCV（见表 2.34）。一段话之所以可以划分成一个个音节，除听觉自然和发音依据外，和不同语言的不同音节结构特点也有密切的关系。如英语等印欧语系里较为少见的 V、CVV、CVVV 在汉语里则很常见，而汉语里没有英语里常见的复辅音。故此，在汉语中遇到双辅相连 CVCCV 这样的音段时，可以确定音节分界线在两辅音之间（即 CVC+CV）。而在英语，则会有 CV+CCV、CVC+CV 和 CVCC+V 三种组合可能。

表 2.33　音节类型（Syllable Types）

类型	特征	示例
开音节（open syllable）	无韵尾音节	V (are), CV (me), CCV (star)
闭音节（closed syllable）	含韵尾音节	VC (ice), CVC (love)

表 2.34　音节结构组合方式（Possible Syllable Structures in English）

类型	特征（C 辅音，V 元音）	示例
最小音节结构（The Minimal Syllable Structure）	V	I, are, air, ear, eye
最大音节结构（The Maximal Syllable Structure）	CCCVCCCC	street, prompts
整体结构（Overall Structure）	(((C)C)C)V((((C)C)C)C) 音节首最多三个辅音　spring[spriŋ] 音节尾最多四个辅音　sixths[siksθs]	

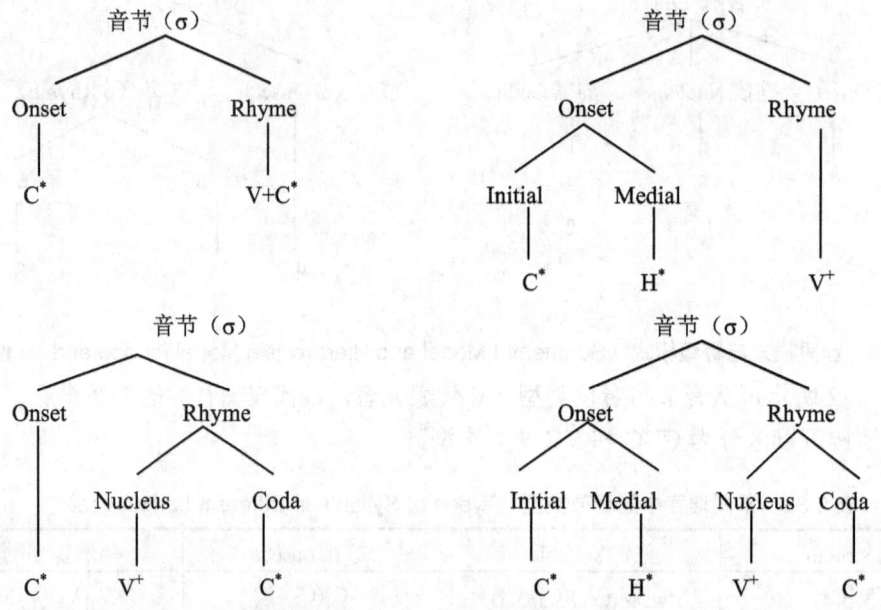

图 2.10　音节结构树形图（Tree Diagrams of Syllable Structure）

丹麦著名语言学家叶斯泊森（Otto Jespersen，1860—1943）提出按照声音响度划分音节的"响度说"。"响度说"将声音分成八等(第一等为最低,第八等为最高)。现代语言学家们的响度层级(Sonority Hierarchy)排序如下:

(1) 元音>响(音性)辅音>阻塞音(Zec,1995)。
(2) 元音>滑音>流音>鼻音>阻塞音(Clements,1990)。
(3) 元音>滑音>鼻音>浊阻塞音>清阻塞音(Katamba,1989)。
(4) 元音>滑音>鼻音>浊擦音>清擦音(相当于浊破音)>清破音(Anderson & Ewen,1987)。

如表 2.35 所示,英语中最常见的可以构成音节的辅音(syllabic consonants)包括[l]、[r]、[m]、[n] 和 [ŋ],例如 bottle、church (in rhotic accents)、rhythm、button 和 lock'n key。

表 2.35 音核示例(Examples of Syllable Nuclei)

单词	bag [bæg]	red [rɛd]	ode [əʊd]	beat [bit]	white [waɪt]	rain [reɪn]	bitten ['bɪt.ən] or ['bɪt.n̩]
音核	[æ]	[ɛ]	[əʊ]	[i]	[aɪ]	[eɪ]	[ɪ] [ə] or [n̩]

然而,英语极少数的副言语(para-verbal utterances)中还会出现阻塞音构成的音节(syllabic obstruents)。如把食指放在嘴唇边要求安静时,会发出 shh 的声音,而需要引起注意时又会发出 psst 的声音,这两个只有阻塞音的词均被界定为是一个音节。值得一提的是,在一些音律情境下(prosodic situations),音节核的省略消失并不会更改音节的数量,例如 potato [pʰˈteɪɾəʊ] 和 today [tʰˈdeɪ]。

还有一些语言如汉语会出现摩擦音构成的音节(syllabic fricatives),或更直观地称之为摩擦元音(fricative vowels)。例如,汉语拼音中的圆唇舌尖元音(apical vowel)[sī]、[shī] 和 [rī] 有时会被发音为 [sź̩]、[ʂź̩] 和 [zź̩]。汉语音节结构如图 2.11 所示。

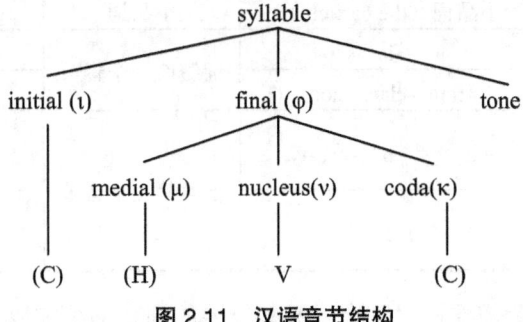

图 2.11 汉语音节结构

2.7.2 词重音和句子重音(Word Stress and Sentence Stress)

重音包括词汇重音和语句重音。在语音学中,词汇重音是指连续音节中某个音节发音被强调、被突出的现象(英语中一般采用大小黑点区分重读和非重读音节)。重音可以分为力重音和乐调重音,顾名思义,前者通过音强的增强来表示重音,而后者则是通过音高的变化来表示。运用轻重对比的手段,词汇中的重读音节时间较长(longer in duration)、音高较高(higher in pitch)且音量较大(louder in volume),与这三个特征相对应,英语中分别采用重复重读音节元音音素、分行和大小写来书写不同的视觉表达式（如表 2.36 所示）。

表 2.36　英语单词重音分布模式（Word Stress Pattern and Pronouncing Pattern）

单词	模式
tea.cher	•·
beau.ti.ful	•··
un.der.**stan**.able	··•·
con.**ti**.nu.ous	·•··

时间较长	Teeeeeeeeee cher
音高较高	tea / cher
音量较大	TEA cher
符合三个标准	TEEEEEEEEEE / cher

重音还可以分为固定重音（fixed stress）和自由重音（free stress）。法语、捷克语和波兰语的重音称为固定重音，而英语和俄语的重音则是自由重音。这是因为法语的词汇重音总是固定落在末音节上，而捷克语则正好相反，总是固定落在首音节上。波兰语更独特一些，其词汇重音总是落在倒数第二个音节上。对于自由重音语言，一般在重读音节前面或元音上用重音符号加以标注。英语单词重音规律如表 2.37 所示。

表 2.37　英语单词重音规律（Word Stress Rules）

词汇类型		重音音节	示例
双音节词 Two Syllables	名词	音节首	**'flow**er, **'rec**ord, **'im**port
	动词	音节尾	Sur**'vive**, per**'mit**, ad**'mire**
复合词 Compound	名词复合词（N+N）(adj.+N)	复合词前部	**'lap**top, **'bath**room **'White**top, **'dark**room
	形容词复合词（adj.+PP）	复合词后部 （动词部分）	well-**'meant**
	动词复合词（prep.+v.）		over**'whelm**, outper**'form**
短语动词	小品词（the particle）	小品词	get **'on**, look **'up**, fill **'out**
附加后缀词 Word with added ending	-ic	词缀前一个音节	elec**'tron**ic, his**'tor**ic
	-tion, -cian, -sion		des**'crip**tion, mu**'sic**ian,
	-phy, gy, -try, -cy, -fy	倒数第三个音节	pho**'tog**raphy, bi**'ol**ogy, ge**'om**etry, de**'moc**racy,
	-meter		pa**'ram**eter, ther**'mom**eter, ba**'rom**eter

语句重音是根据交际需要，对某个或某些重要的词或词组加以强调、给予突出。英语的语句重音分四大类：表意重音（sense stress）、逻辑重音（逻辑强调音，logical stress）、修辞重音（修辞强调音，rhetoric stress）和情感重音（感情强调音，emotional stress）。一般来说，传递信息的重要词汇（即实词）重读，而连接功能的不重要词汇（即虚词）不重读（见表 2.38）。需要注意的是，多数代词一般是不重读的，但部分代词（如指示代词和疑问代词）则需要重读。

表 2.38　实词和虚词的重音规律（Content Words – Stressed vs. Function Words–Unstressed）

词类	词性	示例
实词 Content Words (Words carrying the meaning)	主要动词 main verbs	OFFER, EMPLOY, WORSHIP
	名词 nouns	CAR, MUSIC, MARY
	形容词 adjectives	RED, BIG, FANTASTIC
	副词 adverbs	QUICKLY, LOUDLY, NEVER
	否定助词 negative auxiliaries	DON'T, AREN'T
虚词/功能词 Function Words (Words for correct grammar)	代词 pronouns	he, we, they
	借词 prepositions	on, at, into, between
	冠词 articles	a, an, the
	连词 conjunctions	and, but, because
	助动词 auxiliary verbs	do, be, have, can, must

语句重音可以模拟"电报信息"直观表述。如表 2.39 所示，句子中需要重读的实词 SELL、CAR、GONE 和 JAPAN 也恰好是电报中需要凸现的信息，而那些不需要重读的词汇则恰好是破译电报时需要补充的信息。这些补充信息又根据其对句子解读的贡献性可以用数字来表示它们的线性顺序。

表 2.39　句子重音示例（Illustrating Sentence Stress: Transcript of Telegram Message）

			SELL		CAR			GONE		JAPAN
			SELL	my	CAR		I've	GONE	to	JAPAN
Would	you	please	SELL	my	CAR	since	I've	GONE	to	JAPAN
	2				1		3		1	
Would	you	please	SELL	my	CAR	since	I've	GONE	to	JAPAN

2.7.3 语调（Intonation）

超音段特征（suprasegmental features）包括重音（stress）、音调（tone）和语调（intonation）。语调（intonation）又称句调，即说话的腔调，就是句子层面重音和音高的轻重、高低、抑扬的曲直变化。语调与音高、音强、音长和音色都有关系，其变化主要表现在句子的末尾。语调是情感的产物，并无固定格式。常用的基本语调有四种：平调（flat intonation，→）、升调（rising intonation，↗）、降调（falling intonation，↘）、升降调（曲调 peaking or rise-fall Intonation，∧）和降升调（dipping or fall-rise Intonation，∨）。

例 2-9　不同句子的音调类型
 a. 陈述句（Statements）：降调（falling intonation）。
 b. 一般疑问句（Yes/No questions）：升调（rising intonation）。
 c. 特殊疑问句（Wh-word questions）：降调（falling intonation）。
 d. 反义疑问句（Question-Tags）：闲聊用降调，确认用升调（"chat" - falling intonation; "check" - rising intonation）。

e. 罗列称述（Lists）：升升升降调（rising - rising - rising - falling intonation）。

一句话的完全意义即要有词汇意义（lexical meaning），还要有语调意义（intonation meaning）。语调特征和功能如表 2.40 所示。语调意义就是说话人用语调所表示的语气和情感。汉语普通话（Mandarin Chinese）中，用四个基本句子调式（basic distinctive intonation patterns）来对应标注四个基本句式：陈述句（declarative sentences）、疑问句（unmarked interrogative questions）、句尾疑问词特殊标注（the sentence-final particle，"吗/嘛"）的一般疑问句（yes–no questions）和是非疑问句（A-not-A questions）。

表 2.40　语调功能（A List of Distinct Functions of Intonation）（Couper–Kuhlen, 1986; Wells, 2006）

功能	特征
态度功能　Attitudinal Function	表情达意、表明态度
语法功能　Grammatical Function	界定语法结构，区分语法功能
聚焦功能　Focusing Function	建构信息体系，传递信息内容
语篇功能　Discourse Function	联字成句，汇句成篇
心理功能　Psychological Function	将语篇分解为易于领会、记忆和执行的语言片段
类属功能　Indexical Function	界定个人或社会身份

汉语普通话（Mandarin Chines）中，用四个基本句子调式（basic distinctive intonation patterns）来对应标注四个基本句式：陈述句（declarative sentences）、疑问句（unmarked interrogative questions）、句尾疑问词特殊标注（the sentence-final particle "吗/嘛"，ma）的一般疑问句（yes-no questions）和是非疑问句（A-not-A questions）。

2.7.4　音调（Tone）

音调也叫声调或字调，是指音节的高低升降，主要由音高（pitch，即声音的频率）决定，同时也与音强有关。声调可以区分意义，例如汉语就是典型的音调语言。汉语普通话的声调轮廓如表 2.41 所示。

表 2.41　汉语普通话的声调轮廓（The Tone Contours of Standard Chinese）

声调名称	声调标注	五度标记	数值	简化字	英译
阴平 High level	ma1	ma55	ma1	妈	mother
阳平 Mid rising	ma↑	ma35	ma2	麻	hemp
上声 Low dipping	ma↓↑	ma214	ma3	马	horse
去声 High falling	ma↓	ma51	ma4	骂	scold

普通话上声音节在以下三种情况读原调：单念、处于句尾和在句中停顿且没有后音节影响。其他情况下，一般要进行变调处理，变调规律如表 2.42 所示。

表2.42 普通话上声的变调规律

声调组合类型	上声的变调规律	具体类型	示例
上声+非上声	半上+非上声	上声+阴平（211+55）	首都、火车、老师
		上声+阳平（211+35）	祖国、改革、海洋
		上声+去声（211+51）	法律、宝贝、鼓励
		上声+轻声	奶奶、打扮、耳朵
上声+上声	阳平+上声（35+214）		老板、本领、母语
上声+上声+上声	阳平+阳平+上声 35+35+214	"双单格"结构（双音节+单音节）	展览馆、水彩笔、古典舞、跑马场
	21+阳平+上声 21+35+214	"单双格"结构（单音节+双音节）	党小组、好小伙、纸老虎、小雨伞
	阳平+阳平+上声 35+35+214	"单三格"结构（三个单音节）	软懒散、稳准狠
句中上声音节相连	停顿之前的音节都半上声21，最后音节读完整	按语意与若干二字组成三字组	岂有/此理 请你/给我/打点儿/洗脸水 手表厂/有五种/好产品

河南话又称豫语，是河南省内的方言，大部分属汉语中原官话，是中国最大的方言。河南话与普通话主要是声调的区别，一般没有阳平和上声，多以阴平和去声发音。音调感没有普通话平仄变化那么明显，声调很平实，没有过多变化，整体特征是平声调中、上声调高、去声调低、入声调短。如表2.43、表2.44和图2.12、图2.13所示。

表2.43 河南郑州方言和灵宝方言的声调现象特征

方言	阴平	阳平	上声	去声
普通话	中 zhōng	河南人 hé nán rén	你好 nǐ hǎo	放学 fàng xué
郑州	zhóng	hè nàn rèn	nī hāo	fāng xuè
灵宝	zhóng	hě nàn rěn	nì hào	fāng xuē

注：两个连着的四声音调，第二个往往发轻声，如"尽力"jìn lì 河南话念作 jìn li。

表2.44 河南郑州方言和灵宝方言的调值变化规律

城市	阴平	阳平	上声	去声
普通话	55	35	214	51
郑州	24	42	54	312
灵宝	31	213	53	55

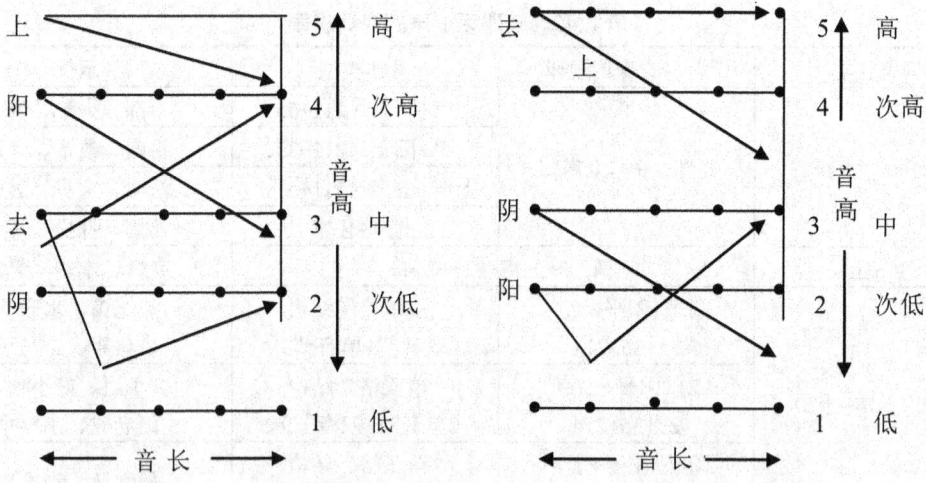

图 2.12　河南郑州方言（左）、灵宝方言（右）调值五度标记法

图 2.13　河南郑州方言（左）和灵宝方言（右）的变调规律

第三章 形态学（Morphonology）

"小字母/精确的小东西/词语悄然降临/词语潜行/你不得不去那儿/向着词语/在白纸之上照看它们/安静地/你没发现它们的到来/穿过毛孔/向内运行的汗珠。"（Hilde Domin）小小的字母汇串成词，方寸中展示大千世界，妙微中彰显灵动神韵。作为语言学分支，形态学被界定为研究词汇内部结构和词汇构成的学科，也正是基于其研究范畴，形态学亦被称之为词法学。广义上，形态学可以进一步分为屈折形态学（inflectional morphology）和派生/词汇形态学（derivational/lexical morphology），两者均以语法研究层面的最小语言单位为其研究对象。

3.1 词的界定（Identification of Word）

语言的语法构成层级分布为：句子→从句→短语→词→词素。布隆姆菲尔德将"词"定义为最小自由体（minimum free form）。词（书面语或口头语）是母语者直觉本能可以识别的、最小的语言表达单位。词的结构相对是固定的、不可拆分的（uninterruptible）。词被看作"音节群"（音节成分的组合体）或者交流中跳跃于停顿之间的字母，从这种意义上而言，词是具有可以识别的自然属性的（a physically definable unit）。词的分类范畴如表 3.1 所示。

表3.1 词的分类范畴（Categorization of Words）

分类范畴		特征与示例
词形变化	可变词 variable words	有一系列语法规则变化词形
	不可变词 invariable words	无屈折变化词尾（not having inflective endings）
句法功能	语法词/功能词/虚词 grammatical/function words	承担语法功能 e.g. conjunctions, prepositions, articles, pronouns
	词汇词/实义词/实词 lexical words/content words	指称某种具体的事物、行动或描述某种质量、品质 e.g. nouns, verbs, adjectives, adverbs
词类开放	封闭类词 closed-class words	数量有限（with fixed or limited word membership） e.g. pronouns, prepositions, conjunctions, articles,
	开放类词 open-class words	无穷无尽（infinite or unlimited word membership） e.g. nouns, verbs, adjectives, adverbs

注：封闭类词和开放类词的区分并不是绝对的，助动词和介词（如 according to, by means of, in spite of, regarding, with regard to, throughout, out of）在某种程度上可以归属为开放类词。

词性（part of speech, word Class）又称词类，是一个词的语法属性，是最普遍的语法层面的聚合。词性是一个词归类的依据，是主要依据语法特征（即句法功能和形态变化）且兼顾词汇意义划分出来的类别。具体而言，这是众多具有相同语法功能且在同一组合位置中可以互相替换的一组词聚合在一起所形成的某一种范畴（如表 3.2 所示）。词类划分是具有层级性的（如表 3.3 所示），如汉语中，词首先可以分成实词和虚词，实词又包括体词、谓词等，体词又可以分出名词和代词等。

表 3.2 传统语法词性分类（traditional syntactic category of the word）

名词（n.） Noun	形容词（adj.） adjective	代词（pron.） pronoun	冠词（art.） article	连接词（conj.） conjunction
动词（v.） Verb	副词（adv.） adverb	介词（prep.） preposition	数量词（num.） numeral	感叹词（inter.） interjection

表 3.3 词性新分类（New Categories）

类型		特征与示例	
小品词（particles）		动词不定式的标记 to	否定标记 not
		动词短语中的小品词 get by, do up, look back, turn in	
助动词（auxiliaries）		具有语法功能和意义的语法成分标注词	
		e.g. do/does/did, will/shall, have/has/had	
替代形式 （pro-form）	pro-adjective 代形容词	Your pen is red. So is mine.	
	pro-verb 代动词	He speaks English better than he did.	
	pro-adverb 代副词	He hopes he'll win and I hope so too.	
	pro-locative 代处所词	Jame's hiding there, behind the door.	
限定词	前置限定词 （Predeterminers）	both, half, double, twice, three times, one-third, one-fifth	
	中置限定词 （central determiners）	a(n), the, this, that, these, those, every, each, some, any, no, either, neither, my, our, your, his, her, its, theirs	
	后置限定词 （post-determiner）	基数词（cardinal numerals）	序数词（ordinal numerals）
		一般顺序词（general ordinals）: next, last, other, additional	
		其他数量词（Quantifiers）: many, a few, several, much, little, a lot of, plenty of, a great deal of, a great amount of	

注：1. 本表中具体子分类中的词语不可以搭配使用，例如 their all trouble、five the all boys、all this boy、all both girls 这些都是错误搭配。

2. 序数词和一般顺序词可以位于基数词之前构成短语，例如，the first two days another three weeks。

3.2 词的构成（Formation of Word）

3.2.1 语素（Morpheme）、语子（Morph）、语素变体（Allomorph）和词位（Lexeme）

语素（morpheme）是音义结合且具有区别意义的最小语言单位，是语法分析的最小单位，有语素音、语素形和语素意等基本属性。如图 3.1 所示，语素包括词根语素和词缀语素。语素与音节的区分在于它是语音、语义的结合体。如图 3.2 所示，有些音节只有语音却没有意义，故不构成语素，如英文中的黏着性语素-ceive、-tain、-pect，汉语中"不成词语素"（雳、馄、第、老、阿，子、儿、们）。语素与词的区分则在于它是具有区分意义的最小语言单位。语素并不是独立运用的语言单位，它的主要功能是构建词语的基础材料（见例3-1）。语子是语素的具体实现形式，包括零语子（zero morph）、基本语子（primary morph）和并合语子（portmanteau morph）。

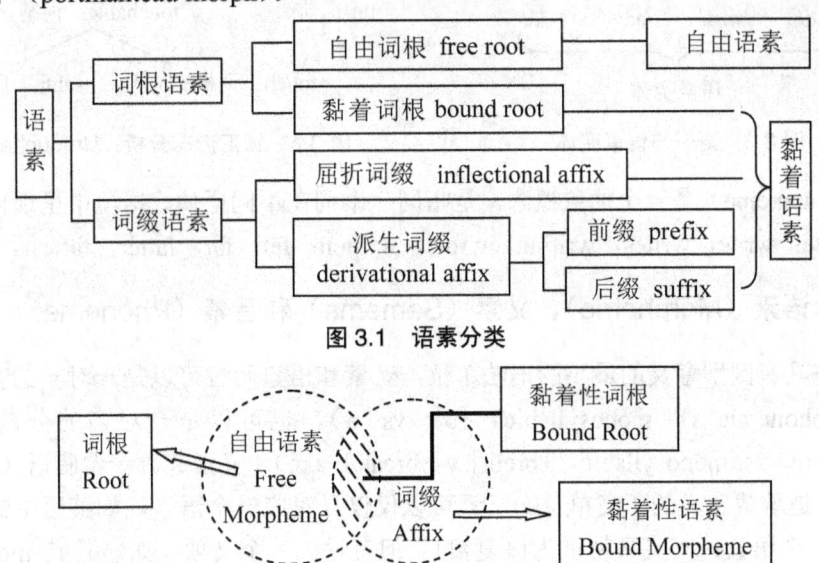

图 3.1　语素分类

图 3.2　词根、词缀和语素（Root, Affix, Free Morpheme and Bound Morpheme）

例 3-1　英文单词中的语素

单词: decontextualization
语素: {de-}+{con-}+{text}+{ual-}
　　　　+{-iz(e)}+{-ation}
{desire}
{desir(e)}+{ble}
{desir(e)}+{bl(e)}+ity}
{un}+{desir(e)}+{abl(e)}+{ity}

单词: antidisestablishmentarianism
语素: {anti}+{dis}+{establish}+{ment}
　　　　+{ari}+{an}+{ism}
{gentle}+{man}+ly}
{gentle}+{man}+{li}+{ness}
{un}+{gentle}+{man}+{li}+{ness}

语素变体（allomorph）就是同一语素在语素义基本不变的情况下，语素音和语素形在不同语言环境中各式各样的变异形式。语素变体包括语言变体（成分变体）和言语变体（环境变体），前者是自身内部结构成分的变体，包括音位变体、字位变体和义位变体；后者则是适配外部语言环境的变体，包括时代变体、地域变体、社会变体和言文变体。任意一个语素变体规则（Allo-Rules）都可以依据词典中的一个词目（lemma）作为基础输入，从而推导出一个、两个或多个语素变体。表 3.4 展示了受语音制约而生成的语素变体。语素变体树形图解析如图 3.3 和图 3.4 所示。

表 3.4　Exemplification of Morpheme and Allomorph

语素		am	and	have	was	he	here and there
语素变体	强读 Strong	/æm/	/ænd/	/hæv/	/wɒz/	/hi: /	/ hiə ænd ðɛə /
	弱读 Weak	/əm/	/ənd/, /ən/	/həv/, /v/	/wəs/	/hi/, /i/	/ˈhɪri ənd ðɛr /

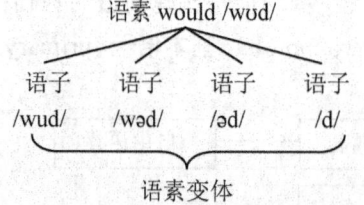

图 3.3　语子与语素变体

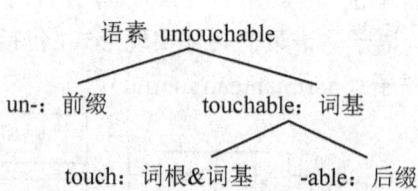

图 3.4　词汇形态分析：Untouchable

词位（Lexeme）是一个抽象概念，是指同一个词在不同语体、语境中呈现出的不同形式，如 write: write, writes, writing, wrote, written; fat: fat, fatter, fattest。

3.2.2　语素（Morpheme）、义素（Sememe）和音素（Phoneme）

语素是具有区别意义的最小的语法单位，音素和语素两者可以是一对一的吻合对应关系（monophonemic vs. monosyllabic，[ə]: vs. a），也可以是一对多的分散对应关系（polyphonemic vs. monosyllabic，[breik] vs. break/brake）。义素起源于希腊语（σημαίνω, sēmaínō），是承载意义的语义单位。义素可以仅仅只对应一个语素，如英语中的复数后缀 -s 仅对应一个语素，其义素特征为[+复数]。但有时，一个义项（如[go]或[move]）可以是蕴含于具体语素（如 skate、roll、jump、slide、turn 或 boogie）的抽象代表。语素与义素的对应关系如表 3.5 所示。

表 3.5　语素和义素的对应关系（The Relationship between Morpheme and Sememe）

对应关系	语素	义素	示例
语素、词素一一对应	-less	Without 表示无	fearless, ceaseless, countless faceless, doubtless, speechless

续表

对应关系	语素	义素	示例			
一个语素对应多个义素	a-	from, away, off 分离, 离开	away, apart			
		to, toward, for 朝…, 向…	aboard, aside, ashore, aback, ahead			
		in, at; engaged in 在…, 处于…的	above, alive, abed, asleep, awash ablush, afoot			
		not, without 不, 无, 非	atypical, asymmetry, abnormal,			
		a(r)-: intensive 表示加强	abide, arise, awake, arouse, ashamed			
一个义素对应多个词素	a- amoral	e- erostrate	dis- dislike	il- illegal	in- independent	
	im- impossible	ir- irregular	ne- neither	un- untidy	non- nonsmoker	

注: 1. 语素不对应特定义素, 如 enjoy 中语素 en-只具有语法功能, 并不对应特定意义。
2. 语素不变, 义素变化, 如 run a company, in a short run 中的 run 是同一语素, 但在两个短语中的义素却有变化。

3.2.3 词根(Root)、词干(Stem)和词基(Base)

从语义学的角度来讲,词根(根语素,root)是一个词的最核心部分,包含这个词的中心意义。形态学的角度来讲,词根是删除所有其他附加成分(前缀或后缀)后保留下来的、不可再分割的最小语义结构。例如,international 一词,去掉后缀-al 和前缀 inter-,剩下的 nation 便是词根,因为 nation 不能再分,如果再分成 na-和-tion,那样就破坏了这个词本身的含义。同理,unfriendliness 的词根是 friend。同语素分类一样,词根同样也有自由词根和黏着词根之分。自由词根是指能够单独使用、独立成词的词根。例如, blackboard、blackberry、blackbird 和 blackball 中的 black, compress、depress、express、oppress、suppress 中的 press, closely、closeness、closemouthed、enclose 中的 close, position、apposite、apposition、exposition 中的 posit, underline、interline、outline、delineate 中的 line。黏着词根只能和其他黏着词素结合构成单词。英语中黏着词根的数量相对较少, 如 visible、vision、visit、television、supervision、visual 中的 vis-, chronic、chronicle、chronology、synchronize 中的 chron-, perceive、deceice、receive、conceive 中的-ceive, precede、precedent、antecedent、recede 中的-cede, contain、maintain、retain、sustain 中的-tain, aspect、expect、inspect、respect、suspect 中的-pect。需要注意的是复合词的词根组合有两种情况。其一是复合词中包含两个自由词根,例如 blackboard、deadline、belkyache、blueprint、honeymoon、moonlight 等。其二是复合词中包含一个黏着词根和一个自由词根,不过这一类复合词相对较少,例如 psychobiology、manuscript、biorhythm、hypersonic、pseudograph 等。另外,还有少数词是包含三个词根的,例如 superhighway、one-track mind、wastepaper basket 等。

词干（stem）可以被形象比喻为树干，是指词的结构内部可以附加词缀的那一部分，换言之，是相对于黏附词素（曲折词缀或派生词缀）而言的任何一个词的主要部分。一个词干可以是一个自由词素，也可以是一个屈折词或者派生词。例如，manly 一词，去掉派生词缀-ly 后便剩下词干 man。也就是说，manly 的词根和词干重合，均为 man，同时 man 也是一个自由词素。unmanly 一词，相对于前缀 un-而言，它的词干是 manly。unmanliness 一词，相对于后缀-ness 而言，它的词干是 unmanly。需要注意的是，如表 3.6 所示，复合词干含有一个以上词根，例如 blackboards 的词干是 blackboard，两个词根分别是 black 和 board，brainwashing 的词干是 brainwash，两个词根是 brain 和 wash。

表 3.6 词干类别（Categories of Stem）

类别	词素数量	示例
简单词干 a simple stem	单一词根语素 a single root morpheme	*dogs*: single root morpheme "dog" + inflectional suffix -s
复合词干 a compound stem	两个词根语素 two root morphemes	*blackbirds*: two root morphemes "crow" & "bar" + inflectional suffix -s
复杂词干 a complex stem	一个词根语素＋一个派生语素 a root morpheme +a derivational affix	*inventions*: root morpheme "invent" + lexical suffix -ion + inflectional suffix -s

传统语法认为词干只和曲折变化相关，即只有涉及曲折变化词缀的形式才能叫作词干，而涉及派生词缀的形式便被称作词基（base）。从这种意义而言，词基和词干基本相同，只不过它既可以和屈折词缀结合，也可以和派生词缀结合。词基的覆盖范围更广，任何词根或词干都可以被称作词基。比如说，recite 是 reciting（屈折词缀-ing）和 recitation（派生词缀-tion）的词基。absorbable 一词的词基是 unabsorbable（派生词缀 un-），词根则是 absorb。因此，一种词形是词干，就一定是词基；一种词形是词根，也一定是词干，同时还一定是词基。

简言之，词根是一个词中承载基本语义的最重要的核心部分，词基是任何屈折或派生词缀都可附加的内部结构，词干是只能附加具有语法功能的屈折词缀的词基。仅具有语法功能、不改变语义并附加于词干的词素被称之为屈折词缀，具有附加含义且附加于词基的词素为派生/衍生词缀。词根、词干和词基示例见表 3.7 和表 3.8。

表 3.7 词根、词干和词基示例 1（Exemplification of Root, Stem and Base）

词汇	词根	词干	单词	词基
undesirables = un + desir(e) + able + s	desire	undesirable	desirable	desire
			undesirable	desirable
			undesirables	undesirable
desire in desired: root, stem or base			desirable in undesirable: base, not root, not stem	
desire in desirable: root or base, not stem			undesirable in undesirables: stem or base, not root	

续表

词汇	词根	词干	单词	词基
denationalized = de + nation + al + iz(e) + (e)d	nation	denationalize	national	nation
			nationalize	national
			denationalize	nationalize
			denationalized	denationalize

表 3.8 词根、词干和词基示例（Exemplification of Root, Stem and Base）

词汇	词基、词根、词干		词缀
inreinvent	invent	词基&词根	构词前缀 re-
truthfulness	truth	词基&词根	构词后缀 -ful
	truthful	词基	构词后缀 -ness
tightened	tighten	词干	语法后缀 -ed
	tight	词根	构词后缀 -en
consultants	consultant	词干	语法后缀 -s
	consult	词根	构词后缀 -ant
unbuckles	unbuckle	词干	语法后缀 -s
	buckle	词根	构词前缀 un-
handbags	handbag	词基&词干	语法后缀 -s
	hand & bag	词根	
misstatements	state	词基&词根	构词前缀 mis-
	misstate	词基	构词后缀 -ment
	misstatement	词基&词干	语法后缀 -s

3.3 构词法（Word Formation）

语言随着人类社会的不断发展弃旧创新，创造新词。构词法（Word Formation），即词形学（Morphology）的俗称，是专门研究词形变化现象及其规则的学科。基本构词法有：派生法（Derivation），复合法（Compound），缩略法（Abbreviation/Shortening），混合法/拼缀词（Blending），转换法（Conversion），逆构法（Back-formation），借词法（Borrowing）和造词法（Invention/Coinage）。

3.3.1 派生法（Derivatio）

派生法也被称为缀合法（affixation），是由词缀（虚语素）附加在词根（实语素）的前面或后面而生成新词的构词方式。从形态学意义而言，词缀（affix）是黏着语素，它本身不具备单独构词功能，必须黏附在词根上构成新词。词缀包括前缀、中缀和后缀三种类型，顾名思义，三者分别黏附于词根前、词根后和插入词根中。词缀是黏附于词根的附加成分，故此，前缀、中缀和后缀又被称为前加成分、中加成分和后加成分。汉语中的词缀和派生造词如表 3.9 所示。除了常见的前缀（prefix）和后缀（suffix），英语单词 wonbloodyderful、absobloodylutely 中 -bloody- 是否为中缀，学术界尚无定论。如下为学界公认的中缀：加利福尼亚印第安语亚韦尔玛尼语（California Indian language, Yawelmani）中 -ge- 为构成复数的中缀（sepolah—segepolah，原野）；菲律宾语中 -um- 被视为过去时态标志的中缀（bili—bumili, bought）；墨西哥当地的渥尔亚卡琼塔尔语（Chontal of Oaxaca）中 -l- 为复数构词的中缀（cece—celce, squirrels；tuwa—tulwa, foreigners）；东南亚卡穆语（Kammu）中 -m- 和 -rn- 均为中缀，借以区分词性，如 see (to drill)—smee (a drill), hiip (to eat with a spoon)—hrniip (a spoon)。

表 3.9　汉语中的词缀和派生造词

类型	词缀语素	示例
典型前缀	阿、老	老虎、老鼠、老师、老乡、阿姨
典型后缀	子、儿、头	桌子、椅子、花儿、腕儿、砖头、日头、芋头
类前缀	可、非、反、泛、超	可爱、可口、可喜可贺、非礼、非凡、非卖品、反比例、反作用、泛美、泛太平洋、超人、超音速
类后缀	性、者、员、家、手、巴、然、化、于、以、乎、搭	党性、理性、作者、长者、专家、冤家、学员、演员、歌手、对手、凶手、忽然、岸然、嘴巴、泥巴、哑巴、下巴、眨巴、磁化、净化、等于、基于、得以、足以、合乎、似乎、扭搭、敲搭

常用英语前缀如表 3.10、表 3.11 所示。

表 3.10　常用英语前缀类型（Categories of English Frequently-used Prefixes）

类型	示例
否定前缀 Negative Prefixes	in-, im-, il-, ir-, un-, non-, dis-
逆反前缀 Reversative or privative prefixes	un-, de-, dis- unpack, decode, disconnect
贬义前缀 Pejorative prefixes	mis-, mal-, pseudo- mislead, malpractice, pseudoscience
表范围和程度的前缀 Prefixes of degree or size	arch-, super-, out-, sur-, sub-, over-, under-, hyper-, ultra-, mini-
表方向和态度的前缀 Prefixes of orientation and attitude	co-, counter-, pro-, anti-cooperate, counterattack, pro-Chinese, anti-clockwise
方位前缀 Locative prefixes	sub-, inter-, trans-, fore- subway, international, transplant, forename
表时间和顺序的前缀 Prefixes of time and order	fore-, pre-, post-, ex-, re-foresee, preschool, postindustrial, ex-president, review
数字前缀 Number prefixes	semi- (demi-, hemi-), uni- (mono-), bi- (di-), tri-, quadr(i)- (tetra-), quinqu- (penta-), hexa- (sex-), sept- (hepta-), octa-ennea-
转化前缀 Conversion prefixes	a-, be-, en-, em- astride, becalm, enlarge, empower

续表

类型	示例
其他类型前缀 Miscellaneous prefixes	auto-, neo automobile, neoimpressionism

表 3.11 常用英语前缀列表（Exemplification of English Frequently-used Prefixes）

分类	前缀	用法与含义	示例
表示相反或相对	in-, im-, il-, ir-	加在形容词或副词前面	inefficient, impossible, illiterate, irregular
	un-	加在形容词、副词或动词前	unpleasant, unemployed, unload, unsuccessfully, unconcerned, undo, unsay
	non-	加在名词、形容词前	nonviolence, nonfiction, nonconductor nonproductive, nonexistent, nonstop
	dis-	加在动词、名词或形容词前 加在名词前有时会生成动词	disappear, disobey, discover, disorder, disadvantage, disloyal, dishonest, discourage
	de-	加在动词前	degrade, decentralize, defrost
	mal-	表示不正常的或有问题的，加在名词、动词或分词前	maltreat, malformed, malfunction, malnutrition malpractice
	mis-	加在动词、名词前	mislead, mispronounce, misprint, misunderstanding, misbehavior, misdeed
	anti-/ant	加在名词前面	anti-war, anti-missile, Antarctica
	conter-	加在动词或名词前	counteract, counterattack, countermeasure, countercharge, counterpart
	pseudo-	强调"假的"，加在名词前	pseudonym, pseudoclassicism, pseudograph
表示时间或顺序	pre-	表示"之前、提前"，加在名词或形容词前	pre-war, pre-school, pre-marital, prehistoric
	ex-	表示"之前的、前任的"	ex-husband, ex-president, ex-serviceman
	fore-	表示"之前或提前"，加在动词或名词前	forecast, forego, foretell, foresight, forerunner, forefather
	post-	表示"之后、后面的"，加在名词或形容词前	post-war, post-election, postliberation, postclassical
	re-	表示"再次、又"，加在名词或动词前	recall, reassemble, reconsideration, rearrangement
表示数量	semi- hemi-	表示"半个、准"	semicircle, semiconductor, semiofficial, hemisphere
	mono-/uni-	表示"一个、单元"	monoxide, monotone, monologue, uniform, unicolour, unicycle, unicellular
	bi-/di-	表示"两个、双"	bimonthly, bilateral, bilingual, dialogue, dioxide,
	tri-	表示三个	triangle, tricycle
	quadri/u- tetra- (Gr.)	表示四个	quadrangle, quadricycle, quadrilateral tetragon

续表

分类	前缀	用法与含义	示例
表示数量	pent(a)-	表示五个	pentagon, pentathlon
	hex (a)- (Gr.)	表示六个	hexagon
	hept (a)- (Gr.)	表示七个	Heptagon, September（九月，原罗马历为七月。后因纪念尤利乌斯·恺撒而把七月更名为 July，以及纪念奥古斯都而把八月更名为 August，因此 September 就位移指九月）
	Oct (a, o)-	表示八个	Octopus, October（十月，原罗马历为八月）
	novem- (L.)	表示九个	November（十一月，原罗马历为九月）
	dec (a)- (Gr.) deci--(L.)	表示十个	decagon, decathlon, December（十二月，原罗马历为十月），decimal
	cent (i)-(L.) hecto-(Gr.)	表示百	century, centigrade, hectolitre
	milli- (L.) kilo--(Gr.)	表示千	millenary, millilitre, kilometer
	quasi-	表示"类似，准"	quasi-official, quasi-judicial
	poly-, multi-	表示"多个"	polyglot, polygon, polygamy, multi-lateral, multi-purpose, multiracial
表示大小	mini-	表示"小的"，加在名词前	minibus, minicab, mini-skirt
	mega-	表示"大的"，加在名词前	megacity, megaphone
表示程度	over-	表示"过度" 加在名词、动词和形容词前	overanxious, overpopulation, overcrowd, overwork, overcharge
	sub-	表示"在下面或低于" 加在形容词或名词前	subconscious, subtropical, subordinate, subtitle, substandard subcommittee
	super-	表示"超出、特别" 加在形容词或名词前	supernatural, supersensitive, supermarket, superman
其他常见前缀	co-	表示"共同、同等" 加在名词或动词前	co-education, coheir, copilot cooperate, coordinate, cohabit
	en-	一般加在形容词或名词前	enable, enrich, encourage, encircle

注：表示数量的前缀变体还包括 deca-（十）、dei（十分之一，分）、cent-（百）、centl（百分之一，厘）、kilo-（千）、mi-（千分之一，毫）、meg(a)-（百万，兆）、micro-（百万分之一，微）、giga-（十亿，吉）、nano（十亿分之一，纳）。

常用英语后缀如表 3.12、表 3.13 所示。

表 3.12 常用英语后缀类型（Categories of English Frequently-used Suffixes）

名词后缀 Noun suffixes	由名词派生的名词 Denominal Nouns	生成具体名词	-eer, -er, -ess, -ette, -let, -ster
		生成抽象名词	-age, -dom, -ery, -ry, -ful, -hood, -ing, -ism, -ship
	由动词派生的名词 Deverbal Nouns	生成施事名词，表示"施事者"	-ee, -ent, -er, -or
		生成抽象名词，表示"动作的执行、结果、过程或状态"	-age, -al, -ance, -ation, -ition, -tion, -sion, -ion, -ence, -ing, -ment
	由形容词派生的名词 De-adjective Nouns		-ity, -ness
	由名词或形容词派生的名词 Noun and Adjective Suffixes		-ese, -an, -ian, -ist, -ite
形容词后缀 Adjective suffixes	附加于名词的后缀 Denominal Suffixes		-ed, -ful, -ish, -less, -like, -ly, -y, al, -ial, -ical, -esque, -ic, -ous, -eous, -ious, -uous,
	附加于动词的后缀 Deverbal Suffixes		-able (ible), -ative, -tive, -sive
动词后缀 Verb suffixes			-ate, -en, -ify, -ize, -ise
副词后缀 Adverbs suffixes			-ly, -ward, -wise

表 3.13 常用英语后缀列表（Exemplification of English Frequently-used Suffixes）

分类	后缀	含义	示例
动词后缀	-en	意为"使……变得……"	deafen, sadden, quicken, lengthen
	-ate/-ute	意为"使……"	originate, validate, hyphenate, attribute
	-(i)fy	意为"转为，变为"	beautify, simplify, amplify, identify
	-ize/-ise -yze	意为"使……""……化"	modernize, symbolize, civilize, centralize commercialize, equalize, analyze
名词后缀	-er/or	意为"……人、……家、……（主义）者、……职业者"	
		意为"从事某种职业的人"	actor, creator, survivor, employer
		意为"具有某种特征""某地区的人"	teenager, Londoner, glover, northwester
		指物件、机械	cooker, mixer, recorder, elevator, escalator
	-ee	意为"受动者、动作的接受者"	trainee, nominee, addressee, interviewee
	-eer	意为"精通于……，从事……的人"	engineer, auctioneer, profiteer
	-eur	意为"……家"	amateur, littérateur, entrerpreneur
	-ster	意为"参与……的人，涉及……的人"	trickster, gangster, songster
	-ist	意为"某种信念或行为的追随者"	racist, socialist, loyalist
		意为"职业、研究"	artist, psychiatrist, environmentalist
	-ent	意为"某人或某事"	respondent, correspondent, descendent
	-ese	意为"成员、说某种语言的人"	Chinese, Lebanese
		意为"某种风格""……体"	journalese, officialese

续表

分类	后缀	含义	示例
名词后缀	-ant	意为"参与者"	participant, inhabitant, contestant
		意为"某种事物或物质"	coolant, pollutant
		意为"动作、过程、状态"	performance, insurance, attendance
	-ian	意为"某种语言的使用者"	Australian, musician, mathematician
		意为"隶属于……，与……相关"	Darwinian, Shakespearian
	-ic	意为"……者、……师"	mechanic, critic
	-ite	意为"……的追随者，……的成员"	Thatcherite, Chomskyite
	-ie	意为"小"（爱称）	dearie, auntie, lassie
	-ess	构成"阴性人称名词"	actress, hostess, manageress
	-ine/-ian	构成"阴性人称名词"	heroine, ballerina
	-ard/-art	指人，带轻蔑意味	coward, drunkard, laggard, braggart
	-graph	意为"用于写或记录的机械"	chorograph, seismograph, pneumograph
	-gram	意为"画、图、字"等	diagram, program, telegram
	-ette	意为"小，（商业上）表示假的"	cigarette, kitchenette, essayette, storyette, flannette, leatherette
	-let	意为"小"（加在名词后面）	booklet, streamlet
	-ling	意为"小"（带有轻蔑的意思）	lordling, professorling, weakling, hireling
		意为"构成"，具有抽象名词的含义	
	-tion/ation/ition	意为"动作的过程或状态"	examination, protection, completion, consideration, recognition, foundation
	-ence	意为"动作、过程、状态"	adherence, persistence, existence
	-ing	意为"……动作"	wedding, opening, savings, earnings
	-ness	意为"状态、属性"	happiness, kindness, usefulness, selfishness, carelessness, up-to-dateness, unexpectedness
	-ment	意为"……结果"	management, announcement, entertainment, arrangement, amazement
	-ure	意为"行为及其结果"	disclosure, expenditure, mixture, exposure
	-ty	意为"特性、情况"	plenty, safety, cruelty, loyalty, bounty
	-ity	意为"状态、条件"	activity, diversity, regularity, superiority
		一般加在形容词词尾-able, -al, -ar 后	respectability, morality, popularity
	-ery, -try	意为"集体、地点"	fishery, brewery, archery, forestry
	-cy	构成名词	accuracy, diplomacy, constancy, bankruptcy
	-ery, -ry	意为"与……相关的行为或条件"	slavery, devilry, savagery
		意为"地方"	bakery, winery
	-age	意为"过程或状态"	coverage, drainage, shrinkage, storage
		意为"……动作的结果"	marriage, linkage, carriage

续表

分类	后缀	含义	示例
名词后缀	-al	意为"过程或状态"	arrival, refusal, removal, survival, dismissal
	-ing	意为"……材质"	tubing, matting, carpeting
		意为"与……相关的活动"	farming, golfing
	-ship	意为"职业、职位"	governorship, authorship, dictatorship
		意为"技巧、能力"	craftsmanship, sportsmanship
		意为"关系、关联"	acquaintanceship, friendship, partnership
	-hood	表示关系或抽象意义	adulthood, daughterhood, spinsterhood
	-ism	意为"……信条、……实践"	terrorism, sexism, consumerism
	-dom	意为"状态、条件"	freedom, kingdom, officialdom, martyrdom, boredom
	-ful	加在容器后面，表示某容器的容量	mouthful, armful, spoonful, handful
		意为一门"学科、科技、研究"	
	-ics		acoustics, economics, electronics, aerobatics
	-(o)logy		archaeology, biology, etymology, geology
	-nomy		astronomy, economy, taxonomy
	-y, -ery		chemistry, cookery, machinery, philosophy
	-graphy		biography, calligraphy, geography, photography
形容词后缀	-ly	意为"具有……特性或品质"	friendly, motherly, brotherly
		意为"频率或频度"	daily, weekly, monthly, quarterly, yearly
	-y	意为"以……为特性"	flowery, smoky, bloody
		意为"爱称"(affection or familiarity)	doggy, birdy
	-ed	构成形容词或复合形容词	aged, skilled, simple-minded, warm-hearted, blue-eyed, odd-shaped, pear-shaped
	-id	构成形容词	acid, acrid
	-al	意为"与……相关"	residential, sentimental, philosophical
	-ar	意为"……状的""似……"	familiar, linear, nuclear, angular
	-ous	意为"具有某种品质"	courageous, marvelous, anxious, sensuous
	-ic(al)	意为"像……、涉及……"	patriotic, poetic, bureaucratic, economic(cal)
		加在-ist结尾的名词后构成形容词	pessimistic, traditionalistic
	-esque	意为"具有某种品质"，用语著名作家、作曲家或画家名字后	Beethovenesque, Chaplinesque
	-ese	意为"某国人"	Chinese, Japanese, Vietnamese
	-ere	意为"方向"	eastern, northern, southern, western
	-able	意为"可能性"	washable, acceptable, inevitable gelivable
	-ible	一般接在来自拉丁语的动词后	edible, visible, possible
		用在以-mit或-nd结尾的词后	permissible, responsible
	-ive	意为"可识别的"（identifiable）	attractive, effective, possessive, productive

续表

分类	后缀	含义	示例
形容词后缀	-ful	意为"充满……"	careful, useful, meaningful, merciful
	-less	意为"无、没有"	careless, useless, meaningless, humourless
		意为"无法测量的"（unmeasurable）	priceless, timeless, valueless
	-ish	意为"有点像、相近"（approximately）	childish, foolish, monkeyish, snobbish nightmarish
		指及"语言或民族"	English, Swedish, Turkish
		意为"有点儿……的"	wettish, thinnish, plumpish, greenish
	-like	意为"像……"	Dreamlike, monkeylike, statesmanlike
	-some	意为"有……情绪的"	gladsome, tiresome, lonesome, fulsome
副词后缀	-ly	意为"以……方式、到……程度"	simply, evidently, personally, extremely
	-ward	指示"方向"	eastwards, homewards, downward
	-wise	意为"以……方式"	clockwise, crabwise, crosswise
		意为"就……而言"（as far as…is concerned）	weatherwise, educationwise, taxwise curriculumwise, profitwise, figurewise dollarwise

3.3.2 复合法（Compound）

复合词的语义分类如表 3.14 所示。

表 3.14 复合词的语义分类（Semantic Classification of Compounds）

类型	传统梵文术语	结构	示例
向心复合词 endocentric	tatpuruṣa	A→B: a (B).←A. B 为词核，A 修饰限定 B	darkroom virus-sensitive
离心复合词 exocentric	bahuvrihi	↓ A+B 下义词	Skinhead, paleface (head: person)
并列复合词 copulative	dvandva	AB = A+ B. 复合词的语义为 A 和 B 的义项结合	sweetbitter sleepwalk
并置复合词 appositional		AB: A & B. A 和 B 双重特征并置共存	actor-director maidservant

汉语中的合成词大多数是由词根复合法构成的，即用两个或两个以上词根按一定语法规则组合起来建构新词，如表 3.15 所示。词根与词根的组合类型同词与词的组合类型相似，故又名句法构词法。英语中的复合词一般有三种书写形式，如表 3.16 所示，复合词的书写形式可以是其中的任何一种。复合词典型特征为：前修饰后、重音在前、复数置后和连字符大多可有可无。英语复合词构词类型如表 3.17 所示。

表 3.15 汉语复合词类型

类型	例词
并列式	国家、广阔、牙齿、场所、呼吸

续表

类型	例词
偏正式	外语、春天、朗读、狂奔、雪白
述宾式	及格、司仪、鞠躬、关心、得意
述补式	提高、改良、纠正、说明、推广
主谓式	夏至、日蚀、心痛、面熟、年轻、性急

表 3.16　英语复合词的书写形式（Orthographic Feature of Compound）

方式	黏写式 Solid Form	松散式 Open	连字符 Hyphenated	自由组合 Free Variation
示例	website, webpage, weblog, database	data entry data storage data transfer	mass-produce well-educated break-through	Oilfield, oil field, oilfield, businessman, business-man business man

表 3.17　英语复合词构词类型（Syntactic Classification of Compounds）

类型	例词			
名词复合词	n. + n. sunflower	adj. + n. long-jump	v-ing + n. sleepingpill	v. + adv. get-together
	v. + n. pick-pocket	adv. + v. output	n. + v-ing sun-bathing	go-between
形容词复合词	adj. + adj. red hot	adj. + n. high class	adv. + adj. evergreen	n. + v-ing. peace-loving
	adj. + v-ing. long-lasting	n. + adj. self-contained	adv. + v-ing. far-reaching	n. + v.-ed state-owned
	adj. + v-ed ready-made	adj. + n. + -ed short-sighted	adv. + v-ed wide-spread	prep. + n. overspeed
动词复合词	n. + v. eavesdrop title-tattle	adj. + v. short-circuit	adv. + v. uplift	adv. + n. underline
	v. + adj. blow-dry spin-dry	v. + v. stir-fry	v. + adv. bring-up	miscellaneous court-martial, dillydally
副词复合词	adj. + n. single-handed empty-handed	n. + adj. lifelong stonestill	n. + adv. upside-down headfirst	adv. + prep. nearby upalong	prep. + n alongside beforehand	miscellaneous: helter-skelter higgledy-piggledy

3.3.3 缩略法（Abbreviation/Shortening）

把词的音节加以精炼省略或浓缩简化而产生的词统称为缩略词，这种构词方法为缩略法。首字母缩略词（initialism 或 alphabetism）通常使用大写，中间不使用空格或者标点符号。首字母发音词（Acronym）与首字母缩略词的构词方式相似，唯一的区别是前者只能作为一个字母串，逐个字母读出；而后者则可以被视为一个独立的新单词，按照单词发音规则进行发音。当然，两者的区分并非泾渭分明，例如，FAQ（frequently asked questions，常问问题）既可以是首字母缩略词，也可以是首字母发音词。缩略法构词类型如表 3.18 所示。

表 3.18 缩略法构词类型

类型		例词
截短词 Clipping	截除词尾 Apocope Back-clipping	Hippo(potamus), memo(randum), app(lication) reg(ulation)s, piano(forte), deli(catessen)
	截除词首 Aphaeresis Fore-clipping	(omni)bus, (tele)scope, (ham)burger, (alli)gator (tele)phone, (violin)cello, (earth)quake
	截除首尾 Front and Back Clipping	(re)friger(ator), (pre)script(ion), (de)tec(tive) (in)flu(enza), asst←assistant
	截除词腰	fossi(li)zation, pacifi(ci)st, ido(lo)latry
首字母缩略词 Initialism		BBC—British Broadcasting Corporation, ATM (Automatic Teller Machine) WEF: World Economic Forum, SCO: Shanghai Cooperation Organization UAV—unmanned aerial vehicle (无人机)
首字母发音词 Acronym		UNESC: United Nations Educational, Scientific and Cultural Organization scuba: self-contained underwater breathing apparatus NASA—National Aeronautics and Space Administration NEET—Not in Education, Employment or Training (啃老族)

3.3.4 混成法/拼缀词（Blending/Portmanteau）

混成法（Blending）就是将两个词"混成一体"或各取一部分重叠混成的构词方法。如表 3.19 所示，从形态结构看，混成法大致包括四大类型。

表 3.19 拼缀词类型（Types of Blending）

类型	例词
前首后尾	motel←motorist + hotel, Chunnel←channel + tunnel, Oxbridge←Oxford + Cambridge fruice←fruit + juice, fantabulous←fantastic + fabulous, Japlish←Japanese + English smog/smaze←smoke + fog/haze, inlovidual←in + love + individual (独立爱人) telecast←television + broadcast, smirting←smoking + flirting (边吸烟边搭讪) advertorial←advertisement + editorial, edutainment←education + entertainment infomercial←information + commercial, Infortainment←information + entertainment liger←a male lion + a female tiger, tigon/tiglon←a male tiger + a female lion turducken←turkey + duck + chicken (a dish made by inserting a chicken into a duck, and the duck into a turkey), spork←spoon + fork, skort←skirt + shorts
前首后首	interpol←international police, moped←motor pedal-cycle, forex←foreign + exchange sci-fi←science + fiction, Hi-tech←high + technology sitcom←situation + comedy, Satcom←satellite + communication psywar←psychology + warfare, fortran←formula + translation Microsoft←microcomputer + software, modem←modulator + demodulator (调制解调器) comsat←communications + satellite, comint←communications + intelligence (通信情报)

续表

类型	例词
前词后尾	airtel←air + hotel, newscast←news + broadcast, speakerphone←speak + mikephone faction←fact + fiction (纪实文学), travelogue←travel + catalogue (旅行见闻讲座) lunarnaut←lunar + astronaut, slimnastics←slim + gymnastics (减肥体操) guesstimate←guess + estimate, warphan←war + orphan, talkthon←talk + marathon breathalyze←breath + analyze (测醉实验), bookmobile←book + automobile (流动书店)
前首后词	email←electronic + mail, medicare←medical + care, medicaid←medical + aid Brexit←Britain's planned exit from the European Union Eurasia←Europe + Asian, psywarrior←psychological + warrior (心理战专家) Swatch←Swish + watch, telediagnosis←television + diagnosis (远距侦探) docudrama←document + drama (纪录片), agribusiness←agriculture + business helipad←helicopter + pad, paratroops←parachute + troops (空降部队) V-day←victory + day, D-notice←defense notice (国防机密通知)

现代英语中很多混成词已充分被大众接受吸纳，并兼具模板效应，可以根据混成词仿拟造词。例如，cheeseburger-beefburger-shrimpburger, motel-botel aquatel (aquatic + hotel), washeteria (自助洗衣店 wash + cafeteria)-luncheteria (自助小吃馆)-candyteria (自助糖果店)。

3.3.5 转换法（Conversion）

转换法也被称为零位后缀派生法（zero derivation），顾名思义，是直接赋予现有单词新的句法功能，如莎翁金句"I <u>eared</u> her language.""He <u>words</u> me."。更为奇特的是，人名也可以转换为动词使用，如"Petruchio is <u>Kated</u>."，可谓妙笔生花。转换词类型如表 3.20 所示。

表 3.20 转换词类型（Type of Conversion）

类型		例词
动词→名词 所有单语素结构 （monomorphemic） 动词都可以转换为 名词	State (of mind or sensation)	doubt, want, desire
	Event or activity	search, laugh, teach-in
	Result of the action	catch, find, answer
	Doer of the action	help, cheat, bore
	Tool or instrument to do the action with	cover, wrap
	Place of the action	pass, walk, divide
形容词→名词	完全转换（Full conversion）和部分转换（Partial conversion）	
其他词→动词	Denominal	to <u>elbow</u> one's way, to <u>shelve</u> the books, to <u>pocket</u> the money
	De-adjectival	The photograph <u>yellowed</u> with age. to <u>free</u> the birds, to <u>humble</u> oneself
	miscellaneous	The students <u>tut-tut</u> the idea.（啧啧非议）

续表

类型		例词
其他转换类型	名词做定语	<u>street</u> light
	临时词 nonce word	forget-me-not, touch-me-not, ahead-of-schedule（需要使用连字符）
	副词转化为动词	She <u>downed</u> a glass of milk.
	感叹词转为动词	Having been indifferent to my topic, he only <u>ohed</u> and <u>ahed</u> my question.
	介词转化为名词	I should rely on my own efforts instead of asking help from <u>above</u>.
	数词转化为名词	The travelers climbed the steep mountain on all <u>fours</u>.
	连词转化为名词	His conclusion contains too many <u>ifs and buts</u>.

下面的例子中均出现名词转换为动词的用法，这种词性活用不仅使文字描述栩栩如生，而且也会让读者有身临其境的感觉。

例 3-2 Boys spent the night with Mr. Vaughan, and they <u>breakfasted</u> together in the usual way upon bacon and eggs, toast, marmalade and coffee.

(Dorothy L. Sayers, *The Unpleasantness at the Bellona Club*, 1928)

例 3-3 One writer who went on a tour of New York's Harlem district was shown the place where Adam C. Powell was <u>funeralised</u>. Another letter <u>detailed</u> an American friend's eagerness to see the Prince of Wales <u>coronated</u>. On a flight to Boston, flight attendants promised passengers they would soon <u>beverage</u>, but later, because of adverse weather conditions, they said they were unable to complete <u>beverisation</u>. Asked about this trend, one American quipped: 'Any noun can be <u>verbed</u>.'

(Kevin Courtney, "Con Text Verbing." *The Irish Times*, March 18, 2008)

例 3-4 With that, she pounced upon me, like an eagle on a lamb, and my face was squeezed into wooden bowls in sinks, and my head was put under taps of water-butts, and I was <u>soaped</u>（涂上肥皂）, and kneaded, and <u>towelled</u>（擦）, and <u>thumped</u>（拍）, and <u>harrowed</u>（本义为"耙地"，此处意为"搔"）, and <u>rasped</u>（本义为"粗锉"，此处意为"刮"）, until I really was quite beside myself.

(Charles Dickens, *Great Expectations*)

古汉语中词类活用非常普遍，是指某些词在特定的语言环境中可以灵活改变其基本语法功能，临时扮演其他词类的语法成分。如表 3.21 所示，这种词类活用可以简单归纳为"五谓"（其他词类活用为动词，充当谓语）和"三动"（使动、意动和为动）。这些都无疑是转换法的典型例证。

表 3.21　古汉语中的词类活用

类型	示例
名词活用为动词	先破秦入咸阳者<u>王</u>之。（《史记·项羽本纪》）
代词活用为动词	见公卿不为礼，无贵贱，皆<u>汝</u>之。（《隋书》）
方位词活用为动词	秦师遂<u>东</u>。（《左传·僖公三十二年》）
形容词活用为动词	上官大夫<u>短</u>屈原于顷襄王。（《史记·屈原列传》）
数词活用为动词	先王之制：大都，不过<u>参</u>国之一；中，<u>五</u>之一；小，<u>九</u>之一。（《左传·隐公元年》）
名词的使动用法	桓公解管仲之束缚而<u>相</u>之。（《韩非子》）
动词的使动用法	<u>舞</u>幽壑之潜蛟，<u>泣</u>孤舟之嫠妇。（《赤壁赋》）
形容词的使动用法	必先<u>苦</u>其心志，<u>劳</u>其筋骨，<u>饿</u>其体肤，<u>空乏</u>其身。（《孟子·告子下》）
数词的使动用法	虽<u>四</u>三皇，<u>六</u>五帝，曾不足比隆也。（《秦政纪》）
形容词的意动用法	孔子登山而<u>小</u>鲁，登泰山而<u>小</u>天下。（《孟子·尽心上》）
名词的意动用法	指点江山，激扬文字，<u>粪土</u>当年万户侯。（《沁园春·长沙》）
动词的为动用法	夫人将<u>启</u>之。（《左传·隐公元年》）
名词的为动用法	<u>膏</u>吾车兮<u>秣</u>吾马，从子于盘兮，终吾生以徜徉！（韩愈《送李愿归盘谷序》）
形容词的为动用法	景公外<u>傲</u>诸侯，内<u>轻</u>百姓。（《晏子春秋·内篇》）

3.3.6　逆构法（Back-formation）

逆构法与缀合法恰好相反，缀合法借用词缀派生新词，而逆构法则是去掉被误认的、想象中的后缀，逆构成新词。例如，television 先于 televise 而存在，television 被误认为通过缀合法 televis (动词词根) + -ion (后缀) 而生成，据此逆推 televise 是 television 删去后缀 -ion 逆生而成的动词形式。逆构词多半为动词，而原形词多为名词和形容词。例如，从名词词组 free association（自由结社）逆生出复合动词 free-associate，从 one-up-manship（胜人一筹）逆生出 one-up（胜过……一筹）。

有的逆构新词会与源词的意义、发音有所差异。例如，从名词 destruction 逆生出的动词 destruct 被赋予了新义，意为"作用失灵的导弹火箭等自毁"。再如，逆构动词 attrite（磨损、削弱）与其源词 attrition（摩擦、消耗）意义和发音均有细微差异。人名、地名、商标名称都可以通过逆构法产生新词。例如，以加拿大医生班廷（Banting）姓氏命名的 banting（节食减肥疗法）逆生出动词 bant（以节食方法减肥）；动词 maffick（狂欢庆祝）来源于南非地名马弗京（Mafeking）；复合动词 deep-freeze（速冻）是由商标 Deep Freezer（深度冷冻机）逆生而成的。其他示例如表 3.22 所示。

表 3.22　逆构法生成新词示例

类型	示例
动词←名词 去除虚拟想象词缀 (-er, -or, -ar, -sion, -ion)	laze←laser, peddle←peddler, rove←rover, beg←beggar, edit←editor, audit←auditor, appreciate←appreciation, aggress←aggression, enthuse←enthusiasm, calm←calmative, baby-sit←baby-sitter, caretake←caretaker, self-actualize（自我实现）←sef-actualization, daydream←daydreamer, housekeep←housekeeper, mass-produce←mass-production, chain-smoke←chain smoker

续表

类型		示例
复合动词←复合名词	动词←形容词	laze←lazy, gloom←gloomy, cose (聊天、谈心)←cosy, drowse←drowsy, creep←creepy, custom-make←custom-made, dapple (起斑纹)←dappled
	动词←形容词	multimillion←multimillionaire, greed←greedy, pup←puppy, dinge (黑人)←dingy (暗淡的), diplomat←diplomatic, air-condition←air conditioning
	形容词←名词	difficult←difficulty, complicit←complicity(同谋、共犯), implicit←complicity, surreal←surrealism

3.3.7 借词法（Borrowing）

语言在各民族文化相互碰撞和融合中博采众长、海纳百川，词语是语言文化这一动态开放系统中最敏感的组成部分，人们借用不同语言词汇填补语义概念空缺。英语借用的外国词源词汇比比皆是，此种现象已有1000余年历史。例如，英语中的money一词，13世纪由法语而来，现在很少有人知道其法国血统了，足以证明这个词已经彻底被同化并融入英语词汇体系。借词是词汇音、形、义三种语言元素不同的排列组合形式，英语借入的方式主要有音译、意译、音意结合、"洋泾浜"和省略翻译。借词在进入英语语言系统后，只有在语音、拼写、语法和语义等方面积极迎合英语语言系统构建规则，以不同形式在不同程度上被同化，最终才可能被英语接纳。

（1）英语中的借词现象

英语中的借词现象如表3.23、表3.24、表3.25所示。

表3.23 英语中的法语借词

字母组合	示例
eau	bureau, plateau, entrepreneur, tableau (场面), beau (花花公子), nouveau (暴发户), chapeau (帽子)
eur	monsieur, amateur, chauffeur (司机), grandeur (壮观)
et	ballet, bouquet, beret (贝雷帽), buffet (小卖部), gourmet (美食家), filet (肉片), chalet (小木屋), Chevrolet (雪佛兰), crochet (钩针编织品), croquet (棒球游戏)
ette	cigarette, etiquette, silhouette (剪影), croquette (油炸丸子)
oir/oire	memoir (回忆录), soiree (晚会), reservoir (水库), repertoire (全部节目), armoire (大橱), mouchoir (手帕)
eon	pigeon, surgeon, dungeon (城堡), luncheon (午餐)
gue	colleague, league, vague, vogue, fatigue, plague
que	unique, oblique, plaque (匾), clique (小集团), pique (生气)
ch	mustache, chef, brochure, parachute, machine, chic (别致的)
gn	foreign, design, assign, campaign

注：保留源词字母组合拼写。

表 3.24　英语中的借词现象

借词来源	示例
法语	café, restaurant, canteen, entree (西餐主菜), hors d'oeuvre (前菜), hotel, genre, garage, crime, croissant (羊角面包), rendezvous (约会、集合), faux pas (失礼、失态), lingerie (女士内衣), renaissance (文艺复兴), bizarre, ambience (气氛、情调), ampere (安培), petit jete (芭蕾术语，小跳)
意大利语	bravo, ciao, umbrella, piano, spaghetti, cappuccino, ghetto, paparazzi (狗仔队), alfresco (户外的、露天的), bravura (优秀演技、精彩片段), focaccia (意大利扁面包), inamorata (情人), vendetta (世仇), manifesto (宣言), imbroglio (误解、纠葛), panache (虚饰、华丽、神韵), punctilio (细枝末节、拘泥形式)
西班牙语	cafeteria, mosquito, tornado, elnino (厄尔尼诺现象), lanina (拉尼娜现象), chicken burrito (墨西哥鸡肉卷), adios (再见), Hasta la vista (再见), Mama mia (天哪), fiesta (派对), avocado (牛油果), macho (男子气的), amigo (朋友), cilantro (香菜), pronto (马上)
德语	noodle, hamburger, kindergarten, waltz, kirsch (樱桃), Oktoberfes (慕尼黑啤酒节), biergarten (露天啤酒店), Budweiser (百威啤酒), delicatesse (熟食店), Dunkelbier (黑啤), muesli (麦片), sauerkraut (德国酸菜), Chinese Sauerkraut (酸菜), frankfurter (法兰克福香肠), gummy bear (软熊糖), kohlrabi (甘蓝), leitmotif (主旋律), rucksack (旅行包), Gesundheit (祝你健康)
日语	karaoke, tatami (榻榻米), kimono (和服), Kabuki (舞伎), anime (动漫), sushi (寿司), matsutake (松茸), ramen (日本拉面), sake (日本清酒), sashimi (生鱼片), tamari (酱油), tempura (天妇罗), teriyaki (照烧), wasabi (青芥), karate (空手道), ninja (忍者), tsunami (海啸), tycoon (大亨、企业巨头), koi (锦鲤), origami (日本折纸艺术), sayonara (再见), sensei (老师，先生), bonsai (盆栽)
澳洲土语	koala (考拉熊)
北美印第安语	moccasin (无后跟的软皮平底鞋，莫卡辛软皮鞋)
墨西哥那瓦特语	chocolate
拉丁语	quid pro quo (交换物)
葡萄牙语	bossanova (巴萨诺瓦音乐)
俄语	babushka (祖母，外婆，婆婆头巾)
瑞典语	moped (机械自行车，带发动机的自行车)
阿拉伯	Sheikh (谢赫，教长，统治者或领袖)
韩语	taekwondo (跆拳道)

表 3.25　借词类型（Types of Loan Words）

类型	示例
直接借用 Loanword	au pair, encore, coup d'etat, kungfu, sputnik
借用后拼缀 Loanblend	coconut: coco (Spanish) + nut (English)
	Chinatown: China (Chinese) + town (English)
借用后意义转换 Loanshift	Bridge "桥牌"之意借用于意大利语 ponte（复数 ponti）。

续表

类型	示例
借用后对译 Loan translation (calque)	free verse ← verse libre (Latin) black humor ← humour noir (French) found object ← objet trouvé (French)

英语中的汉语借词反映了中国古代丰富的物质文化，如 silk、China、porcelain（瓷器）等。明清以后，英语中的汉语借词反映了旧中国的社会现实，如 mahjong（麻将）、kylin（麒麟）、lohan（罗汉）、shanghai（诱骗）、tycoon（大款、巨亨）等。如今，中国国力不断提升，中国越来越接近世界舞台的中央。中国文化成为对世界文化的补充，汉语词汇对英语词汇的贡献日趋强大，更有着潜移默化的影响。伴随着 2003 年神舟五号载人飞船成功发射和平安返回，taikonaut（中国宇航员）被纳入英语，且与 astronaut（美国宇航员）、cosmonaut（苏联宇航员）并存。汉语词汇早期是通过其他印欧语言，由丝绸之路转借入英语的，而近当代借词进入、传播的渠道则呈现多样化。例如，tea 于 1601 年被纳入英语，最初是由荷兰人连同闽南语发音一并从爪哇带到了欧洲。茶叶风靡英国后，中国各地名茶的汉语词汇涌现出来，如 oolong（乌龙茶）、bohea（武夷茶）、congou（功夫茶）、hyson（熙春茶）、twankay（屯溪茶）、brick tea（砖茶）、lungching（龙井茶）等。国内外诸如 *China Daily*（《中国日报》）、*News Times*（《时代周刊》）等媒体成为汉语借词入英语词汇传播的主要渠道。此外，美国英语、澳大利亚英语、加拿大英语也都吸收了一部分汉语词汇，如美国英语吸纳了 wok（锅）、chowfan（炒饭）、chowmein（炒面）、chopsuey（炒杂碎），澳大利亚英语收编了 chow（狗）和 guanxi（关系）。

网络流行的汉语热词也被借用到英语中，如被 Urban Dictionary（知名英语俚语在线词典）收纳的 No zuo no die、You can you up、No can no BB 等。除此之外，中式"洋泾浜"也在欧美主流媒体和专业英语词典中"蹿红"。2010 年，英国《经济学人》借用 guanggun（光棍）指代大龄男青年。美国《纽约客》则借用 fenqing（愤青）描写中国的年轻人。美国《基督教箴言报》也曾报道中国的 Naked Phenomenon（裸现象，如裸婚、裸考等）。2011 年，英国《每日邮报》用新借词 Peking Pound（北京镑）来描述中国顾客的高强消费能力。2013 年，Tuhao（土豪）和 Dama（大妈）在《华尔街日报》等外国媒体上亮相。时事性强的网络流行热词也纷纷被英语借用吸纳，如 online shoppers（淘客）、digit head（计算机迷）、human flesh search（人肉搜索）、knock off（山寨）、get soy sauce（打酱油）、ungelivible（不给力）、pear big（鸭梨/压力很大）等。

（2）汉语中的借词现象

汉语作为一种古老的语言，有着自己强大的生命力，受外来语言影响相对较小。但近代以来，在经济全球化和世界各民族频繁交往的趋势下，语言之间的关系越来越密切，相互的影响也越来越深刻。现在的一些常用词汇有着明显的外族语源语言的痕迹，如葡萄、石榴、狮子、玻璃是汉代时由西域借入的词，琵琶、骆驼、胭脂借自匈奴，胡同、站、蘑菇是元代时借入的蒙古词，齐齐哈尔、哈尔滨中的"哈尔"则是满语"河流"的意思。与中国一衣带水的日本对汉语影响较大，如服务、组织、纪律、政治、革命、政府、党、方针、政策、申请、解决、理论、哲学、原则、经济、科学、商业、干部、健康、社会主义、资本主义、法律、封建、共和、美学、文学、美术、抽象等一些英语词汇是先进入日语再辗转进入汉语的，试比较表 3.26 中的日译和严（复）译，便可见一斑。

表 3.26　英语借词的日译 vs. 严译

英语借词	economy	society	capital	evolution	philosophy
日译	经济	社会	资本	进化	哲学
严译	计学	群	母财	天演	理学

近代汉语的借词现象如表 3.27 所示。

表 3.27　近代汉语中的借词

分类	示例
材料类	涤纶（terylene）、的确良（dacron）、法兰绒（flannel）、雪纺（chiffon）、开司米（cassimere，原指克什米尔地方所产的山羊绒毛，现泛指优良的羊绒织品）、卡其（Khaki，一种能染泥土色的染料，经过乌尔都语 Khaki 进入英语，因其具有耐磨和隐蔽的作用，常用于制作军装）、尼龙（nylon，起先是美国杜邦公司的化学产品商标名，后来逐渐成为产品名）
工业类	坦克（tank）、步枪（rifle）、激光（laser）、雷达（radar）、麦克风（microphone）、凡士林（vaseline）、吗啡（morphine）、出租车（taxi）、敌杀死（Decis，菊酯类杀虫剂）、拉力赛（rally）、席梦思（simmons）、香波（shampoo）、霓虹（neon）、引擎（engine）、克隆（clone）、卡丁车（karting）、蹦极（bunge jumping）、吉普车（jeep）、对话框（dialog box）、鼠标（mouse）
饮食类	咖啡（coffee）、汉堡包（hamburger）、三明治（sandwich）、吐司（toast）、巧克力（chocolate）、布丁（pudding）、沙拉（salad）、香槟（champagne）、玛奇朵（Macchiato）、卡布奇诺（cappuccino）、牛轧糖（nougat）、车厘子（cherry）、舒芙蕾（soufflé）、比萨（pizza）、玛奇朵（macchiato）、欧蕾咖啡（au lait）、柠檬（lemon）、马卡龙（macaron）、太妃糖（toffee）、雪茄（cigar）、尼古丁（nicotine）、啤酒（beer）、白兰地（brandy）、威士忌（whisky）、雪莉酒（sherry）、鸡尾酒（cocktail）、咖喱（curry）
社科类	模特（model）、逻辑（logic）、幽默（humor）、罗曼蒂克（romantic）、马赛克（mosaic）、按揭（mortgage）、嘉年华（carnival）、蒙太奇（montage）、潘多拉宝盒（Pandora's box）、图腾（totem）、盖世太保（Gestapo）、歇斯底里（hysteric）、乌托邦（utopia）、脱口秀（talk show）、达人秀（talent show）、丁克（dink）、托福（TOEFL）、雅思（IELTS）、卡通（cartoon）、芭蕾（ballet）、霹雳舞（break dance）、踢踏舞（tittup）、伦巴（rumba）、探戈（tango）、披头士（Beetles）、嬉皮士（hippy）、雅皮士（yuppies）、朋克（punk）
计量单位类	打（dozen）、吨（ton）、听（tin）、加仑（gallon）、品脱（pint）、伽马（gamma）

汉语借词主要有三个发展阶段。

第一阶段，汉语中最早外来语：梵语。

从东汉、南北朝一直到唐代，中国人和西域僧人合作，翻译了众多佛经典籍，而以佛经为载体的梵语大量进入汉语，至今仍未中国人广泛使用，如佛、菩萨、阎罗、魔、僧、尼、塔、解脱、轮回、罗汉、南无、涅槃、菩提、信仰、妄想、眼光、缘起、手续、刹那、现在、翻译、翻案、方便、天堂、地狱、宿命、平等、悲观、觉悟、境界、唯心、实体、实际、真实、真理、真谛、因果、相对、绝对、信手拈来等。

第二阶段，西学东渐：传教士与中国士大夫合译引入西方外来词。

17世纪，西学东渐，以利玛窦、邓玉函、罗雅谷、汤若望等为代表的大批传教士来到中国，他们和中国第一批"向外看世界"的士大夫译介了相当数量的有关天文、舆地、数学、物理、医学、植物学和动物学方面的著作，也为汉语言创造了诸多新词。后来这些新词进入日本，为日本的明治维新运动和现代化发展打下了坚实基础。例如，徐光启和利玛窦合译了《几何原本》；李之藻与利玛窦合作撰写了《同文算指》；陕西人王徵与教士邓玉函合作译绘《远西奇器图说》，介绍西洋物理学和机械工程学，为学术界所推重。

第三阶段，新文化运动：英法外来词。

到了近代，新文化运动兴起，中国又迎来新一批大规模的外来语，西方先进的科技、工业文明词汇进入汉语。这里的外来词以工业文明中的老牌资本主义国家的语言（英语和法语）为主，日语为辅。

汉语吸纳借用外来词一般有以下四种方式：①直接音译，如沙发、夹克、咖啡、沙龙、扑克、拷贝等；②半音半意，如呼拉圈（hula-hoop）、因特网（internet）、唐宁街（Downing street）、奶昔（milk shake）、马克思主义（Marxism）等；③音译加汉语语素，如啤酒（beer+酒）、芭蕾舞（balled+舞）、艾滋病（AIDS+病）、高尔夫球（golf+球）、保龄球（bowling+球）、桑拿浴（sauna+浴）、拉力赛（rally+赛）等；④音意兼顾，如幽默、香波、基因、俱乐部、可口可乐等。

值得一提的是，汉语中的借词与意译词大相径庭，意译词只引入词的外来概念，而借词则不仅引入词的外来概念，而且引入该词的音义结合形式。例如，bank、telephone的意译词分别是银行、电话，而它们的借词则音译为"版克"和"德律风"。仿译词（或借译词）是意译词的一个特类，两者之间有着细微差异。就词的外部形式（词的具体读音）和词的内部形式（构词成分和构词结构）而言，借词只考虑外族语词的外部形式，借入后经同化修饰逐渐沉淀下来。意译词对词的内部形式和词的外部形式均不考虑，是用本族语言的构词材料和规则构成新词，只移植外族语中某个词的意义和概念。仿译词则只考虑外族语词的内部形式，用本族语语素与外语原词语素一一对应，再逐个对译，生成新词。汉语中常见的英语仿译词包括：blackboard（黑板）、football（足球）、honeymoon（蜜月）、software（软件）、night-life（夜生活）、night-school（夜校）、dog police（警犬）、polar bear（北极熊）、pony-tail（马尾辫）、bottleneck（瓶颈）、convenience（去方便）、passive smoking（被动吸烟）、the Far East（远东）、chain（连锁店）、reaction chain（连锁反应）、nine to five（朝九晚五）、the newest fashions（最新的款式）、armed neutrality（武装中立）。

3.3.8 造词法（Invention/Coinage）

造词法是指新词创造的方法，造词法的研究包括两个方面的内容：一是用什么语言材料造词，二是用什么方法造词。很多新创词语是时代和社会发展的产物，如 Facebook、Twitter、drones、microblog、e-tailer、smartphone、tsunami 等。Pneumonoultramicroscopicsilicovolcanoconiosis（矽肺病，极端小范围的有关于硅和火山的粉尘病）一词是由不同的词素构成的，包括 pneumonia（肺炎）、ultra（极端）、microscope（微小范围）、silicon（硅）、volcano（火山）和 coniosis（粉尘病）。

现代汉语造词法如表 3.28 所示。

表 3.28　现代汉语造词法（葛本仪，2001）

音义任意结合法	用某种声音形式任意为某种事物命名		人、山、风、雨、鸟、日、月、牛、羊、树、窈窕、玲珑、参差、从容
摹声法	模拟万物声音	根据声音命名	猫、鸦、蛙、蛐蛐、蝈蝈
		根据声音描写事物性状	哎呀、哈哈、呼噜、嗡嗡、轰隆、哗啦啦、叮叮当当
	音译外来词		可口可乐、马拉松、比萨、阿司匹林、卡通、芭蕾、逻辑
音变法	语音变化产生新词		好（美好）—好（爱好）、传（传递）—传（传记）
	儿化韵造词		盖—盖儿、黄—黄儿、尖—尖儿、活—活儿、堆—堆儿
说明法	说明事物情状		地震、起草、抓紧、年轻、口红、赞扬、提高、脑溢血、落花生、超声波、二人转
	说明事物性质特征		回形针（形状）、素描（方式）、铅笔（原料）、火车（动力）、密码（性质）、动物（类别）、公鸡（性别）、梳理（工具）、霸王鞭（人物）、京剧（地区）、腊八粥（时间）、西医（方位）、家访（处所）、重视（程度）、热爱（状态）、喜酒（情态）、主席台（职务）、皮影戏（道具）
	说明事物用途		雨衣、护膝、书桌、餐具、洗衣机、扩音器
	说明事物领属		牛角、象牙、羊毛、树叶、火车头、鸡蛋、鞋带
	说明事物颜色		红旗、蓝天、白糖、绿茶、黄油、红绿灯、黄花菜
	说明事物数量		二胡、三秋、四季、六书、八卦、百姓、千里马
	注释方式进行说明	注释所属物类	牡丹花、芹菜、松树、糯米、淮河、白杨树
		注释单位名称	人口、车辆、花朵、书本、米粒、纸张
		注释事物情状	白茫茫、亮晶晶、冷冰冰、静悄悄、颤悠悠
	借用虚化成分	子	乱子、岔子、日子、推子、斧子
		头	想头、看头、甜头、芋头、兴头
		乎（乎）	在乎、乱乎、黑乎乎、胖乎乎、傻乎乎
		溜溜	酸溜溜、灰溜溜、秃溜溜、稀溜溜、滑溜溜、圆溜溜
修辞法	比喻式	前比喻式	板鸭、鸡胸、笔直、冰冷、雪白、雪亮、火热、林立、响应、狐疑、笼罩、云集、流逝、瓜分、刀鱼、发菜、牛皮纸、金丝猴、鹅卵石、鸭舌帽、金字塔、苹果绿
		后比喻式	木马、烛泪、豆腐脑、虾米、瀑布、麦浪、茶砖、木耳、肠衣、浪花、云海、秋老虎、笑面虎、糊涂虫、草珊瑚
		前后比喻式	鸾凤、影响、龙胆、榴莲、水银、银耳、泰斗、沉浮、罗网
		整体比喻式	龙眼、佛手、秋波、蚂蚁上树、踢皮球、雷鸣、穿梭、刻板、画眉、油水、沸腾、鼎沸、吃醋、虎口、蚕食、龙头、皮毛、鲸吞、鼎立、推敲、冰释、仙人掌、狮子头、青纱帐、白头翁

续表

修辞法	借代式	借象征性标记或个体特征代事物本体	青衣、巾帼、干戈、唇舌、红马甲、孔方兄、红灯区、大团结
		以部分代整体	眉目、桑梓、丝竹、生手、须眉、国脚
		以产地代事物	茅台、龙井、竹叶青、梨园、玉溪、红塔山
		借具体的动作代抽象的本体事物	挂鞋、挂靴、挂拍、耍笔杆、画圆圈、爬格子、颠勺
	夸张		飞毛腿、飞涨、飞人、云梯、冲天、绝顶、天梯、魔方、万年青、万事通、霹雳舞、顺风耳、千里眼、钻天杨
	婉言式		"天子死曰崩,诸侯死曰薨,大夫死曰卒,士死曰不禄,庶人死曰死"(《礼记·曲礼》);僧尼之死为涅槃、圆寂;道徒之死为遁化、羽化;未成年之死为夭折、夭亡;年轻女子之死为香消玉碎、香消玉殒;为正义事业而亡为捐躯、牺牲、阵亡、就义
	仿词式		阿姨—阿叔、酒吧—奶吧—陶吧—书吧、面的—轿的—摩的—马的—货的、浮夸风—吃喝风—麻将风—宴请风、全天候—全年候、光缆—光盘—光驱—光碟、民办—官办、强项—弱项、早恋—晚恋、高峰—低峰、好评—差评、股市—邮市—车市—楼市、气管炎—妻管严、点赞—点踩
引申法	意义引申		开关、领袖、骨肉、山水、规矩、爪牙、手足、岁月、身手、网罗、矛盾、天地、笔墨
双音法	重音、意义完全一样		妈妈、爸爸、哥哥、茫茫、耿耿、纷纷、匆匆、常常
	重音、意义基本一样		爷爷、奶奶、通通、津津、翼翼、往往、昂昂、堂堂
	意义相同、相近或相关的单音词联合		寒冷、美丽、帮助、道路、朋友、伟大、富裕、寂静
	附加上虚化成分		石头、老鼠、老百姓、帽子、桌子、盐巴、忽然、阿姨、阿婆
简缩法	提字		旅行游览—旅游、空中小姐—空姐、对外贸易—外贸、录音录像—音像、普及法律常识—普法、少年先锋队—少先队、新华通讯社—新华社、立体交叉桥梁—立交桥、农业户口转为非农业户口—农转非
	合字		离休、退休—离退休,学费、杂费—学杂费,节日、假日—节假日、海内、海外—海内外
	数字		废水、废气、废渣—三废,高血糖、高血脂、高血压—三高,三S系统(Society Support System,社会支持系统),开口呼、合口呼、齐齿呼、撮口呼—四呼,4S店(整车销售Sale、零配件Sparepart、售后服务Service、信息反馈Survey)

下例中的地名均是运用造词法创造新词的绝佳例证。

例3-5 全英乃至全欧洲最长的地名

北威尔士的安格尔西岛(Isle of Anglesey)拥有全英乃至全欧洲最长的地名。这个传奇小镇的全名为 Llanfairpwllgwyngyllgogerychwyrndrobwllllantysiliogogogoch,其缩略名则

分别为 Llanfairpwllgwyngyll、Llanfair Pwllgwyngyll、Llanfair PG 和 Llanfairpwll。小镇名的英文含义为"St. Mary's Church in the hollow of the white hazel near the rapid whirlpool and the church of St. Tysilio with a red cave.",其中文含义为:湍急漩涡附近白榛树林山谷中的圣马利亚教堂和红岩洞附近的圣田西路教堂。其实,小镇的这个名字并不是威尔士语中真正的名字,而是在 19 世纪 60 年代由小镇的一位裁缝创造的,其目的是获取英国"最长火车站名"的荣誉,为小镇吸引观光游客。每年大批游客不远万里、风尘仆仆寻访,都是慕"名"而来。无独有偶,英国威尔士北部的圭内斯(Gwynedd)郡,有个叫巴茅斯(Barmouth)的滨海城市。巴茅斯以南 8 公里的费尔伯恩(Fairboume)火车站的站长采用百分百"地方风味"的拼写方法,创造了一个由 66 个字母组成的站名:GORSAFAWDDACHAIDRAIGDDANHEDOGLEDDOLLONPENRHYNAREFRDRAETHCEREDIGION。

例 3-6 世界上英文名字最长的首都——曼谷

曼谷的英文名有 156 个英文字母,被吉尼斯世界纪录列为世界上最长的地名,堪称世界上最长的首都名。泰国人称曼谷为 Phra Nakhon(意为"京畿""国都"),也称为 Krung Thep(意为"新都"或"新京")。根据《哥伦比亚利平科特世界地名大词典》的解释,这是与曼谷以北 70 公里的大城府相对而言的(大城府又称 Krung Kao,意译"故都""旧京")。Krung Thep 只是一个缩称,而且是最大限度的缩称,它后面还跟随着一大串附属成分,用罗马字母转写,全名共 156 个字母:Krung Thep Maha Nakhon Amourat Kosin Mahinthara Yuthaya, Maha Dilok Phop Napha Ratana Racha Thani, Buri Rom Udom Niwet Maha Sothan Amon Phiman Awatan Sathit, Sakathatiya Wisanukam Prasit。

据记载,1782 年,拉玛一世在这里建立新都后,用多个尊号为其取名为"黄台甫马哈那坤弃他哇劳狄希阿由他亚马哈底陆浦欧叻辣塔尼布黎隆乌冬帕拉查尼卫马哈洒坦",意思是"神仙的城,伟大的城,玉佛的宿处,坚不可摧的城,被赠予九块宝石的世界大都会,幸福的城……",也被意译为"仙京,大城,宝佛大困陀罗之汤池,大千世界,九宝王都,极乐城,上腴府……"。

例 3-7 世界上最长的城市名

布宜诺斯艾利斯(Buenos Aires,简称 BA,常简称为布宜诺斯、布宜诺)是阿根廷最大的城市,位于拉普拉塔河南岸。其中文全称是:圣迪西玛特亚尼达德圣玛丽亚港布宜诺斯艾利斯。古名共 57 个字母,全称为 Ciudad de la Santísima Trinidad y Puerto de Santa María del Buen Aire,英文名为 City of the Most Holy Trinity and Port of Saint Mary of the Fair Winds。1994 年自治后,其现代名称为 Ciudad Autónoma de Buenos Aires(Autonomous City of Buenos Aires,布宜诺斯艾利斯自治城市)。

例 3-8 世界上最长名字的村舍

美国马萨诸塞州中部的一个小湖泊及村舍颇负盛名,其全名由 44 个字母组成:Chargoggagoggmanchaugagoggchaubunagungamaugg。音译为中文也有 21 个字:查尔戈加戈格曼查乌加戈格查乌布纳贡加马乌格(简称为查乌布纳贡加马乌格湖,Chaubunagungamaug)。这个地名原是印第安人部落间捕鱼的"君子协定",意思是:"你在你那边捕鱼,我在我这边捕鱼,谁都不准在中间捕鱼。"

例 3-9 新西兰最长的毛利语地名

新西兰北岛东岸有一个半圆形海湾豪克湾（Hawke Bay），其中的 Hawke 一词就出自毛利语。整个地名包含 86 个字母：TAUMATAWHAKATANGIHANGAKAOAUAUATAMATEATURIPUIKAKAPIKIMAUNGAHQRQNUKUPOKAIWHENUAKITANATHU。其含义为："膝盖长大，既会滑行又善攀登，能咽下高山大岭的'吞地王'塔马特阿向他的情人吹笛求爱的地方"。

例 3-10 中国最长的地名

甘肃省的那然色布斯台音布拉格（Norin-Sebestei-Bvlag），其名称共十个汉字，地处中蒙边界附近，由瑞典探险家斯文·赫定于 1927 年命名。其英文名字由来如下：赫定曾于谢别斯廷泉水（Sebestei）旁扎营留守，幸得此泉，才得以脱险，迎来救援。"那然"代表了测定这个泉经纬度的瑞典地质学家 Norin（按照国际惯例，总是把测定泉水经纬度的探险家的名字放在泉名的前面）。"布拉格"（Bvlag）是蒙语"水泉"的意思。

第四章 语义学（Semantics）

"语词和事物/紧密叠依/同样的体温/在事物和语词里。"（Domin）哲学语义学（philosophical semantics）和逻辑语义学（logical semantics）对"意义"的研究在很大程度上局限于某一种语言的"命题"（statements/propositions）；而作为符号学分支的语义学（亦作"语意学"），从语言学视角出发的研究范围很广，包括意义符号与其在客观世界中的所指之间的关系。语义学的发展可分为4个阶段，如表4.1所示。

表 4.1 语义学发展的四个阶段（Four Stages of Semantics Development）

阶段一 1825—1880	萌芽阶段 preparation stage	历史对比语言学的崛起； 浪漫主义诗人斟词酌句、推波助澜
阶段二 1880—1930	术语语源阶段 etymology phrase	1894年，法国语言学家布雷亚（Breal）首次使用"语义学"一词，该词来源于法语 sémantique，本义为改变
阶段三 1930—1962	结构主义学阶段 Structural semantics phrase	德国语言学家特里尔（Trier）提出语义场（Semantic Field）概念
阶段四 1970至今	全面发展阶段 diversification semantics phrase	4Ms：多学科（multi-disciplinary）、多维度（multi-dimension）、多层级（multi-level）、多功能（multi-function）

词语理据（motivation）指的是事物和现象获得其现实指称的依据，用以说明语义与事物或现象命名之间的关系，是人们说文解字、探究了解词义形成发展的逻辑依据和内部词素之间的深层语义关系。英国语言学家、语义学奠基人之一乌尔曼（Ullmann）最早对词语理据展开了详细讨论。他将词分为隐性词（opaque word）和显性词（transparent word）。他在《语义学》一书中将词语的理据分为三类：语音理据（绝对理据）、形态理据和语义理据（相对理据）。但是，一些语言学家认为词源理据也是重要的一种类型，如表4.2所示。语音理据也被称为拟声理据，乌尔曼将其分为基本拟声（primary onomatopoeia）和次要拟声（secondary onomatopoeia）。基本拟声（如 hum、buzz、crackle、grunt、drone、whiz、crack、clang、thump 等）直接模仿自然界声音，与其意义之间存在一一对应、完美吻合的关系，具有明晰的理据性。次要拟声指词语发音会与某种象征性意义发生联想。布隆姆菲尔德（Bloomfield）将其归纳为三种：表示呼吸声，如 snif、snort、snore；表示动作的迅速分离或移动等，如 snap、snatch、sneak；表示爬行，如 snake、sneak、snail、snoop。形态理据是指一个词的意义可以通过其形态构成分析获得。从形态结构来看，英语词语可分为简单词、派生词和复合词。简单词除少数拟声词外大部分为无理据词。派生词一般具有一定的

理据，可以从词根和词缀的含义上推演该词的意义。复合词具有明显理据性，可以结合语素的意义推断出整个复合词的词义。语义理据是一种心理联想或类比关联，即在原有语素基本意义的基础上引申出新词义。比如，mouth 的基本词义是"嘴"，其引申意为"河流、江海等的入海口"。词语的语义理据常借助语义转移（meaning shift）、隐喻（metaphor）、借代（metonymy）、提喻（synecdoche）、委婉（euphemism）和类比（analogy）等方法对词的基本语义进行引申。词源理据可用于追本溯源，找寻其词义由来。例如，风靡世界的快餐三明治（Sandwich）便是以其发明者命名的。无独有偶，美国俚语中 john 有"洗手间""厕所"（尤指男厕）之意，这是由于抽水马桶的发明者为约翰·哈林顿爵士（Sir John Harrington）。

表 4.2　词的意义理据（Motivation of Meaning）

类型	示例
拟声理据 Onomatopoeic Motivation	(ducks) quack, (doors) clack
形态理据 Morphological Motivation	readable, abreast, asleep, ablaze, afloat
语义理据 Semantic Motivation	Metaphor (隐喻): Tabula (木板)→table
词源理据 Etymological Motivation	Argus-eyed professor

4.1 利奇的七大词义（Leech's 7 Types of Meaning）

语言学界对词义的定义众说纷纭、莫衷一是，其中较为著名的有指称说、观念说、因果说、关系说等。英国语言学家利奇（Leech）独辟蹊径，提出确定"意义"的意义是语义学理论的研究目的而非开端。他从语义学角度首先将词汇意义分为两大类：概念意义和关联意义。概念意义是词义的核心部分，是最重要的词汇意义。关联意义是次要意义，是概念意义的补充。关联意义包括六大类：概念意义（conceptual meaning）、内涵意义（connotative meaning）、风格意义（stylistic meaning）、情感意义（affective meaning）、联想意义（reflected meaning）、搭配意义（collacative meaning）和主题意义（thematic meaning）。利奇主要研究概念意义，他认为概念意义研究是关联意义研究的基础。利奇的意义"七分法"为全面认识词汇的各种意义提供了科学依据。

概念意义又称指称意义（dennotative meaning）、认知意义（cognitive meaning）或理性意义（sense meaning），是词的逻辑的、认识的或指示的内容，是最重要的词义核心，是被收录在词典里的比较稳定的词的基本意义，它与客观世界中的事物和现象不发生直接的联系。概念意义可分解成若干语义成分，如母亲包括如下语义：[+人][+成年][+女性][+已婚][+已育]。概念意义是对客观事物的反映或概括，会随着客观事物的变化发展而改变。如 nice 原义为"无知的"，后又表示"愚蠢的"，现意为"愉悦的"。另外，一个多义词的概念意义需要结合上下文加以确定，如 class 有 5 个常用的概念意义：班级、一节课、阶级、等级、类别。

内涵意义（含蓄意义、附带意义）是指附加在概念意义上的（不是独立存在的）、语言使用者意会的蕴含意义。内涵意义是与客观事物的本性和特点密切相关的，因此不同语言的某些词的内涵意义可能是相同的，如英语中的 fox 和汉语中的狐狸都带有"狡猾"的内涵意义。但更多情况下，内涵意义因人而异，因年龄而异，因不同的社会、国家、阶级、阶层或时代而异。例如，在英语国家，狗的内涵意义为忠诚、陪伴，而其在汉语中的内涵意义则不尽相同，汉语有猪狗不如、狐朋狗友、鸡鸣狗盗、狗尾续貂等成语，其贬损之意不言而喻。内涵意义具有不稳定性，在某些词中，旧的内涵意义消失了，新的内涵意义却产生了，如 traditional 一词的概念意义是"传统的"，这个词过去有"祖先传下来的，按照世代相传的方式"等内涵意义（褒义），可是现在这个词逐渐有"因袭的、陈旧的、跟不上时代的"等新的内涵意义（贬义）。此外，词的内涵意义有褒贬义之分，如 statesman 和 politician 分别对应汉语的政治家和政客，褒贬含义一目了然。

风格意义（语体意义、社会意义）是词语实际应用中折射出的社会环境的内容（如法语中的 T/V 风格差异）。利奇认为，词语实际运用中的语体范围包括：一般用语、正式用语、文学用语、诗歌用语、方言用语等。同义词的风格意义尤其明显，比如同义词 steed、horse、nag、gee-gee，它们的概念意义是一样的，都指"马"，但彼此的风格意义（使用域）则迥然不同。具体而言，steed 是诗歌用语，horse 是一般用语，nag 是俚语，gee-gee 则是儿语。

感情意义是关于说话人的情感和态度的意义，如感叹词 ouch、my gosh 等。它不是一种独立的意义，要通过概念意义、内涵意义、风格意义，或借助某种表达手段（如语调、音色）才能表现出来。

联想意义（反映意义、反射意义）是指同一个词通过联想而传递出的意义。禁忌语或委婉语便缘于联想意义的刻意避讳。例如，关于年老的委婉语有 senior citizen（年长的公民）、golden ager（黄金年代的人）、seasoned men（有经验的人）、well-preserved men（保养得很好的人）。女性一般不喜欢 old 一词，有的人甚至对 middle-aged（中年的）也十分敏感，于是 of certain age（达到某一年龄）这样含糊其辞的说法应运而生。再如，一些正式交际场合，为更文雅礼貌地表达"上厕所"，人们常借用迂回陈述法来婉转表达。汉语有净手、更衣、方便、蹲点、去一号、轻松一下等。汉语中虽然也有"尿水水儿（尿哗哗）""拉臭臭"之类的儿童用语，但上厕所的委婉语表达形式却远不及英语丰富。在英语中有，go to the public comfort station、see the stars、see one's aunt、pass water、answer nature's call、do one's business、get some fresh air、wash one's hands、relieve oneself、to rear 等表达方式。此外，go to the gents'、go to the Green man、go to men's room 是男性如厕用语，powder her nose、fix one's face、go to visit ladies' room、go to no-man's land 却纯属女性用语，go to WC 是成人用语，go to the pot、make number one or number two、go to little boys' or girls' room 则是典型的儿童用语。甚至，英式（美式）英语中还有 spend a penny（go to the john）这种更加隐晦的表达方式。

搭配意义（组合意义）是指一个词在词组搭配或者上下文中的意义。例如，handsome 常用于描述男子的英俊帅气，而 pretty 则常用于形容女子的天生丽质。因此，短语搭配 handsome woman 和 pretty man 便会有某一种附加的搭配意义（带有阳刚之气的美和隐含某种阴柔的美）。值得一提的是，不同风格的词不能搭配使用，如"He mounted his geegee."中有动词短语搭配不当的问题，mount（跨上）一词较为庄重、正式，可以说"He mounted his horse and rode on."，但不能与儿语 geegee（马儿）搭配使用。再如，汉语同样一个"酸"，英语则搭配迥异，如 sour milk、putrid fish、fetid breath、rotten addled eggs、rancid bacon and butter 等。

主题意义就是指通过信息组合方式（如词序、强调和语音语调等）的调整而传达出的意义。换言之，人们在语言信息组织过程中，可以通过调整句子成分排序、改变句法结构或信息焦点等方式，凸现句子中的某项信息。因此，命题内容相同的句子由于句中成分语序不同，所强调的主题意义也有所不同，如"The young man donated the kidney voluntarily."和"The kidney was donated by a young man voluntarily."，分别强调主位（theme）和述位（pheme）。

题元本质上是语义性质的，题元界定是为了体现谓词配价的语义关系项。题元角色是用来描述句子参加者（句子成分）充当的语义角色的。乔姆斯基在管约论（Government and Binding Theory）中使用了这一术语，语义学中又将其称为"参加者角色"（participant role）、"深层语义格"（deep semantic case）、"语义角色"（semantic role）等。题元角色的概念最早是 20 世纪 60 年代由格鲁伯和菲尔默（Gruber and Fillmore）提出来的，其含义是谓项（predicate）的语义特征蕴含的某些固有语义角色，如图 4.1 所示。这些角色表示谓项的语义内容所涉及的施事（agent）、受事（patient）、场所（location）、工具（instrument）、目标（goal）、来源（source）等，题元角色示例如表 4.3 所示。题元角色概念的产生及运用反映了语言学家对句法结构与语义角色关系的同等关注，以及句法结构影响词汇语义的话题探讨。

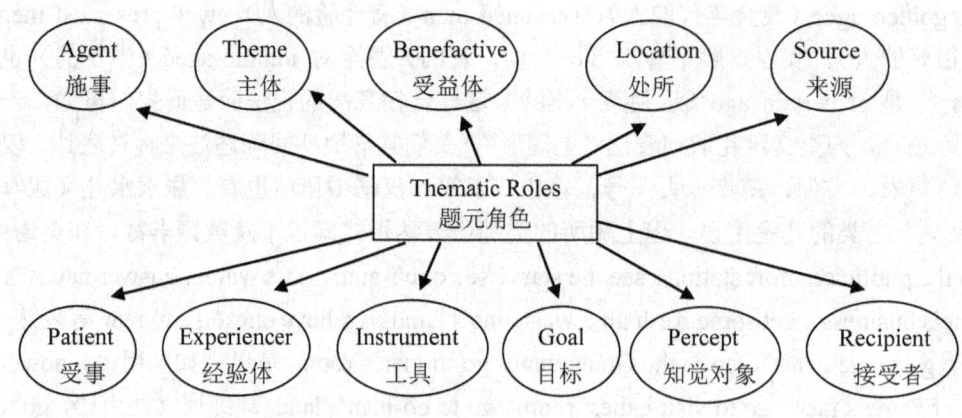

图 4.1　题元角色与参与者角色（Thematic Roles/Participants）

表 4.3 题元角色示例（Examplification of Thematic Roles）

The chicken ate. 施事 AGENT	The computer broke. 主体 THEME	Peter broke the computer. 施事 AGENT　主体 THEME
Tony gave John a pencil. 受益体 BENEFACTIVE	He is in Hong Kong. 处所 LOCATION	He borrowed the book from the library. 来源 SOURCE
Peppy smashed the pumpkin. 受事 PATIENT		The students love Semantics. 经验体 EXPERIENCER
He opened the letter with a knife. 工具 INSTRUMENT		Beckham kicked the ball into the goal. 目标 GOAL
He fears the snake. 知觉对象 PERCEPT		Jennifer received the invitation from Jane. 接受者 RECIPIENT

在例 4-1 中，施事是指动作的实施者。受事指动作的承受者，承受某种动作行为或经历某种状态变化。主体是被动作移动且其位置被描述的个体。经历者是指意识到但却无法控制谓语所描述的行为或状态的个体。受益者即行为的受益对象。工具指实施某行为或动作采用的工具。处所用以标记某一事物发生或存在的地点。目标和来源分别指明某事物运动（包括实际运动和隐喻性运动）所朝向的和所背离的个体。

例 4-1

a. Sue　　　　　hit　　　　Fred.
　　主体 Theme　　　　　　　目标 Goal　　　　主体层阶（thematic tier）
　　施事 Actor　　　　　　　受事 Patient　　　动作层阶（action tier）

b. Peter　　　　threw　　　the ball.
　　来源 Source　　　　　　 主体 Theme　　　 主体层阶（thematic tier）
　　施事 Actor　　　　　　　受事 Patient　　　动作层阶（action tier）

c. Bill　　　　　entered　　the room.
　　主体 Theme　　　　　　　目标 Goal　　　　主体层阶（thematic tier）
　　施事 Actor　　　　　　　　　　　　　　　 动作层阶（action tier）

d. Bill　　　　　received　　a letter.
　　目标 Goal　　　　　　　　主体 Theme　　　主体层阶（thematic tier）
　　　　　　　　　　　　　　　　　　　　　　 动作层阶（action tier）

如图 4.2 所示，就题元角色排序而言，说话者在组词成句时会有某种使用倾向，如把施事放在主语位置，接受者和受益体次之，然后考虑主体或受事，最后再考虑别的参与角色。这种偏好性被命名为"蕴含层级"，或"半线性逻辑"。

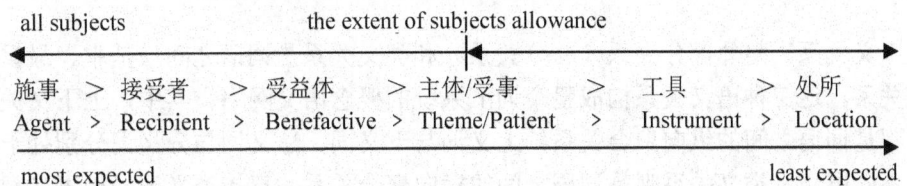

图 4.2 蕴含层级（Implicational Hierarchy of Universal Subjects, Semilinear Logic）

题元角色主要是句子中动词所呈现的活动或事件中的相对恒定的参与者角色。因此，在例 4-2 的语言学笑话中，施事（agent 一词双关，另有代理人的词义）在蕴含层级中的统领地位是由动词（veeeeeeeeeerb，模拟表示强调的长音）决定的。

例 4-2

The predominant role of the "agent" can been illustrated in the following linguistic joke.

— You mean you are an agent?   — Yes.
— When did you become an agent?   — Anytime I did something.
— Who assigned you the role?   — Veeeeeeeeeerb.

如表 4.4 所示，同一题元角色可以灵活放在不同的语法成分位置上，如主被动句中的主语，同样的，同一语法成分也可以由不同的题元角色来充当。

表 4.4 不同题元角色充当主语示例

主语	示例
施事作主语 Agent Subjects	a. The thief stole the purse. b. Fred jumped out of the burning car.
接受者作主语 Recipient Subjects	a. She received a demand for unpaid tax. b. The tree suffered a direct hit.
主体作主语 Theme Subjects	a. Joan fell off the yacht. b. The arrow flew through the air.
受事作主语 Patient Subjects	a. The bowl cracked. b. Jane left.
工具作主语 Instrument Subjects	a. The key opened the lock. b. The scalpel made a very clean cut.
处所作主语 Location subjects	a. This cottage sleeps five adults. b. The table seats eight.
经验体作主语 Experience Subjects	a. I forgot the phone number. b. Your puppy is thirsty.

4.2 语义关系和语义场理论
（Semantic Relations and Semantic Field Theory）

4.2.1 词际语义关系（Sense Relations between Words）

上下义关系、整体部分关系（总分关系）和类义关系是词语之间最基本、最重要的几种语义关系。这三种语义关系构成整个词汇系统的概念语义网络。其中，上下义关系和总分关系都是词语之间的纵向聚合关系，上义词与下义词、总义词与分义词分别处于语义网络中的不同层级；类义关系则是词语之间的横向聚合关系，直接类义词处于语义网络中的同一层级。如图 4.3 所示，除了 B "老师与男人和黑头发"之间可能存在交集之外，其他图中均存在上下义关系（包含与被包含关系）。具体而言，A 中肉和蔬菜是食物的下义词且彼此互为同下义词；C 中鸟和鸽子之间构成上下义关系，狮子和鸟类之间没有类属关系；D 中人是中国人和音乐家的上义词，同时人和中国人之间构成总分关系，中国人和音乐家有可能出现交集，E 中男人是单身汉的上义词，足球运动员可能与男人出现交集。

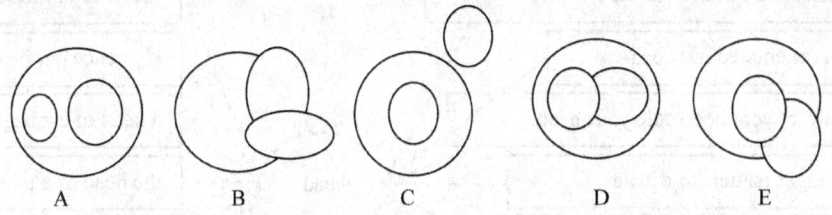

图 4.3 语义关系示例（Exemplification of Semantic Relations）

A. food, meat, vegetables　　B. males, black-haired, teachers　　C. lions, birds, pigeons　　D. Chinese, musicians, people
E. men, football players, bachelors

语义关系实质是词际之间的聚合体关系。一般而言，可以分为两大类：一种是包含或兼容关系（inclusion/compatibility），如同义关系（synonymy）或上下义关系（hyponymy）；另一种是排斥或不兼容关系（exclusion/ incompatibility），如反义关系（antonymy）或语义互补（complementarity）。如图 4.4 所示。

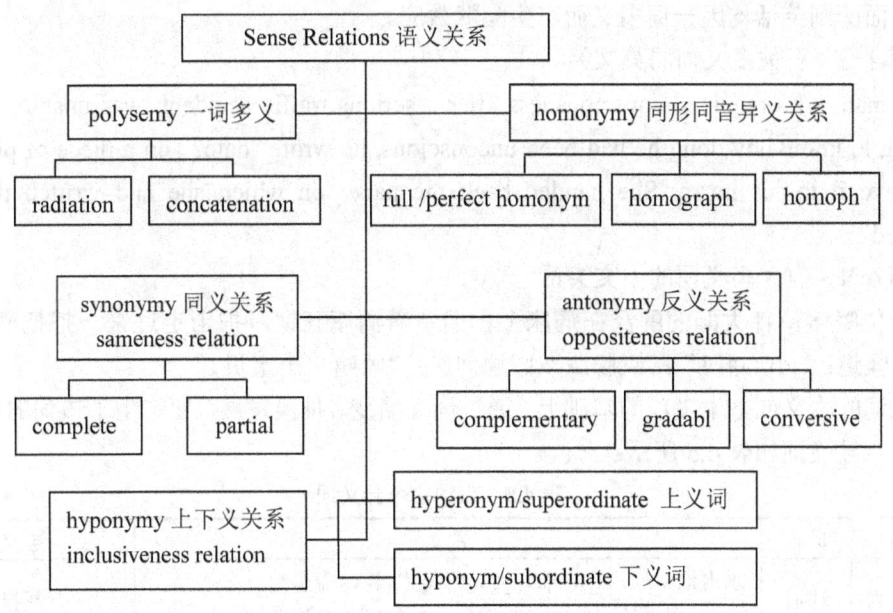

图 4.4　词际语义关系（Sense Relations between Words）

（1）一词多义（Polysemy）

就多义词的语义研究而言，共时和历时研究方法可谓相辅相成、相得益彰。从共时视角，一词多义是某一个词延伸和发展的结果，其第一意义被界定为该词的首要意义（primary meaning），而其他意义则顺序成为派生意义（derived meanings）。从历时视角，一词多义是多重意义在一个历史阶段的共存，该词的基本意义被界定为其中心意义（central meaning），而派生意义则成为其次级意义（secondary meanings）。较之于单义词（monosemy）而言，多义词（polysemy）呈现了语言的经济性和高效性，如图 4.5 所示。根据语料信息库统计，cut 的词义多达 120 种，而 get 的词义更是多达 150 余种。

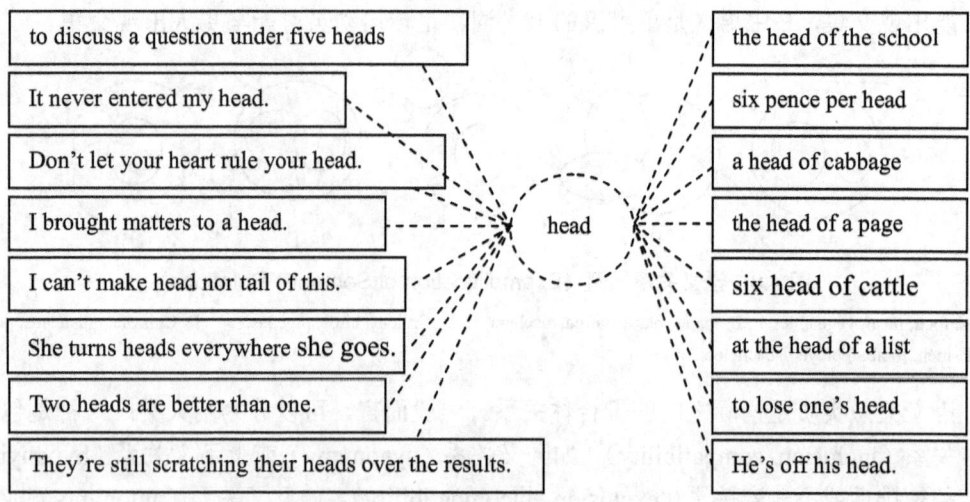

图 4.5　多义词示例（Radiation Exemplification）

下面两则笑话均因一词多义而产生幽默效应。

例 4-3　有关多义词的英文笑话

A man, who regained consciousness after a serious traffic accident, was unable to speak. Wishing to know how long he had been unconscious, he wrote "date?" on a piece of paper and then gave it to his nurse. She handed back the paper on which she had written the word "Married".

例 4-4　有关多义词的中文笑话

一位喝得伶仃大醉的醉汉在病床上仍旧拿着酒瓶狂饮，护士走过来一把把酒瓶夺过来，责怪道："小心肝！"醉汉朦胧双眼地回应："嘻嘻，小宝贝！"

在词的本义或基本义项的基础上，通过词义演变、推演发展，便产生了该词的引申义。汉语古今异义词如表 4.5 所示。

表 4.5　汉语古今异义词

类型	词目	古义	今义
词义扩大	江河	"水由地中行，江、淮、河、汉是也。"（《孟子》） 专有名词"长江"和"黄河"，与"淮""汉"并列	泛指
词义缩小	学者	"古之学者必有师。"（韩愈《师说》） 学者：求学的人	有学术成就的专家
词义转移	绝境	"自云先世避秦时乱，率妻子邑人来此绝境，不复出焉，遂与外人间隔。"（陶渊明《桃花源记》） 绝境：与世隔绝的地方	无出路的境地
词义弱化	羞	"吾羞，不忍为之下。"（司马迁《廉颇蔺相如列传》） 羞：羞愧、感到耻辱	害羞、 不好意思

续表

类型	词目	古义	今义
词义强化	恨	"不应有恨，何事长向别时圆。"（苏轼《水调歌头·明月几时有》） 恨：遗憾、不满意	仇恨、怀恨
感情色彩变化	卑鄙	"先帝不以臣卑鄙"（诸葛亮《出师表》） 卑：地位低下；鄙：指智识浅陋	品质恶劣
古褒今贬	浑噩	"虞夏之书浑浑尔，商书灏灏尔，周书噩噩尔。"（扬雄《法言·问神》） 浑浑：浑厚；噩噩：严正	浑浊无知，愚昧糊涂
古贬今褒	乖	"行为偏僻性乖张"（《西江月·无故寻愁觅恨》） 乖：偏执，不驯顺	听话、安顺
名称说法改变	目	目不识丁	眼睛
改音变意	臭	①"朱门酒肉臭"（杜甫《自京赴奉先县咏怀五百字》）臭：臭味 ②"左佩刀，右备容臭（xiu4）"（宋濂《送东阳马生序》）臭：香味 ③"膻焦香，及腥朽；此五臭，鼻所嗅"（《三字经》）臭：味道	臭味

例 4-5 词的意义的推演和变迁

a. 行李

（1）使者。《左传·烛之武退秦师》："行李之往来，共其乏困。" 杜预注："行李，使人。"

（2）出使。《魏书·宗钦传》："顷因行李，承足下高问，延伫之劳，为日久矣。"

（3）唐时称官府导从人员。《旧唐书·温造传》："臣闻元和、长庆中，中丞行李，不过半坊，今乃远至两坊，谓之'笼街喝道'，但以崇高自大，不思僭拟之嫌，若不纠绳，实亏彝典。"

（4）行旅。亦指行旅的人。杜甫《赠苏四徯》诗："别离已五年，尚在行李中。"

（5）行程行踪。杜牧《闻范秀才自蜀游江湖》诗："归时慎行李，莫到石城西。"

（6）出行所带的东西。朱自清 《背影》："我买票，他（父亲）忙着照看行李。"

（7）比喻负担。柳青《创业史》："当初建社的开头，我看得没这么清楚。我光看见革命，没看见复杂，增福同志，咱俩的行李可不轻啊！"

b. nice: foolish/ignorant→ delightful

c. fond: foolish→ foolish or doting affection→ loving in a kind, gentle, or tender way

d. candidate:（词源为拉丁语 candidatus）
  • white-roped 白衣人
  • office seeker in white gowns 穿着白袍、谋求公职的人
  • a person who seeks an office 求职者
  • a person proposed for a place, award 候选人、报考者

e. board: 木板→餐桌→会议桌→董事会
  • a stout length of sawn timber

- a table at which meals are served
- a flat object or surface used for a particular purpose
- a committee having supervisory powers

词义繁衍如图 4.6 所示。

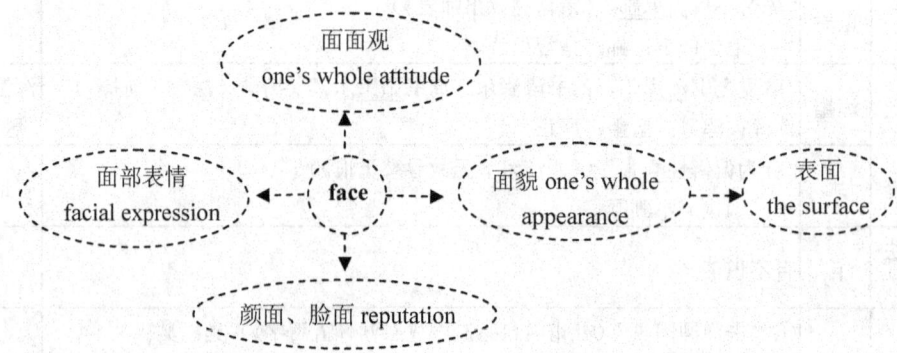

图 4.6　词义繁衍：辐射型+串联型（Proliferation: Radiation + Concatenation）

一词多义推演如图 4.7 所示。

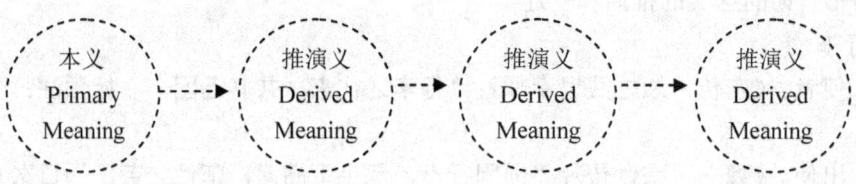

图 4.7　一词多义推演：连锁型或串联型（The Process of Polysemy Development: Concatenation）

英语中一词多义的语义关系如表 4.6 所示。

表 4.6　一词多义的语义关系（Sense Relations of Polysemy）

	语义关系	词条	示例
1	原始意义 original meaning	old school	老学校
	引申意义 extended meaning		守旧派、保守派
2	普遍意义 universal meaning	fish	鱼
	特殊意义 particular meaning		鱼肉
3	抽象意义 abstract meaning	beauty	美丽
	具体意义 concrete meaning		美人
4	字面意义 literal meaning	mirror	"夫以铜为镜，可以正衣冠"
	比喻意义 figurative meaning		"以史为镜，可以知兴替；以人为镜，可以明得失"

（2）同形同音异义关系（Homonymy）

同形同音异义词（homonym）为双关修辞格（pun）提供了丰富的语料语源，用以表达幽默（humor）、讽刺（sarcasm）或奚落（ridicule）的深层蕴意。同形同音异义词的分类如表 4.7 所示。

表 4.7 同形同音异义词分类（Three Types of Homonyms）

类型	特征		示例
	同	异	
完全同形同音异义词 perfect homonym	同形且同音	异义	I <u>saw</u> a <u>saw</u> in a <u>saw</u>mill. Last <u>spring</u> I picked a <u>spring</u> near a <u>spring</u>.
同音异义词 homophones	仅同音	异形且异义	dual⇔duel　cheap⇔cheep dew⇔due　flower⇔flour
同形异音异义词 homograph/heteronym	仅同形	异音且异义	to <u>digest</u> the food Reader's <u>Digest</u>

例 4-6

a. Q: Why is the "A" like a flower?

　A: Because the <u>b(ee)</u> is after it.

b. Q: Why should a man never tell his secrets in a cornfield?

　A: Because it has so many <u>ears</u>.

c. Q: Why is the Middle Ages also called the "Dark Ages"?

　A: Because there were so many <u>Knights</u>.

d. Q: Why were the little drops of ink crying?

　A: Their mother was in the <u>pen</u> (prison) and they did not know how long her <u>sentence</u> would be.

e. Q: You are not eating your fish, anything wrong with it?

　A: long time no <u>sea</u>.

f. King: "my cousin Hamlet, and my <u>son</u>... how is it at the clouds still hang on you?"

　Hamlet: "Not so, my lord, I am too much in the <u>sun</u>."

例 4-7

"Mine is a long and a sad <u>tale</u>!" said the Mouse, turning to Alice and sighing.

"It is a long <u>tail</u>, certainly," said Alice, looking down with wonder at the Mouse's tail, "but why do you call it sad?"

"How is bread made?"

"I know that!" Alice cried eagerly. "You take some <u>flour</u>."

"Where do you pick the <u>flower</u>?" the White Queen asked. "In a garden, or in the hedges?"

"Well, it isn't picked at all." Alice explained. "it's <u>ground</u>."

"How many acres of <u>ground</u>?" said the White Queen.

（3）同义关系（Synonymy）

表示相同关系的同义关系即为在意义层面上的相同或相似，在意义上相同或相似的词被称作同义词。同义词一般包括 5 种类型：

① 方言同义词指在不同地域方言中出现的同义词。这类同义词举不胜举，尤以英式英语和美式英语为最。英式英语和美式英语最明显的区别莫过于 r 音的平舌与卷舌。除此之

外，英式英语起调较弱但收尾音强增大，语速较快且平缓，语调较为柔和，音高较高，句子中需要重读的关键词较少，通过音高增大来表达句子重音。美式英语则正好相反，起调较强而收尾减弱，语速较慢，语调较为刚硬，音高较低，句子重音几乎平均分配，通过音量提升来表达句子重音。词汇方面，两者差异更是大相径庭，有时甚至截然相反。例如，pants 一词在美式英语中指"裤子"，而英式英语中则专指"内裤"（underpants）。bog 在美式英语中泛指"湿湿的地方"，而在英式英语中专指"厕所"。dummy 在美式英语中意指"傻瓜"，而在英式英语中则是"奶嘴"。braces 在美式英语中指"牙套"，而在英式英语中则指"裤子吊带"。美式英语的 sweater（毛衣）对应英式英语的 jumper，而英式英语的 jumper 在美式英语中则指"跳楼的人"。美式英语的 chips（薯片）在英式英语中意指薯条，而薯条的美式英语是 French fires，英式英语的薯片则是 crisps。单词的词性差异和句子的语义差异同样如此，同样的一个词 fancy，美式英语中为形容词（"Your shoes are so fancy."），英式英语中则为动词（"I fancy your shoes so much."）。美式英语中"Are you ok?"专门用来询问别人的身体和病情，而在英式英语中则是常见的打招呼用语。常见的典型英式英语和美式英语中的方言同义词还有：aubergine/ eggplant、biscuits/ cookies、cellar/ basement、lift/ elevator、noughts and crosses/ Tic-Tac-Toe、petrol station/ gas station、pharmacy (drugstore)/ chemist、resume/ CV(curriculum vitae)、rubber/ eraser、shopping trolley/ shopping car、sleeveless vest/ tank top、toilet/bathroom、trainers/ sneakers、underground (the Tube)/ subway、wine shop (off-license)/ liquor store。

② 文体同义词是因不同语境中的文本类型和文本的正式程度而出现的同义词，如 buy 和 purchase，world 和 universe，brotherly 和 fraternal。汉语中对母亲的不同称呼便是这类型的同义词，现代口语称妈（妈）、妈咪，古代口语则为娘（阿娘或娘亲），古代正式称谓有慈闱（慈帏）、慈亲，对自己的母亲称为家母（家慈），对别人的母亲尊称为令堂（令寿堂）。

③ 情感或评价同义词是指因感情色彩和评价态度不同而出现的同义词。例如，collaborator 和 accomplice 这组同义词中，前者一般指作者、协作者（尤指在科学或艺术方面），而后者则往往指同谋、同伙、共犯。

④ 搭配同义词是指在用词搭配上有区别的同义词。

⑤ 存在语义差异的同义词仅是在意义上有微妙区别。例如，amaze 和 astound 都含有 surprise 的意思，但 amaze 强调疑惑不解，而 astound 则强调难以置信。

例 4-8　A sign in the San Diego Zoo Wild Animal Park states

Please do not annoy, torment, pester, plague, molest, worry, badger, harry, harass, heckle, persecute, irk, bullyrag, vex, disquiet, grate, beset, bother, tease, nettle, tantalize, or ruffle the animals (Fromkin & Rodman, 1998, p.165).

例 4-9

We are hungry for a life that turns us on; we yearn for a knowledge of living that will save us from our innocuous lives that resemble death. We look for signs in every strange event; we search for heroes in every unknown face.

例 4-10

What is the difference between "I <u>like</u> you" and "I <u>love</u> you"?

Beautifully answered by Buddha:

When you like a flower, you just pluck it. But when you love a flower, you water it daily.

同义关系类型如表 4.8 所示。

表 4.8　同义关系类型（Types of Synonym）

类型	特征	示例	
完全同义 complete (absolute/ strict/pure) synonyms	意义（内涵/外延）完全相同，可以任意互换	• motherland vs. fatherland • mother tongue vs. native language • scarlet fever vs. scarlatina • Submarine vs. U-boat • caecitis vs. typhlitis （盲肠炎）	high-specialized vocabulary (in special terminology) • in lexicology: compounding vs. composition • in medicine: malnutrition vs. undernourishment
部分同义 partial synonyms near/relative/ quasi-synonyms	意义外延（denotation）相似或近乎相同，但在具体语境中并不完全兼容或一致（not compatible in all contexts）	"I'm thrifty. You are economical. And he is stingy." （我很节约，你很经济，他很吝啬。）	

同义关系的来源如表 4.9 所示。

表 4.9　同义关系的来源（Sources of Synonyms）

词源		示例		
借词 Borrowing Loaned Words	双词模式并存 double scale pattern	英语		拉丁语借词
		leave		depart
		room		chamber
	三词模式并存 triple scale pattern	英语语源	法语借词	拉丁语借词
		time	age	epoch
		ask	question	interrogate
方言或区域性语言特征：英式英语与美式英语 Dialects and Regional English		英式英语		美式英语
		lift		elevator
		petrol		gasoline
修辞格使用：比喻与婉转语 Figurative and Euphemistic Use of Words		一般用语		比喻或婉转语
		dreamer		star-gazer (fig.)
		drunk		Elevated (euph.)
习语与正式用语并存 Coincidence with Idiomatic Expressions		正式用语		口头/习惯用语
		tolerate		stand
		postpone		put off

同义词区分一般有 4 个标准：

① 语义范围与强度（Range and Intensity Degree of Meaning）。例如，英语中形形色色的"笑"（laugh）：smile（微笑）、beam（笑容满面）、grin（露齿咧嘴笑）、smirk（得意一笑）、chuckle（忍俊不禁、轻声一笑）、guffaw（狂笑）、giggle（咯咯笑）、cackle（老太太咯咯笑）、tehee（嗤嗤笑）、chortle（哈哈大笑）、exult（欢笑）、cachinnate（哄堂大笑）、snicker/snigger（偷笑、暗笑）、simper（痴笑、假笑）、titter（尴尬偷笑）、glee（幸灾乐祸地笑）、sneer（冷笑）、jeer（嘲笑）、snicker（窃笑、坏笑）。同样，形形色色的"怒"（anger）也可以依据语义范围与强度进行区分使用，如 rage（狂怒）、fury（暴怒）、indignation（愤慨）、wrath（愤怒）等。

② 感情色彩（Emotive Coloring）。例如，result（结果）和 consequence（后果）、incident（事件）和 accident（事故）的褒贬蕴意显然不同，result 和 incident 为中性词（neutral, neither appreciative nor derogatory），而 consequence 和 accident 中的否定含义则不言而喻。

③ 语体特征（Stylistic Features）。例如，英语中"朋友"（friend）语义有不同的表述，一般用语包括 companion、comrade、associate、partner、confidant、familiar、intimate，非正式用语包括 fellow、super close、chum、pal、fella、cuss、besties、kith、amigo、mate (BrE)、lad (BrE)、blighter (BrE)、chap (BrE)、bloke (BrE, sl.)、bud(dy) (AmE)。再如，"警察"（police）语义也有不同的表述，一般用语包括 policeman、policewoman、police officer、constable；非正式包括 rozzer (BrE)、bobby (BrE, sl.)、finest (AmE)、shamus (AmE, sl.)、peeler (sl.)；非敬语（uncomplimentary）包括 bull、cop(per)、fuzz、beagle。

④ 语义搭配（Semantic Collocation）。例如，汉语中说"把秘密藏起来"而不说"把秘密躲起来"；英语中表达"（听到门铃后）去开门"说 answer the door，而不说 reply to the door。再如，英语数量词"群"（修饰"人"）的表达有：an army of workmen、a batch of recruits、a band of robbers、a body of unemployed men、a company of travelers、a colony of artists、a cluster of spectators、a crowd of applicants、a flock of visitors、a gang of slaves/criminals、a galaxy of talents、a group of girls、a horde of people、a pack of thieves (liars)、a row of soldiers、a ring of smugglers、a swarm of sightseers、a throng of passengers、a tribe of parasites、a troop of schoolchildren。英语数量词"群"（修饰"物"）的表达有：a batch of dogs、a brood of chickens、a cloud of flies (locusts)、a colony of ants、a flight of swallows/butterflies、a flock of sheep/rabbits/sparrows、a grist of bees、a herd of elephants、a horde of locusts、a litter of pigs (puppies)、a mob of kangaroos、a murder of crows、a nuisance of cats、a pride of lions、a rookery of penguins、a shiver of sharks、a school/shoal of fish/whales/dolphins、a sleuth/sloth of bears、a stable of horses、a swarm of mosquitoes、a throng of wolves、a tribe/troop of monkeys。

（4）反义关系（Antonymy）

表示对立的反义关系主要有 3 种：等级反义、互补反义和反向反义。

等级反义关系（如高—矮、胖—瘦、长—短、好—坏）是反义关系中最普通的一种。这类反义词主要为形容词，具有三个基本特征：第一，它们是分等级的。构成反义关系的一组词在程度上是有梯度的，对一方的否定并不必然意味着是对另一方的肯定。例如，"不美"并不直接意味着"丑"，有可能是"相貌平平"。这种类型的反义词可以用程度副词（如

very、pretty）来修饰，也可以有比较级和最高级。有时居间程度被词汇化，并不需要使用程度副词来表述。例如，描述中等尺寸的词 medium。再如，热和冷中间还存在暖和凉，甚至还可能有"微温"（lukewarm）。第二，它们的等级分类标准随描述对象而改变，正所谓"瘦死的骆驼比马大"。再如，从微生物（microorganism）的规范来看，微机（microcomputer）也是庞然大物了。第三，成对反义词中，通常用那个表示较高程度的覆盖性单词，即无标记性词来作为整个量级术语。例如，提及年龄，即便是一个小婴儿，问句也会是"多大了"，只有在特定语境才会说"有多小"。相应范畴覆盖性词语的同源词还有 length（长度）、height（高度）、width（宽度）、breadth（广度）和 depth（深度）。

互补反义关系（如男—女、雌—雄、生—死、奇—偶）中的词对彼此互补、非此即彼。换言之，互补反义关系的一组词对是分别介于一个语义领域的两端，对一方的肯定意味着对另一方的否定，反之亦然。例如，生死之间没有中间状态（不死不活、半死不活）。这类反义词的三大特征为：第一，这类反义词不可以被程度副词修饰，也没有比较级和最高级。因此，只能说"John is more mad than stupid."（与其说约翰愚蠢，不如说他疯狂），而不能说"John is more dead than Peter."（彼得比约翰更活着）。第二，这种反义词依据的规范是绝对的，它不会随着词所指事物的不同而改变，它适用的所有事物都遵循同一规范。例如，人死和树死的概念也是一样的，动物雄雌和人类男女之间的区分标准是一样的。第三，一组词对中没有一个"无标记"覆盖性词语。例如，问一个婴儿的性别，不可以说"How male is it?"，只能说"Is it a boy or girl?"。因为 male 不能覆盖 girl 的意义。事实上，这类形容词不能被 how 修饰，也不能被 very 一类词修饰。然而，true—false 在某种意义上则是一对例外，通常认为它们属互补反义关系。true 意为 not false，同时 not true 即为 false。但是它们有覆盖性词语，可以说"How true is the story?"，而且它还有相关名词形式 truth。true 甚至有比较级和最高级，但 false 不能这样用。

反向反义关系（如买—卖、借—还、夫—妻、师—生）是反义关系的一种特殊类型，词对中的词语表现出客观世界中两者之间的一种反向关系，这是从两个不同角度来看的同一种关系。这种反义关系（如父母—子女、雇主—雇员）主要表现为相互社会角色、亲属关系、时空关系等方面的一种关系对立。它总是涉及两个客观实体，且一个预设了另一个（如有买主就预设了有卖主）。需要注意的是，比较级形式（如较大—较小、较好—较坏）也属于这种类型，因为它们涉及两个实体之间的一种对立关系。

下面举例说明英语中的反义关系。

例 4-11　矛盾修辞法（Common Examples of Oxymoron）

open secret	sweet sorrow	hating love	awfully pretty
living death	foolish wisdom	tragic comedy	peace force
deathless death	virtual reality	seriously funny	original copies
dangerous clam	zero deficit	a fire-water state	life-death struggle
a cold-warm embrace	known-covert operation		a disillusioned hopeful

例 4-12　*A Duel*

I despise its very vastness and power. It has the <u>poorest millionaires</u>, the <u>littlest great</u> men, the <u>haughtiest</u> beggars, the <u>plainest</u> beauties, the <u>lowest</u> skyscrapers, the <u>dolefulness</u> pleasures of any town I ever saw.

例 4-13 *A Tale of Two Cities*

It was the <u>best</u> times, it was the <u>worst</u> times, it was the age of <u>wisdom</u>, it was the age of <u>foolishness</u>, it was the epoch of <u>belief</u>, it was the epoch of <u>incredulity</u>, it was the season of <u>light</u>, it was the season <u>darkness</u>, it was the <u>spring</u> of <u>hope</u>, it was the <u>winter</u> of <u>despair</u>, we had <u>everything</u> before us, we had <u>nothing</u> before us…

例 4-14

Every tide has its ebb.   Adversity leads to prosperity.

More haste, less speed.   Speech is silver, silence is gold.

Few words, many deeds.   Every advantage has its disadvantage.

The wise man knows he knows nothing, the fool thinks he knows all.

例 4-15 *Romeo and Juliet*

Why, then, O brawling love! O loving hate!

O anything, of nothing first create!

O <u>heavy lightness</u>! Serious vanity!

Misshapen chaos of well-seeming forms!

Feather of lead, <u>bright smoke</u>, <u>cold fire</u>, <u>sick health</u>!

<u>Still-waking sleep</u>, that is not what it is!

This love feel I, that feel no love in this.

Dost thou not laugh?

汉语中也存在反义关系，表 4.10 中列出了包含反义词的汉语成语。

表 4.10 包含反义词的汉语成语

类型	示例
1、2 位反义	进退维谷、轻重缓急、生死攸关、始终如一、左右逢源、功败垂成
1、3 位反义	天翻地覆、今非昔比、朝秦暮楚、上行下效、东张西望、异曲同工
1、4 位反义	公而忘私、无中生有、寡不敌众、无奇不有、粗中有细、小中见大
2、4 位反义	除旧布新、虎头蛇尾、继往开来、欢天喜地、经天纬地、承前启后
3、4 位反义	颠倒黑白、明辨是非、举足轻重、礼尚往来、人心向背、互通有无

语义差异反义词分类如表 4.11 所示。

表 4.11 语义差异反义词分类（Antonyms Classification in Terms of Semantic Contrast）

类型	示例	特征
相对/等级反义词 Contrary (Gradable) antonyms	love⇨like ⇨indifference ⇨antipathy⇨hate	• 常被视为等级排序（a scale running） • 可用中性术语词汇（intermediate terms） • 有比较级和最高级（comparative & superlative） • 可搭配程度修饰副词（adverbs of intensity）

续表

类型	示例	特征
互补反义词 Complementary (Contradictory) antonyms	male⇔female dead⇔alive allow⇔prohibit permit⇔forbidden	• 非等级性（non-gradable） • 非此即彼的互补关系（an either/or relation, mutually exclusive） • 无比较级和最高级 • 不可搭配程度修饰副词
换位/关系反义词 Conversive (Relational) antonyms	husband⇔wife give⇔receive right⇔left above⇔below	• 表述对应社会关系（reciprocal social relationship） • 常与表社会关系或空间关系的词语连用（social and spatial relationships）

分级反义与补充反义如图 4.8 所示。换位反义词如图 4.9 所示。

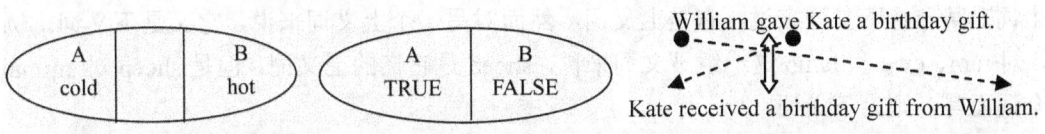

图 4.8　分级反义（左）与补充反义（右）　　　图 4.9　换位（关系）反义词示例

依据形态结构差异的反义词分类如表 4.12 所示。

表 4.12　依据形态结构差异的反义词分类（In Terms of Morphological Structure）

类型	示例
词根反义词（Root antonyms）	love⇔hate, deep⇔shallow, up⇔down
派生反义词（Derivational antonyms）	possible⇔impossible, loyal⇔disloyal, prewar⇔postwar

在例 4-16 中，人们往往会望文生义，想当然地推论某些词语的语义，而其真实含义却大相径庭，这类词被称为"鬼魅反义词"（phantonym，该词由 phantom（鬼魅、幻象）和 antonym（反义字）结合而成）。

例 4-16

black art（妖术）　　　　　　　　　　Greek gift（图谋害人的礼物）
black stranger（完全陌生的人）　　　have a fit（勃然大怒）
blue sticking（女学者、女才子）　　　indifferent（中立的、漠不关心的）
busboy（餐馆勤杂工）　　　　　　　lover（情人）
busybody（爱管闲事的人）　　　　　mad doctor（精神病科医生）
confidence man（骗子）　　　　　　noisome（恶臭的、肮脏的）
dead president（美钞）　　　　　　　red tape（官僚习气）
dry Goods（纺织品、谷物）　　　　　horse sense（常识）
disinterested（公正的、无私的）　　　sweet water（淡水）
eleventh hour（最后时刻）　　　　　service station（加油站）
English disease（软骨病）　　　　　 sporting house（妓院）

enormity（极其凶恶）　　　　　　Spanish athlete（吹牛的人）
fulsome（过度的、令人厌烦的）　white man（忠实可靠的人）
green hand（新手）　　　　　　 wholesome（有益身心健康的）

（5）上下义关系（Hyponymy）

上下义关系（hyponymy）表述的是一个概括意义的的词与诸多具体意义的词之间的包含与被包含的语义关系。它是逻辑学上的属种关系，是表示属/类概念（genus）的词项和表示种概念（species）的词项之间的一种纵向包含关系。如图 4.10 所示，上义词（hypernym/superordinate）是对事物概括性主要意义（共性）抽象的泛称或总称，下义词（hyponym/subordinate）是事物特质性意义（个性）的具体呈现。如图 4.11 所示，两个下义词之间为共下义词（co-hyponym）关系。例如，immigrate（移居入境）和 emigrate（移居出境）是 migrate（移民）的下义词，同时它们又互为共下义词。上下义关系是一个相对的概念。某一个词对某一组下义词来说，它是上义词，然而对另一个上义词来说，它又是下义词。例如，对 ram、ewe 和 lamb 这一组下义词来说，sheep 是它们的上义词，但是 sheep 对 animal 这个词而言，则为下义词。

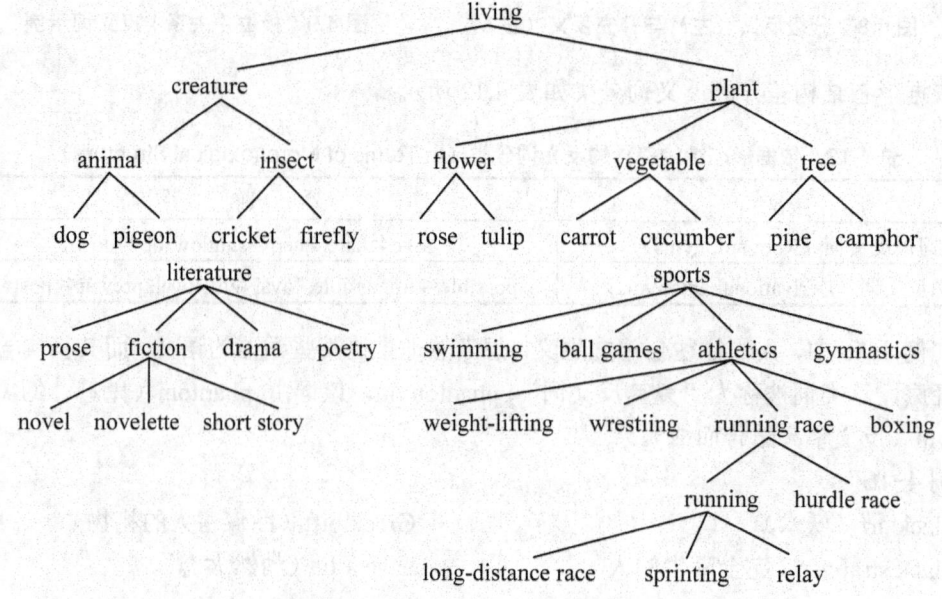

图 4.10　上下义关系树形图（A Tree Diagram of Hyponymy）

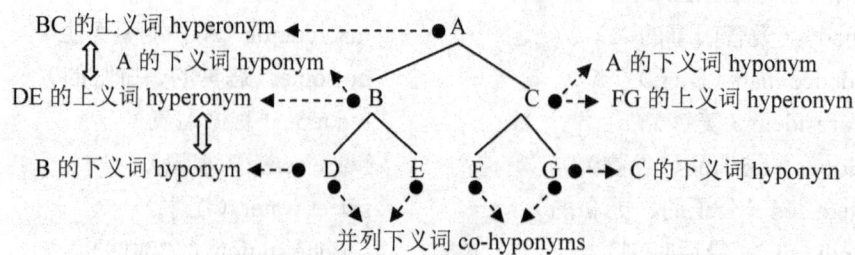

图 4.11　上下义关系结构图（A Typical Tree Diagram of Hyponymy）

需要注意的是，没有逻辑属种关系的词不能构成上下义词，因此表示等级关系的词（如博士—硕士、处长—科长、年—月）不是上下义词。构成整体与部分关系的词也不是上下义词。因为上下义关系表达的是层级隶属关系（如水果—橘子、衣服—衬衣），而整体部分关系表达的是所属关系（如中国—北京、衣服—袖子）。语义上的整体与部分关系也被称为总分关系，具有这种关系的一组词是总分词，其中表示整体的词是总义词，表示构成部分的词是分义词，如大学—系、房子—厨房、四季—春天等。总分词与上下义词有类似之处，都可进入"甲包括乙"的格式。但上下义词之间是属与种的关系，同时可以进入"乙是甲"的格式，而总分词之间是整体与部分的关系，即分义词所指对象是总义词所指对象的构成部分，因此不能进入"乙是甲"的格式（如北京不能是中国），只能进入"乙是甲的一部分"的格式（如北京是中国的一部分）。总分词也具有相对性，但总分词的相对性与上下义词的相对性有所不同。同一个词（同一种意义）可能是几个表示不同事物的、没有上下义关系的词的分义词（如"驾驶室"既是"轮船"的分义词，又是"汽车"的分义词），而上下义词一般没有这种性质。整体—局部关系如图4.12所示。

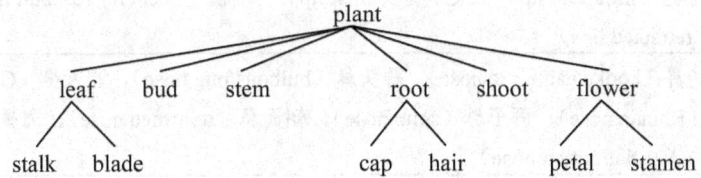

图4.12　整体—局部关系树形图（A Tree Diagram of Meronymy）

维斯顿（Wiston, 1987）依据功能（functionalities）、空间内聚力（spatial cohesion）和整体—部分差异度（degree of dissimilarity）将整体—局部关系进行了如下分类：

① 组件—整体（component vs. integral object, e.g. handle-cup）；
② 成员—集合（member vs. collection, e.g. tree-forest）；
③ 部分—整体（portion vs. mass, e.g. slice-bread）；
④ 物质—物件（material vs. object, e.g. alcohol-wine）；
⑤ 特征—活动（feature vs. activity, e.g. paying-shopping）；
⑥ 精准特指—区域泛指（precise vs. place-area, e.g. London-Europe）。

（6）分类层次关系（Taxonomy）

类义关系（分类层次关系）就是"X is a kind of Y."，如图4.13所示，但并不是所有的上下义词都是类义关系。例如，spoon、large spoon、deep spoon 三者并不能构成分类层次关系，而 spoon、teaspoon、soup spoon 则可以构成分类层次关系。广义而言，表示同类事物现象的词语之间的语义关系（如上下义关系、总分关系、同义关系、反义关系和狭义类义关系）都可以归属为类义关系。狭义类义关系是指词语语义上的同（于）属异（于）类的关系，即词语所指事物属于同一大类（或整体）并分属不同种类（或部分）。例如，烹饪有28种方法：炸、爆、烧、炒、溜、煮、氽、涮、蒸、炖、煨、焖、烩、扒、焗、煸、煎、塌、卤、酱、拌、烩、腌、冻、糟、醉、烤、熏。这些都属于同一个大类（烹饪），又分属于不同的各类。表4.13列出了描述五官的单词的类义关系。

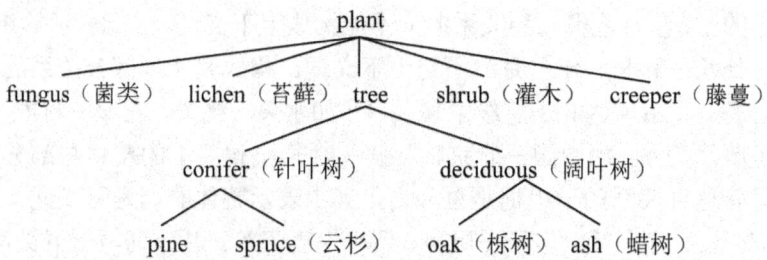

图 4.13　分类层次关系分级图（Hierarchical Characteristic of Taxonomy）

表 4.13　类义关系示例

五官	例词
脸（face）	瓜子脸（oval face）、圆核脸（round face）、四方脸（square face）、长方脸（long face）
眼（eye）	肿泡眼（swollen-lidded eye）、杏核眼（almond-shaped eye）、倒挂眼（triangular eye）、鼠眼（tiny eye）、丹凤眼（phoenix/slimed eye）
唇（lips）	小薄嘴（slim/ thin lips）、大厚嘴（thick lips）、樱桃嘴（cherry/rosebud lips）、瘪嘴（drawn and retracted lips）
鼻（nose）	鹰钩鼻（hooked/aquiline nose）、蒜头鼻（bulbous/pug nose）、通天鼻（Grecian nose）、高鼻子（Roman nose）、狮子鼻（snub nose）、朝天鼻（upturned nose）、肉鼻子（dumpy nose）、塌鼻子（flat/button nose）
眉（eyebrows）	剑眉（dashing eyebrows）、刀背眉（bushy and clear-cut eyebrows）、卧蚕眉（silk-worm shaped eyebrows）、扫帚眉（broom-shaped eyebrows）、一撮眉（bushy and stubby eyebrow）、寿眉（shaggy eyebrows）、一字眉（straight united eyebrows）、八字眉（slant eyebrows）、柳叶眉（arched eyebrows）、月牙眉（arched eyebrows）

4.2.2　语义场理论（Semantic Field Theory）

词汇空缺（lexical gap）是指相同概念的同一语义场在不同语言中出现的词汇不对等现象。以英语中万能的 uncle 和 aunt 为例，与汉语亲属关系称谓语指称的精准、确切相比，英语称谓语显然是词汇空缺的典型，如表 4.14 所示。

表 4.14　英语中的词汇空缺

uncle	aunt
father's elder brother 伯父	father's sister 姑母
father's younger brother 叔父	father's elder brother's wife 伯母
father's sister's husband 姑父	father's younger brother's wife 婶母
mother's brother 舅父	mother's sister 姨母
mother's sister's husband 姨夫	mother's brother's wife 舅母

图 4.14 用另一个例子说明了词汇空缺现象。

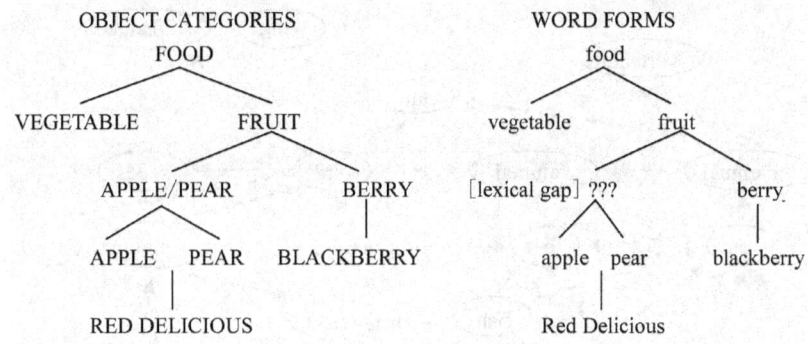

图 4.14 词汇空缺示例

在英语中，形容词可以根据以下品质或特征进行分类：aggressive、ambitious、amicable、arrogant、approachable、confident、considerate、easy-going、extrovert、honest、introvert、iron-willed、loyal、modest、trustworthy、obedient、obstinate、self-conceited、strong-willed、sympathetic、stubborn、unyielding 等。

同样，和医生、医药（medical profession）等语义场相关的词汇可以进行以下分类：doctor、nurse、general practitioner（全科医生）、physician/internist（内科医生）、surgeon/chirurgeon（外科医生）、clinician（临床医师）、anesthetist（麻醉师）、pharmacist（药剂师）、therapist（理疗师）、dentist（牙科医生）、stomatologist（口腔学家）、oculist/ophthalmologists（眼科医生）、pediatrician（儿科医生）、gynecologist（妇科医生）、obstetrician（产科医生）、orthopedist（骨科医生）、dermatologist（皮肤科医生）、allergist（过敏症专科医生）、podiatrist（足病医生）、endocrinologist（内分泌学家）、gastrologist（胃病学家）、enterologist（肠病学家）、osteologist（骨骼学家）、urologist（泌尿科医师）、psychologist（心理医生）、cardiologist（心脏病科医师）等。

在例 4-17 中，自然地貌也可以根据语义场进行分类。

例 4-17

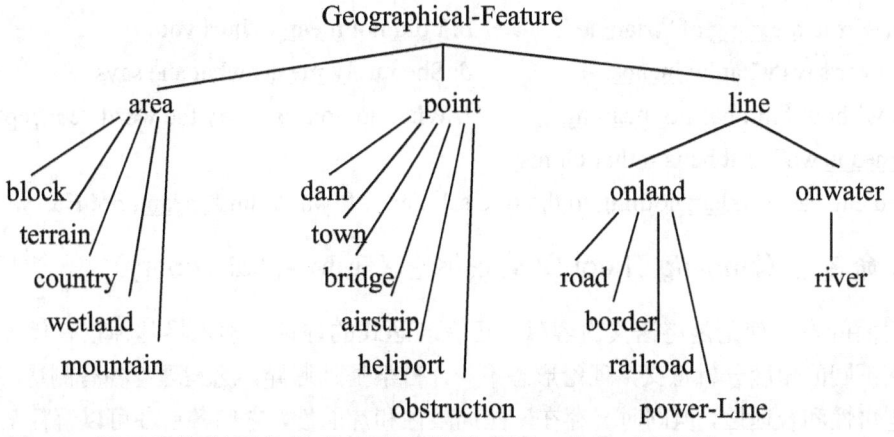

图 4.15 展示了根据语义场理论形成的语义网，也称"词网"。

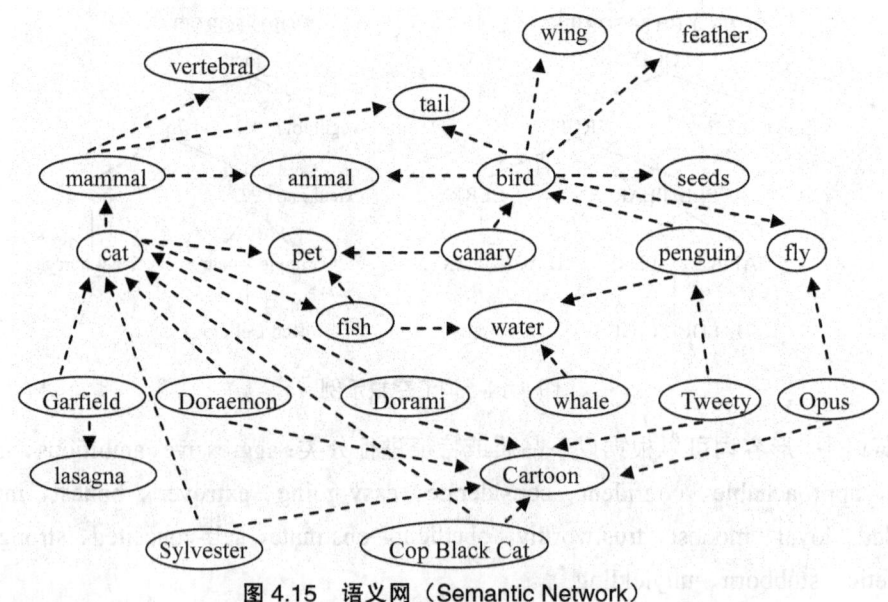

图 4.15 语义网（Semantic Network）

4.3 "意义"研究观点
（Some Views Concerning the Study of Meaning）

19 世纪末 20 世纪初，西方哲学最为显著的一个转变就是语言哲学的产生。"意义理论"为语言哲学的核心理论，意在通过对语言的分析，阐明语词和语句的意义，继而对语言做出最根本、最深刻的反思。但是学术界对"什么是意义""什么是意义理论"，仍是各执一词。"意义"在任何一种语言中都是一个多义词，大体上有两种基本释义：一为"含义"（sense），是指各种语言文字或其他信号（主要是语词、语句、话语）所表达的内容；二为"意义"（meaning），后者的内涵要高一个层次。

  a. What is the <u>meaning</u> of "triangle"?   b. I did not <u>mean</u> to hurt you.
  c. He never says what he <u>means</u>.   d. She rarely <u>means</u> what she says.
  e. Life without faith has no <u>meaning</u>.   f. What do you <u>mean</u> by the word "concept"?
  g. He <u>means</u> well, but he is rather clumsy.
  h. Fame and riches <u>mean</u> nothing to the true scholar. i. It was John I <u>meant</u>, not Harry.

4.3.1 命名论（Naming Theory）或指称论（Referential Theory）

语义层面的意义理论是将语义内容赋予语言表达式的理论。学术界几种较有代表性的意义理论从不同的角度分析意义，理论形态不一，哲学基础迥异。这些理论各有侧重，都具有一定的逻辑性和合理性，但同时又存在一些局限性和片面性，它们各自都可以解释某些语言现象，但又不可能诠译全部语言现象，故此目前尚无唯一正确的、不可超越的意义理论。

意义指称论（meaning as reference）是一个历史悠久且影响深远的理论，它的起源可以追溯到古希腊亚里士多德关于代表词所指事物本质特征的观点。密尔是第一个系统发展指称论的哲学家，他提出了概念的外延和内涵理论，其中内涵就是这个语词（或摹状词短语）的意义。罗素是指称论的集大成者，他强调词义与语言外现实对象的相关性，认为语词之所以有意义就在于它是代表自身以外的某种事物或事实的语言符号。罗素后期的指称论稍有变化，将语词的意义等同于词与其指称对象之间的关系。简言之，指称论包括朴素指称论和精致指称论，前者是把一个语词的意义与其指称的客观存在对象直接等同并一一对应起来，而后者则认为语词的意义就是语词与其所指称事物的关系。指称论不仅对"什么是意义"做出明确的交代，而且建立了语言事物和非语言事物、语言和现实之间的联系，有其合理进步的一面。但同时它只是孤立地、静止地分析词义，具有两点明显缺陷：其一，指称论并不能解释一切词语的意义，换言之，并非所有词语都有指称对象，如连接词、语气词或虚拟映象（麒麟、龙等）在现实中并无相对应的具体指称对象；其二，不同的语词可以指称同一现实对象，但意义不同（如"联合国秘书长"和"古特雷斯"），这可能造成意义混乱。如图4.16所示。

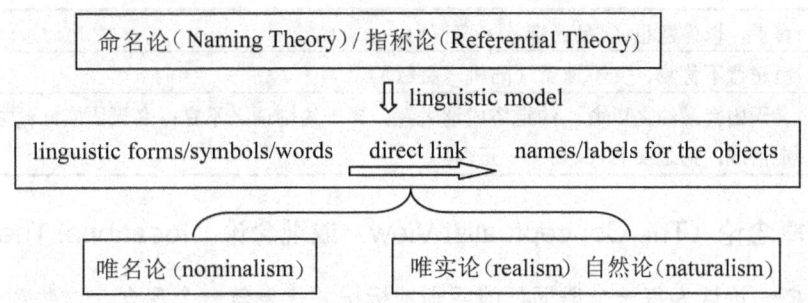

图 4.16 命名论或指称论（Naming Theory/ Referential Theory）

例 4-18 中国古代"唯名论"

① 荆柱国庄伯令其父（巫师）"视日"曰"在天"；"视其奚如？"曰"正圆"；"视其时"，曰"当今"；令谒者"驾"，曰"无马"；令涓人"取冠"，曰"进上"；问"马齿"，圉人曰"齿十二与牙三十"。（《吕氏春秋·审应览·淫辞》）

② 空雄之遇，秦、赵相与约曰："自今以来，秦之所欲为，赵助之；赵之所欲为，秦助之。"居无几何，秦兴兵攻魏，赵欲救之。秦王不说，使人让赵王曰："约曰'秦之所欲为，赵助之；赵之所欲为，秦助之'。今秦欲攻魏，而赵因欲救之，此非约也。"赵王以告平原君。平原君以告公孙龙。公孙龙曰："亦可以发使而让秦王曰：'赵欲救之，今秦王独不助赵，此非约也。'"（《吕氏春秋·审应览·淫辞》）

③ 马者，所以命形也；白者，所以命色也。命色者，非命形也，故曰白马非马。（《公孙龙子·白马论》）

④ 道可道，非常道；名可名，非常名。（《道德经》）

⑤ 可道之道，可名之名，指事造形，非其常也。故不可道，不可名也。（王弼《道德经注》）

⑥ 道者，函乾括坤，其本无名。（葛洪《抱朴子·道意卷》）

例 4-19　中国古代"唯实论""自然论"

① 有形者必有名，有名者未必有形。形而不名，未必失其方圆白黑之实。(《尹文子》)
② "物固有形，形固有名"，此言不得过实，实不得延名。姑形以形，以形务名，督言正名，故曰圣人。(《管子·心术上》)
③ 名者，名形者也；形者，应名者也。(《尹文子》)
④ 故亦有名以检形，形以定名。名以定事，事以检名。察其所以然，则形名之与事物，无所隐其理矣。(《尹文子》)
⑤ 正其所实者，正其名也。(《公孙龙子·名实论》)
⑥ 以其言为之名，取其实以责其名，则说者不敢妄言。"(《吕氏春秋·览·审应览》)
⑦ 循名责实，实之极也；按实定名，名之极也。参以相平，转而相成，故得之形名。(《邓析子·转辞》)

中国古代言意论如表 4.15 所示。

表 4.15　中国古代言意论：符号与主体

言尽意论	言者，以谕意也(《吕氏春秋·离谓》)
言不尽意论	恒患意不称物，文不逮意(陆机《文赋》)
约定俗成论	名无固宜，约之以命，约定俗成谓之宜，异于约则谓之不宜；名无固实，约之以命实，约定俗成，谓之实名(《荀子·正名》)

4.3.2　概念论（The Conceptualist View）或观念论（Ideational Theory）

意义的概念论认为每一个语词都能明晰地标记并代表着一个观念，这些观念便是语词所固有的、直接的意义。概念论将客观实物与由此联想从而在头脑中形成的观念等同起来。这种意义理论一般被认为是 17 世纪英国哲学家洛克（Rock）最早提出并倡导的。胡塞尔（Husserl）认为意义是一种观念性存在，是言者和听者所意向的同一对象或同一类对象所共有的性质。观念论从心理的角度来探讨意义问题，凸现了语词意义与观念形态的密切联系，有其可取之处。但它并没有对词义或句子意义做出实质性的明确阐释，正是因为其在理论上陷入诸多困境而受到了来自功用论、行为论等各方面的批驳。如图 4.17 所示。

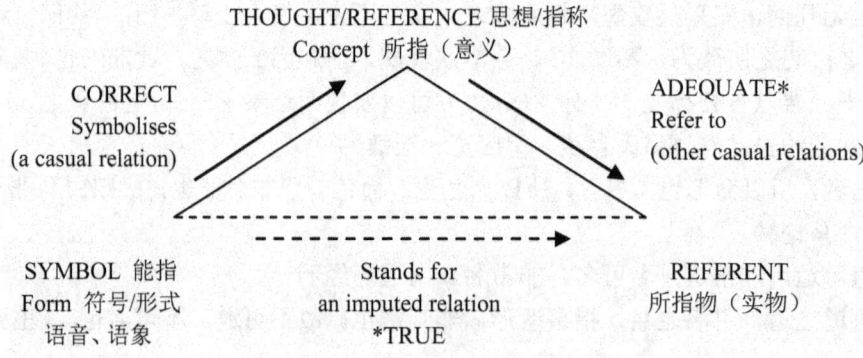

图 4.17　语义三角理论（Ogden/Richards Triangle, 1923）

4.3.3 行为论（Behaviorist Theory）

意义的行为论是建立在行为主义心理学之上的，将一个语词（或语句）的意义与引起言者如此表述的某种刺激或听者某种反应等同起来。布隆姆菲尔德认为语言的意义就是言者传达出某种语言形式所处情景和这个形式于听者所引起的反应。比如当有人高喊一声"狼来了"，通常人们都会感到惊恐。"狼"这一语词是言者受到某种刺激而发出的表述，而于听者而言，听到这一语词也会产生某种反应。根据行为论的内涵表述，"惊恐"就是"狼"这一语词的意义。行为论者强调语言行为和语言效果之间的关联，这与重视采用内在意识观念等来说明意义的观念论是相对的。行为论解决了观念论面临的一些问题，但它夸大了"刺激—反应"在社会领域中的作用，忽视了人的思想意识以及语言行为的社会性。如图 4.18、图 4.19 所示。

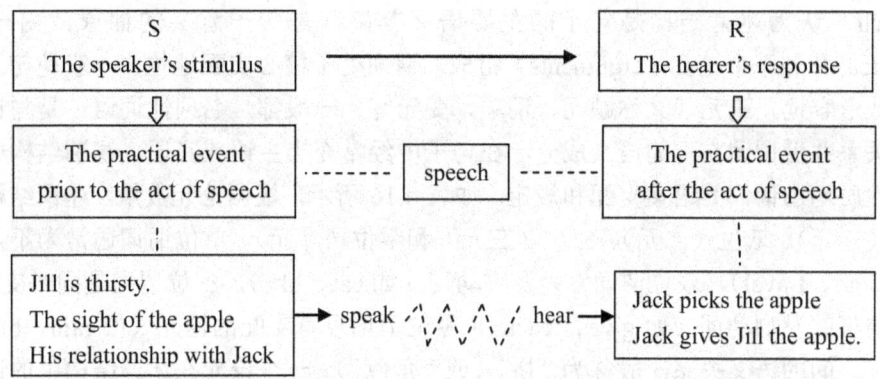

图 4.18　行为主义理论示例（Behaviorist Interpretation Exemplification）

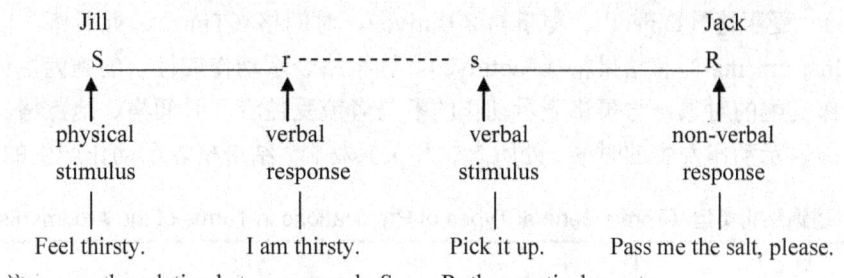

注：r---s: the relation between speech; S____R: the practical events

图 4.19　行为语言模式

4.3.4 功用论（Use Theory）

意义功用论认为语词的意义在于其使用（或功用）。它强调语境的作用，认为只有在语境中才能体现出语词的意义。主要代表人物奥地利哲学家维特根斯坦（Lodwig Wittgenstei）认为"意义即用法"（"Meaning is usage."）。功用论标志着意义理论研究从静态转向动态，是一个重大发展。它重视语言的实际应用和表达功能，重视交际语境和语言符号的关系，将语言活动和生活实践联系起来。但它也存在两点明显不足：其一，过度强调语词的意义在于功用，忽视了语词自身的字面意义。其二，将语词的意义和功能这两个不同的概念简单混合等同起来，极易造成词义理解的混乱。

4.4 意义的分析（Analysis of Meaning）

4.4.1 述谓结构分析（Predication Analysis）

一个句子的意义并不是其各个组成部分意义的简单总和，句子的意义包括语法意义（grammatical meaning）和语义意义（semantic meaning）两个层面。在语义结构层面，一个句子包括"情态"和"命题"两部分。前者包括时态、语态、语气等方面的意义，情态以外的部分即为命题。一个命题在语义结构上便可分析为一个述谓结构。英国语言学家利奇（G. Leech）认为述谓结构是句子的主要语义单位，是句子意义的抽象，由一个谓词（predicate）和若干个论元（arguments）组成。谓词处于核心支配地位，一般是句子中的谓语动词或形容词，论元（又称题元、谓项、变元等）一般都是名词性词语，是与谓词有直接语义关系并受谓词支配的语义成分，在句子中经常充当主语或宾语。述谓结构中论元数量及其性质均由谓词的语义支配和规定。如表 4.16 所示，根据论元数量，述谓结构可以分为单位（一元）、双位（二元）、三位（三元）和零位（零元）。单位谓词通常为不及物动词（如 run、go、travel），双位谓词常为及物动词（如 eat、like），三位谓词是同时支配施事、受事和与事的及物动词（如 give、teach），零位谓词没有支配的论元（如 rain、blow）。论元与谓词之间的语义关系一般称为"格"（或"角色"）。一个论元在述谓结构中的语义角色首先取决于谓词的语义，其次也同论元自身的语义有关。常见的论元格有：施事格（Agentive）、受事格（Object）、与事格（Dative）、时间格（Time）、处所格（Locative）、工具格（Instrumental）和结果格（Factitive）。施事格表示动作或性状的施为主体，受事格表示受动作支配的对象，与事格表示动作的参与者或受益者，时间格、地点格、处所格、工具格分别表示动作发生的时间、处所方位和工具材料，结果格表示动作产生的结果效应。

表 4.16 述谓结构类型（Three General Types of Predications in Terms of the Arguments Number）

类型	例句	
单位述谓结构 monadic (P^1) One-place predication smoke, grow, rise, run …	argument +verb 'to be'+ an adj.	argument + intransitive verbs
	linear formulae: (a.→P. b) OR (b.←P. a) OR (a. P. b)	
	(a, b and c: variants for arguments; P: variants for predicates)	
	The room is big.	The prediction is: THE ROOM (BE BIG)
	The sun is rising.	The prediction is: THE SUN (RISE)
	Twilight came.	The prediction is: TWILIGHT (COME)

续表

类型	例句	
双位述谓结构 dyadic (P^2) Two-place predication like, love, save, bite, beat...	argument +predicate +argument	
	linear formulae: (a: P) OR (P: a)	
	Tom likes apples.	The prediction is: TOM, APPLE (LIKE)
	A dog is in front of a man.	The prediction is: A DOG, A MAN (IN FRONT OF)
	Kids like sweets.	The prediction is: KIDS, SWEET (LIKE)
三位述谓结构 triadic (P^3) Three-place predication	distransitive verbs, combination of two-place and one-place	
	give, sent, promise, call...	
零述谓结构 P^0: No-place predication	no argument (no syntactic realization): meteorological utterances	
	linear formulae: (a.→P. Q)	
	It is raining.	The prediction is: (RAIN)
	It is fine.	The prediction is: (BE FINE)

4.4.2 语义成分分析法（Componential Analysis）

1943 年，丹麦语言学家叶尔姆斯列夫（L. Hjelmslev）提出了词义可分的观点，即一个词项可以进一步分解为一组更小的语义成分。这一设想得到了很多语言学家的呼应，美国语言学家布隆姆菲尔德提出了术语"语义特征"（semantic feature）和语义成分（semantic component）为这最小的意义单位命名。随着结构主义语言学的发展，语义成分分析法应运而生，并成为当代语义学研究领域一种微观层面研究语义成分的核心方法。成分分析法又称为"义素分析法"（seme analysis），是运用"二分法"将一个特定的语义概念划分为更小的语义成分（即义素）。简言之，就是从一组意义相关的词语中提取其共同特征的分析方法，这些共同特征成分就是语义成分（sense components/ primitives）或称义素（semes）。义素（义子）又称语义成分、语义特征，是构成义位（meme）的最小因子，即义位的区别性特征，是与音位、音节等语言形式单位相对应的语言意义单位。这种分析法类似于音系学中音位区别性特征分析方法，最早应用于词汇成分分析，旨在发现更深层次的意义成分和结构，但它同样适用于词组、句子，甚至篇章的分析。义素描写可以是文字性的表述，也可以是符号式的标记，后者又包括语义成分结构式（如 man=[+Human][+male][+adult]）和语义成分矩形图。语义成分分析法的价值就在于它能够简明、精确地揭示词语的中心意义或核心意义（即概念意义），它将义位的内容加以微观层面的形式化分解，使语义分析在摆脱传统释义法某种随意性的同时，增加一定的科学性和可衡量性，而且对计算机信息处理提供了实体化、形式化的依据。但是，该种方法也有其局限性：一方面，在分析的过程中仍然难以避免某种主观性，如义素选择可能会因人而异、因分析目的而异；另一方面，义素分析法目前还仅限于对几种基础词类（如名词、动词、形容词等）进行分析，还无法普及所有词类。亲属称谓语的语义成分分析如表 4.17 所示。

表4.17 亲属称谓语的语义成分分析（Componential Analysis of Kinship Address）

features	animate	human	directly related	same generation	elder	male	female	plural
parent	+	+	+	-	+	0	0	+
father	+	+	+	-	+	+	-	0
mother	+	+	+	-	+	-	+	0
siblings	+	+	+	+	0	0	0	+
bother	+	+	+	+	0	+	-	0
features	animate	human	directly related	same generation	elder	male	female	plural
sister	+	+	+	+	0	-	+	0
relative	+	+	-	0	0	0	0	0

4.5 句际含义关系（Sense Relations between Sentences）

如表4.18所示，常见句际语义关系可以概括为六种类型。同义关系需要满足的真值条件是：若X为真，则Y为真；若X为假，则Y为假。同义句（synonymic sentences）亦称"释义句"或"同义异构句"，即句法结构不同而命题意义相同的一组句子，同义句之间形式结构可以互相转换而命题意义不变。如"小狗偷吃了肉片""肉片被小狗偷吃了""小狗把肉片偷吃了"，这一组句子就互为同义句。句子语义的不一致关系中，真值条件为：若X为真，则Y为假；若X为假，则Y为真。

蕴含（衍推）是一种语义上的包含关系（从属关系）。预设（前提），是指使一个命题逻辑或语句语义能够成立的前提条件，是说话人对听话人预备知识的一种假设或判断。在真值条件语义学上，预设和蕴含被视为句际真值关系。X蕴含Y（Y是X的蕴含）中的真值关系为：若X为真，则Y一定为真；若Y为假，则X也为假；若X为假，则Y可真可假；若Y为真，则X可真可假。蕴含关系一般发生在有上下位关系或整体与局部关系的句义之间。预设Y（Y是X的预设）中的真值关系为：若X为真，则Y必定真；X为假，则Y仍为真；若Y为真，则X或真或假；若Y为假，则X无真值可言。蕴含（即断言意义）是一种真值条件，是句子的基本信息；而预设是话语的非断言部分所表达的意义，属于话语的背景意义以及附带信息，是句义得以形成的基础和前提。

自相矛盾关系中，若X自相矛盾，则它一定为假。语义异常关系中，句子荒谬可笑且其预设自相矛盾。

表4.18 句际含义关系（Sense Relations between Sentences）

语义关系（Sense Relations）	真值条件（Truth Condition）	示例
同义关系（Synonymy） X is synonymous with Y.	If X is true, Y is true; if X is false, Y is false.	X: He was a bachelor all his life. Y: He never got married all his life.
不一致关系（Inconsistency） X is inconsistent with Y.	If X is true, Y is false; if X is false, Y is true.	X: He is single. Y: He has a wife.

续表

语义关系（Sense Relations）	真值条件（Truth Condition）	示例
蕴含关系（Entailment） X entails Y.	If X is true, Y is necessarily true; if X is false, Y may be true or false. If Y is true, X may be true or false; if Y is false, X is false.	X: He is an orphan. Y: He has no father. X: He's been to Beijing. Y: He's been to China.
预设关系（Presupposition） X presupposes Y.	If X is true, Y must be true; If X is false, Y is still true. If Y is true, X is either true or false; if Y is false, no truth value can be said about X.	X: His wife is a layer. Y: He has a wife. X: Paul gave up smoking. Y: Paul once smoked.
自相矛盾（Contradiction） X is a contradiction.	When X is a contradiction, it is invariably false.	*My unmarried sister is married to a bachelor. *The orphan's parents are pretty well-off.
语义异常 （Semantic Anomaly） X is semantically anomalous.	When X is semantically anomalous, it is absurd because it presupposes a contradiction, therefore it makes no sense to ask whether X is true or false.	*The table is pregnant. *The table has bad intentions. *Colorless green ideas sleep furiously. *Sincerity shakes hands with the black apple.

第五章 语用学（Pragmatics）

"语词是成熟的石榴/它们落向大地/然后绽开。内里的一切向外翻转/果实暴露其秘密/呈现它的籽粒/一个新的秘密。"（Domin）在语境中研究意义，语用学恰是醇美可口的成熟石榴，绽开的籽粒闪耀着生活中言外之意、弦外之音的魅力光泽，等待着探索式的品尝。

5.1 语用学发展简史（Brief History of Pragmatics）

语用学被认为是语言学、哲学、心理学、现代数理逻辑符号学的一个分支学科。符号学家莫里斯（Morris）从语形学、语义学和语用学三者的区分角度出发，认为语用学是对符号和解释者之间关系的研究。哲学家卡尔纳普（Carnap）认为语用学的研究领域明确涉及说话者或语言作用者。迄今为止，学界对语用学的概念定义和研究范畴尚未达成共识，但有一点是公认的，即"意义"和"语境"是语用学的两大基本概念（何兆熊，1987）。因此，语用学是基于语境进行意义阐释的新兴学科。此处广义的语境不仅仅包括上下文这样的特定情景，还包括会话交际的时空场合、交际的话题性质、参与交际的会话者之间的社会关系，以及彼此的理念、认知、情绪、判断等。

从发展的观点看，语用学的崛起是语义研究的一种延伸和纵深。20世纪30—50年代是语用学的兴起阶段。1938年，莫里斯在《符号理论基础》（*Foundations of the Theory of Signs*）一书中首次使用术语pragmatics。1946年，他在《符号、语言和行为》（*Signs, Language and Behavior*）中引入"行为主义符号理论"的研究视角。1954年，数理逻辑专家巴尔-希勒（Bar-Hillel）在《头脑中的指引词语》（*"Indexical Expressions" in Mind*）中指出，"指引词语"是语用学的具体研究对象。20世纪六七十年代，几位语用学奠基人的巨著确立了语用学的基本理论基础。其中，最令人瞩目的有奥斯汀（Austin）的《言语行为理论》（*Theory of Speech Act*, 1962），塞尔（Searle）的《言语行为》（*Speech Acts*, 1969）和《间接言语行为》（*Indirect Speech Acts*, 1975），格赖斯（Grice）的《逻辑与会话》（*Logic and Conversation*, 1975）。正是在这本书中，格赖斯提出了著名的"会话含义理论"以及"合作原则"。20世纪80年代，语用学成为一门独立学科，其独立的三个标志是：第一，1977年，荷兰创刊《语用学杂志》（*Journal of Pragmatics*）；第二，1985年，在意大利召开了第一次国际语用学大会（International Pragmatics Conference）；第三，1986年，国际语用学会（International Pragmatics Institute）正式成立。继此之后，1983年，列文森（Levinson）《语用学》（*Pragmatics*

的问世和利奇（Leech）的《语用学原理》（*Principles of Pragmatics*）构筑了语用学雏形，确定了其研究范围和主要内容。20世纪90年代，语用学研究不断完善和深入。这一时期的重要学者和著作有：梅（Mey）的《语用学概要》（*Pragmatics: An Introduction*, 1993）、托马斯（Thomas）的《言语交际中的意义：语用学引论》（*Meaning in Interaction: An Introduction to Pragmatics*, 1995）、耶尔（Yule）的《语用学》（*Pragmatics*, 1996）和维索尔伦（Verschuere）的《理解语用学》（*Understanding Pragmatics*, 1999）。

语用（pragmatics）一词来源于希腊语pragma，意为"事情、时间，而非行动"。查尔斯·莫里斯（Charles Morris, 1901—1979）是美国哲学家、符号学家，他把实用主义和逻辑实证主义结合起来，提出"科学的经验主义"，创立了符号学，被誉为现代符号学创始人之一。他提出了符号行为理论（behavioral theory of signs），旨在以二元双价方式探究解释句法、语义和语用三者之间的密切关联，如图5.1所示。

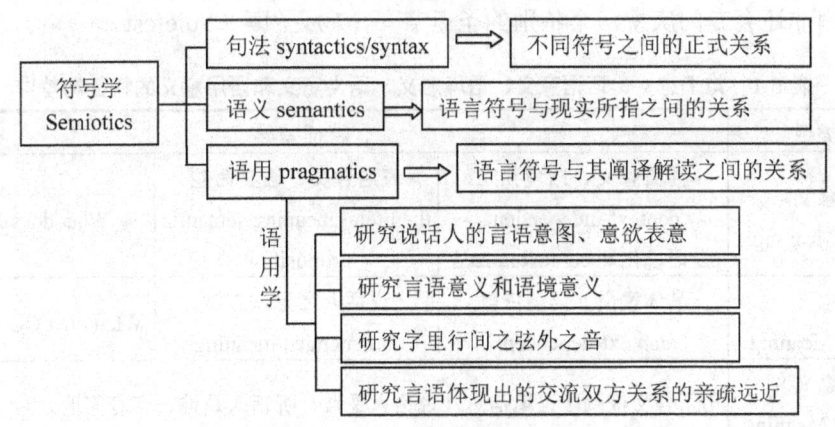

图5.1 莫里斯的符号行为理论

5.2 句子意义、话语意义和语境意义
（Sentence Meaning, Utterance Meaning, Contextual Meaning）

语用研究范畴，"句子"被定义为语言系统的抽象单位（abstract units of the language system），而"话语"则是语言使用的实际单位（units of language in use）。"话语意义"是"句子意义"之抽象含义在现实交际场景中的具体实现，蕴含了说话者的目的和意图。因此，前者内涵显然要比后者丰富多彩。"语境"泛指交流双方的共识共享（constituted knowledge），可谓包罗万象，文化背景、交流方式、场景设置、亲疏关系均属于语境的范畴。综合而言，语义较之稳定长久，而语用意义则较之灵活，需结合语境加以推导。句子意义、话语意义、语境意义、语义意义和语用意义的特征和差异如表5.1所示。

例5-1 有这样一则笑话，同样的一句话"我饿了"，说给不同的人听，得到的回复截然不同。你说给爸爸听，爸爸会说："想吃什么，爸带你下馆子。"你说给妈妈听，妈妈会说："想吃什么，妈给你去做。"你说给男友听，男友会说："想吃什么，我给你点外卖。"

而当你说给闺蜜听，闺蜜会说："我也是……"显然，"我饿了"这句话的句子意义是固定不变的，就是这三个单字组合的字面含义。然而，其话语意义则是说话人的意欲之意，说话人显然不单纯是为了说出这三个字，而是有所暗示。语境意义则要依据说话人和听话人之间的关系加以推断。故此，这句话的语义意义是去语境化的表层含义，而语用意义则较为隐晦，需用心感悟。正因如此，才产生了这则笑话的幽默效果。

例 5-2 说到圣诞节，脑海中马上会浮现皑皑白雪中的麋鹿雪橇和圣诞老人，但当你听到"圣诞佳节，酷暑难耐，我们冲到沙滩，游泳嬉戏、冲浪消暑"时，会做何感想呢？显然，这句话所要表述的是一种特定的语境含义，即澳大利亚的仲夏圣诞节。圣诞节与澳大利亚的时节联系在一起的便是这样的场景：灿烂温暖的阳光、迷人的黄金海岸、绝美的大堡礁、细柔的海滩、茂密的雨林……因此，有人调侃道："你以为圣诞老人都是滑着雪来吗？那你错了，澳大利亚的圣诞老人是冲着浪来的。"也正是由于这种圣诞情节，澳大利亚、新西兰及南非还会专门庆祝一个特别的圣诞节——7月圣诞（Yulefest）。

表 5.1　句子意义、话语意义、语境意义、语义意义和语用意义的特征和差异

意义类型	特征差异		
句子意义 Sentence Meaning	抽象意义、语境独立 context-independent 去语境化 decontextualized	表层含义、语义命题 the literal meaning semantic proposition	What does X mean?
话语意义 Utterance Meaning	具体意义、语境依赖 context-dependent	说话人之意欲之意 the intended meaning	What do YOU mean by X?
语境意义 Contextual Meaning	句子含义依赖于语境信息（说话人是谁、听话人是谁、何时何地）		
语义意义 Semantic Meaning	句子词汇和语法组合固有的、较之长久固定的含义 the more constant, inherent side of meaning		
语用意义 Pragmatic Meaning	与语境更贴合、较之难识别的含义 the more indeterminate, the more closely related to context.		

有趣的是，不同的文化背景和民族思维差异也会产生话语意义相悖的理解和会意。绝大多数荷兰人都讲英语，但对同一句英文表达，英国人和荷兰人所赋予的内涵意义可能有天壤之别，其语言深层的复杂内涵（the hidden complexities）亦是大相径庭。如表 5.2 所示。

表 5.2　英国人和荷兰人对同一句英文表达的不同理解

英国人这样说 （What the British say）	英国人这样意蕴 （What the British mean）	荷兰人这样意会 （What the Dutch understand）
Quite good.	A bit disappointing.	Quite good.
That's not bad.	That's good or very good.	That's poor or mediocre.
Very interesting…	I don't agree/believe you.	He is impressed.
I almost agree.	I don't agree at all.	He's not far from agreement.
I'm sure it's my fault.	It's not my fault.	It's his fault.

续表

英国人这样说 (What the British say)	英国人这样意蕴 (What the British mean)	荷兰人这样意会 (What the Dutch understand)
I'll bear it in mind.	I will do nothing about it.	They will probably do it.
Oh, by the way... Incidentally....	The primary purpose of our discussion is …	This is not very important.
With all due respect... With the greatest respect...	I think you are wrong (or a fool).	He is listening to me.
That is an original point of view.	Your idea is stupid. You must be crazy.	He likes my idea!
When appropriate locally…	Do what you like.	Do it if you can.
I was a bit disappointed that... It is a pity you…	I am very upset and angry at that …	It doesn't really matter.
I hear what you say.	I disagree and do not want to discuss it any further.	He accepts my point of view.
Perhaps you would think about... I would suggest…	This is an order. Do it or be prepared to justify yourself.	Think about this idea and do it if you like.
Could we consider some other options?	Your idea is not a good one. I don't like your idea.	He has not yet decided.
Please think about that some more.	It's a bad idea. Don't do it.	It's a good idea. Keep developing it.
You must come for dinner sometime.	Not an invitation, just being polite.	I will get an invitation soon.
You'll get there eventually.	You don't stand a chance in hell.	Keep on trying for they agree I'm heading in the right direction.

5.3 语用语境（Pragmatic Context）

中国南朝文学理论家刘勰在《文心雕龙·章句》中如是言："夫人之立言，因字而生句，积句而成章，积章而成篇。篇之彪炳，章无疵也；章之明靡，句无玷也；句之清英，字不妄也；振本而末从，知一而万毕矣。"显然，字、句、章、篇的紧密关系说明了语境对话语理解及话语表达的制约性。话语三大要素及语境的构成要素如表 5.3 所示。

语言学界对语境的研究观点基本可以分为传统语境观、认知语境观和动态语境观。19世纪初，美国哲学家皮尔斯（Peirce）首次提出"索引语词"概念，正式揭开了语境研究的序幕。对语境的真正研究始于功能学派创始人、人类语言学家马林诺夫斯基（Malinowski），他最早提出"语境"概念，并将其区分为情境语境和文化语境，前者是指语言使用和理解的环境氛围，而后者则是指某种语言赖以根植的人类思想和行为准则的总和。马林诺夫斯基的学生——英国语言学家弗斯（Firth）继承并发展了语境概念，于 1950 年出版了《社会中的个性和语言》(*Personality and Language in Society*)，提出"语境学说"（Contextualism）。

弗斯将语境划分为语言语境（即语言的上下文）和情境语境。情景语境包括三大内容：第一，参与者的有关特征，包括参与者的言语行为和非言语行为；第二，有关客体，即有关的事物和非语言性、非人格性的事件；第三，语言行为的结果和影响。弗斯的学生——韩礼德（Halliday）认为语言语境的三个组成部分为场景、方式和交际者。韩礼德最大的贡献是提出语域（register）概念，并将其详细区分为语场（field）、语式（mode）和语旨（tenor），三者分别指向话语范围（包括政治、科技、生活领域）、话语方式（包括口头语和书面语）和话语风格（包括交际者的地位、关系、身份等）。1964年，在美国召开首届社会语言学大会，口号便是"在社会语境中研究语言"（study language in the social context）。同年，美国社会语言学家戴尔·海姆斯（Dell Hymes）详细阐述了语境的构成要素：发话人（addresser）、受话人（addressee）、话题（topic，即内容）、场景（setting，即时空）、信道（channel，即媒介、信息传递途径和方式）、语码（code/language style，语体风格）、信息形式（message-form）、交际类属（communicative event）和交际效果（key the evaluation of discourse or text）。1968年，海姆斯将语境基本构成要素整合为三个部分：交际目的（purpose）、话语的形式和内容（forms and contents of text）以及相互作用的规范（interactional norm）。其中，话语的形式和内容包括：背景（settings）、参与者（participants）、目的（ends）、基调（keys）、交际工具（mediums）和风格（genre）。另外一位美国社会语言学家费什曼（Fishman）首次使用了术语domain（语域），认为语域是受共同语言规则制约的社会情境，包括时间、地点、身份和主题，即"谁何时何地对谁说了什么"。1977年，英国语言学家莱昂斯（Lyons）详细解释了构成语境的六大方面：①每个参与者须知道自己在整个语言过程中所起的作用和所处的地位；②每个参与者必须知道语言活动发生的时间和地点；③每个参与者必须能够辨别语言活动情景的正式程度；④每个参与者必须知道对于这一情景来说，什么是合适的交际媒介；⑤每个参与者必须知道如何使自己的话语与语言活动的主题相适合，以及主题对选择方言或语言（在多语种社团中）的重要性；⑥每个参与者必须知道如何使自己的话语与语言活动的情景所属的领域和范围相适应。利奇（Leech）对语言环境组成要素的划分为：言语发出者或言语接收者（addressers or addressees）、话语语境（the context of an utterance）、话语目的（the goal(s) of an utterance）、作为行为或活动形式的话语（言语行为）和作为言辞行为的结果的话语（the utterance as a product of a verbal act）。1983年，列文森（Levinson）提出传统语境参与要素还应该包括人类共同的和某一文化背景下的社交原则，语言中的指示现象最能体现语言与语境的关系。列文森还将话语指示区分为人称指示（person deixis）、方位指示（place deixis）、时间指示（time deixis）、篇章指示（discourse or text deixis）和社会指示（social deixis）。

1986年，斯珀伯（Sperber）和威尔逊（Wilson）合作出版了《关联交际与认知》（*Relevance: Communication and Cognition*），标志着认知语用学的诞生。他们从认知心理学角度将语言交际看作一个明示—推理过程（ostensive-inferential communication），并提出"关联理论"。简言之，话语交际是在关联原则支配下，按一定推理思维规律进行的认知活动。斯珀伯和威尔逊将"认知语境"（cognitive context）定义为一个动态发展的"心理建构体"（psychological construct）。

动态语境观的两位代表人物是丹麦语言学家梅（Mey）和比利时语用学家、国际语用学会秘书长维索尔伦（Verschueren）。2001年，梅提出"以语言使用者为指向"（user-oriented）的语境观。维索尔论提出了语境顺应论（Linguistic Adaptation Theory）和动态顺应概念（Dynamics of Adaptability）。

表 5.3　话语三大要素及语境的构成要素

话语内部要素（核心要素）			话语实体/客体（内容）
话语外部要素			语用主体（人）
话语环境（语境）		语言的内部因素	语音、语汇、语法、语义等
	非语言的外部因素	交际的环境或场合	谈天、辩论、谈判、演说、解说、接待等
		交际双方的关系	公共、私人、双方、多方属级别、性别、国别等
		交际的目的	宣告、承诺、使令、断定、修睦等
		交际的方式	开门见山的直陈、旁推侧引的委婉、含沙射影的透迤、颐指气使的开腔、慷慨激昂的宣讲、舌战群儒的雄辩、投石问路的试探、欲言又止的支吾等

5.4 言语行为理论（Speech Act Theory）

5.4.1 奥斯汀的言语二分说（Austin's Dichotomy of Utterances）

言语行为理论（Speech Act Theory）由哲学家奥斯汀（J. L. Austin，1911—1960）最先提出，他是牛津学派的重要代表人物，因其"言语行为理论"而为世人熟识。奥斯汀一生著述极少，生前只发表过7篇短文，其影响主要来自课堂讲授以及一些讲座和讨论会上的讲演。他去世后的两本书——《如何用语言做事》（*How to Do Things with Word*，1961）和《感觉与可感觉的事物》（*Sense and Sensibilia*，1962），分别由其好友和学生厄蒙森（Emerson）、瓦诺克（Warnock）根据其笔记整理出版。他关于言语理论的观点是1955年在哈佛大学讲学时提出来的。此后，这一理论在他的著作《论言有所为》（1962）中得到详尽阐释，美国哲学家塞尔（Searle）进一步拓展了这一理论。

例如，对于"*I promise to do so-and-so*"的言语行为句式的真值判断，先前的语言学家和分析哲学家束手无策。为修正先前理论阐释和实际操作的不足和缺失，奥斯汀指出：人们表面上在"说"，实际上却是在"做"。故此，"*I promise to do so-and-so*"实则是在做出某种承诺，而不单纯发表一种意见。奥斯汀把话语分为表述句/述谓句（陈述性的语句）和施为句（有施事能力的语句），如表5.4所示。他指出述谓句的功能在于断言或陈述事实、报道事态，具有真假之分，可以进行真值（truth value）判断。施为句则是实施一种行为的话语，不具有报道、描述或表述的功能，但却具有实施某些行为的功能。故此，施为句的是否有意义和是否适宜，不能用"真假"来进行逻辑评判，而要用是否恰当（appropriateness: invoked/ misinvoked）、是否真诚（sincerity: sincere/insincere）、是否明智（sagacity: sagacious/ unsagacious）、是否真实（authenticity: authentic/ inauthentic）等为适宜性条件（felicity condition: felicitous/infelicitous）和衡量依据。施为句又分为显性施为句和隐性施为句，其特征如表 5.5 所示。

表 5.4　奥斯汀的言语二分说（Austin's Dichotomy of Utterance）

表述句 Constatives	有所述之言 目的是以言指事	to state a fact, report something is the case, or describe what something is
施为句 Performatives	有所为之言 目的是以言行事	to perform acts The uttering of the sentence is the doing of an action.

表 5.5　施为句的特征（Properties of Typical Performatives）

标准	典型特征	
语法标准 Grammatical Criterion	主语：第一人称单数 I（first person singular subject）	
	时态：一般现在时（simple present）	直陈语气（indicative mood）
	语态：主动语态（active voice）	包含施为动词（performative verbs）
	特例：Turn right.	Pedestrians are warned to keep off the grass.
词汇标准 Lexical	表述句中用于描述或表述的最典型动词 state，在施为句中同样可以承担施为功能	

5.4.2　奥斯汀的言语行为"三分说"（Austin's Trichotomy of Speech Acts）

为完善"言语行为二分说"，奥斯汀在施为句研究基础上，进一步提出"言语行为三分说"（如表 5.6 所示）：言内行为（Locutionary act）、言外行为（Illocutionary act）和言后行为（Perlocutionary act）。在言内行为层面，以言指事，以言示意，即依据词汇字面含义、语法结构以及逻辑关系推理等呈现语篇的有形连贯。在言外行为层面，以言行事，以言施事，即依据话语发生情境和特定社会文化语境呈现语篇的隐形连贯，推导说话人的话语蕴意和交际意图。在言后行为层面，以言成事，以言取效，即依据说话人和听话人的心理互动呈现语篇的无形连贯，表述话语对听话人产生的言后影响和效果。例如，一位女士很吃力地拎着一个箱子，她说了一句："这个箱子真重。"这 6 个字，按照奥斯汀的"言语行为三分说"来分析却别有蕴意。这句话的言内行为是客观陈述箱子的重量，即 6 个字组合的字面含义。言外行为则蕴意丰富，需要结合具体语境以及话语交际双方的亲疏关系来加以推断。如果这句话是女朋友对男朋友所说，那其言外行为便多有嗔怪之意，是暗示男朋友来拎箱子。但如果这句话发生在一对母子之间，蕴意则大相径庭，言外行为彰显母亲的疼爱之情，是心疼自己的儿子且表明不需要帮忙的婉拒。言后行为指的是上述两种语境中男朋友或儿子听到这句话之后做出的回应，主动帮忙也好，袖手旁观也罢，都是这句话对听话者产生的影响和言语效果。

表 5.6　奥斯汀的言语行为"三分说"（Austin's Trichotomy of Speech Acts）

言内行为 （Locutionary act）	发声行为 Phonetic acts	发音行为 Phatic acts	表意行为 Rhetic acts
	以言指事语谓行为	the act of saying something	
		In saying X, I was in the full sense of "say".	

言外行为 （Illocutionary act）	以言行事语力行为	the act in saying something
		In saying X, I was doing Y.
言后行为 （Perlocutionary act）	以言成事语效行为	the act by saying something
		By saying X and doing Y, I did Z.

奥斯汀言语行为理论的核心内容是言外行为，言外行为甚至发展为该理论的代称。具体而言，以一种话语施事的约定力说出某个语句，是在特定语境中赋予有意义话语的一种言外之力（即语力）。奥斯汀依据话语的"施事语力"将言外行为分为五大类：断言型、行使型、承诺型、表态型和阐述型，如表 5.7 所示。例如，电话铃响起后，夫妻之间有这么一段对话。丈夫说："电话。"妻子答："我在厨房。"丈夫说："好吧。"这三句话的语力类型分别是：行使型（催促妻子去接电话）、阐述型（表明自己不能去接电话）和承诺型（丈夫自己去接电话）。

表 5.7 言外行为类型（Austin's Classification of (Illocutionary) Speech Acts）

类型	示例
断言型（verdictives）	assess, acquit, estimate, decree, convict
行使型（exercitives）	order, nominate, appoint, degrade, vote, warn
承诺型（commissives）	promise, plan, contract, undertake
表态型（behabitives）	apologize, thank, welcome, resent, congratulate
阐述型（expositives）	state, describe, affirm, agree, deny, conclude, illustrate

5.4.3 塞尔的言语行为"五分说"（Searle's Typology of Speech Acts）

约翰·罗杰斯·塞尔（John Rogers Searle）批判地继承了奥斯汀的理论并加以修正发展。塞尔主要研究语言的"目的性"，并指出言语行为的成功取决于一系列的"适合条件"（felicity/appropriateness conditions），如表 5.8 所示。

表 5.8 塞尔的言外行为适宜条件（Felicity Conditions for Promising）

条件	条件表述
命题内容条件 Propositional Content Conditions	发话人表达话语命题
	发话人预测未来行为
前提/准备条件 Preparatory Conditions	听话人倾向于发话人施行某种行为，同时发话人坚信听话人的这种倾向
	发话人是否将会在正常情况下实施某种行为，此点并不清晰
诚意条件 Sincerity Conditions	发话人有施行某种行为的意愿
本质条件 Essential Conditions	发话人会意到言语会使其承担某种行为执行的义务

塞尔认为可以依据他提出的 12 条分类标准中的前 3 条主要标准对言语行为间接指令进行分类，如表 5.9 所示。语力是指言语交互活动中，言语行为的一种力量趋势，说话人意

图借此影响或改变听话人的心境、情绪、习惯或行为取向等。适从指向是指"词"和客观世界适从方向的关系，即词的命题内容是否与世界的相适配。例如，词语"断定"和"承诺"，前者是话语的命题内容去适配客观世界，而后者则是使客观世界适配词语意义。塞尔提出4种可能的适配方向：话语适配于客观世界（如陈述类）、客观世界适配于话语（如承诺类和祈使类）、双向适配（如宣告类）和话语与客观世界不产生适配关系（如表态类）。心理状态表达是指说话人对话语命题内容的态度或心理状态，这一标准始终与"诚意条件"的实现保持一致。例如，"坚称""断言"表现的是确信的信念，"发誓""许诺"表现的是承诺的意愿，"赔礼道歉"表现的是愧歉，"发号施令"表现的是命令。

表 5.9 塞尔的言语行为分类标准（Searle's Criteria of Speech Acts Classification）

语力/语势 Illocutionary point	某种言语行为的通常目标
	发话人之于听话人而言的言语目的和意图
适从指向 Direction of fit	词语与世界的关系（the words and the world）
	命题信息内容与真实世界的关系
心理状态表达 Expressed Psychological state	针对命题信息内容（propositional content）
	说话者的态度或心理状态（attitude or psychological state）
	态度表达或心理状态显示
	与真诚条件一致（consistent with the sincerity condition）

塞尔还将言外行为分为5类，分别为阐述类、指令类、承诺类、表达类和宣告类，如表5.10所示。需要注意的是，不同类型的言外行为具有不同的语旨（言外行为的要旨或目的）。例如"命令请求"和"承诺发誓"的要旨，前者是发号施令，要听话人去执行某种行为；而后者则是发誓许诺，自己去施行某种行为。此外，每一种类型的行为都有同样的目的，但具有同样目的的言外行为却可能具有不同程度的言外之力，即语力。例如"建议"和"坚持"，两者的要旨所表现的力量或强度显然是有区别的。

表 5.10 言语行为类型（Searle, 1969）

言外行为类型	言外之力	适配方向	心理状态	典型动词
阐述类 Assertives Representatives	声明断言	语词适配外部世界	信念 belief	assert、state swear、guess hypothesize
指令类 Directives	发号施令	世界适配语词	期许 wish	request、advise、order、demand
承诺类 Commissives	许诺承担		意图 intention	promise、vow undertake
表达类 Expressives	表情达意	语词适配心理世界	心理感知 Psychological feelings	apologize、thank、regret
宣告类 Declarations	权威宣布	语词改变世界	指令 directions	name、declare appoint

5.4.4 间接言语行为（Indirect Speech Acts, ISA）

人们在日常交谈中往往不会开宗明义、直抒己见（in an explicit and straightforward

manner），而常常闪烁其词、拐弯抹角（in an implicit, roundabout way, i.e. beat around the bush），这便产生了"间接言语行为"。间接言语行为分类如图 5.2 所示。正如毕飞宇在《推拿》中写的"恋人之间的语言不是语言，是语气，语气不是别的，是弦外之音"，生活交际中，人们抑或单刀直入、开宗明义，抑或欲言又止、闪烁其词，抑或据理力争、唇枪舌剑，又抑或目使颐令、颐指气使。迂回曲折中蕴深意，旁敲侧击中见实情。网友戏言，"鱼香肉丝中没有鱼，老婆饼中没有老婆，夫妻肺片没有夫妻，雷峰塔中没有雷锋……"。《权力的游戏》中雪诺和龙妈丹妮莉丝·坦格利安姑侄初次会面时，两人头衔的介绍便凸显出彼此当时的境遇，两人的身份悬殊亦是一目了然。龙妈的出场可谓气宇轩昂、霸气十足，"You stand in the presence of Daenerys Stormborn, of House Targaryen, rightful heir to the Iron Throne, rightful Queen of the Andals and the First Men, Protector of the Seven Kingdoms, the Mother of Dragons, the Khaleesi of the great Grass Sea, the Unburnt, the Breaker of Chains."。而雪诺的介绍则是寥寥数语，"This is John Snow."。这些蕴意都需要听者反复揣摩其中滋味，推理判断既要合乎情理又要审时度势，如若像例 5-3 中那样止步于表层含义，不仅不能心领神会，还可能节外生枝。

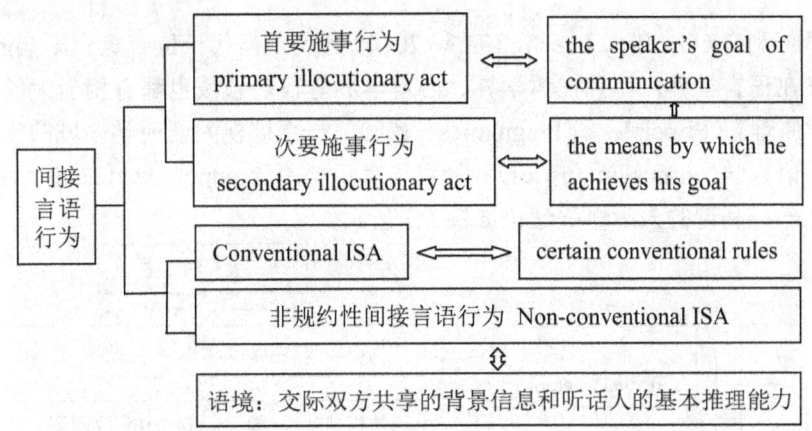

图 5.2　间接语言行为分类（Classification of Indirect Speech Act）

例 5-3

A wife, being the romantic sort, sent her husband a text: If you are sleeping, send me your dreams. If you are laughing, send me your smile. If you are eating, send me a bite. If you are drinking, send me a sip. If you are crying, send me your tears. I love you!

The husband, typically non-romantic, replied: I am on the toilet. Please advise...

诺贝尔奖获得者、英国作家威廉·戈尔丁曾说："I think women are foolish to pretend they are equal to men, they are far superior and always have been. Whatever you give a woman, she will make greater. If you give her sperm, she'll give you a baby. If you give her a house, she'll give you a home. If you give her groceries, she'll give you a meal. If you give her a smile, she'll give you her heart. She multiplies and enlarges what is given to her. So, if you give her any crap, be ready to receive a ton of shit!" 这段话寓言深刻，凸显了女性的特质，可谓精彩绝伦。

表 5.11 表现了不同句子的"言外之力"。

表 5.11 句子类型及其对应的"言外之力"（Sentence Types and Illocutionary Forces）

句子类型	陈述句 Declarative	疑问句 Interrogative	祈使句 Imperative
言外之力	stating/asserting	questioning/asking/seeking	ordering/requesting/directing

例 5-4

A. *Listen to the teacher.*　　B. *Can you pass the salt?*

A could be interpreted as "I (hereby) order you to listen to the teacher." Accordingly, its sentence type (imperative) corresponds with the illocutionary force (ordering), which indicates A could be characterized as direct speech act. On the contrary, B could be categorized as indirect speech act since its sentence type (interrogative) is not in tune with the corresponding illocutionary force (requesting).

5.5 人际修辞（Interpersonal Rhetoric）

杰弗里·利奇（Geoffrey Leech，1936—2014）是英国当代一位有重大影响的语言学家，其学说不仅在语言学界，而且在哲学界、心理学界等很多领域也都有相当大的影响。其杰作《语用学原理》（Principles of Pragmatics，1983）一直被视为语用学领域的宝典。同时他还是语料库语言学（corpus linguistics）和计算语言语料库（computerized datasets of language）的创始人之一。利奇的人际修辞理论如图 5.3 所示。

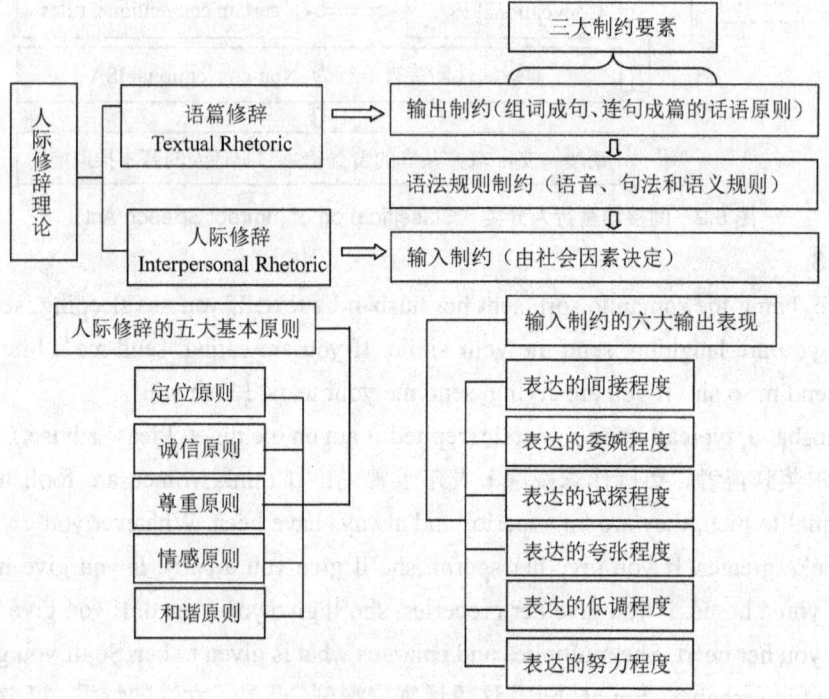

图 5.3　利奇人际修辞理论

美国社会语言学家莱考夫（Robin Lakoff）指出人类交流中存在着两个基本策略：一是"清晰"（clarity），二是"友好"（rapport）。清晰原则后被格赖斯（Grice）发展为合作原则，友好原则则被莱考夫拓展为礼貌原则，如图 5.4 所示。

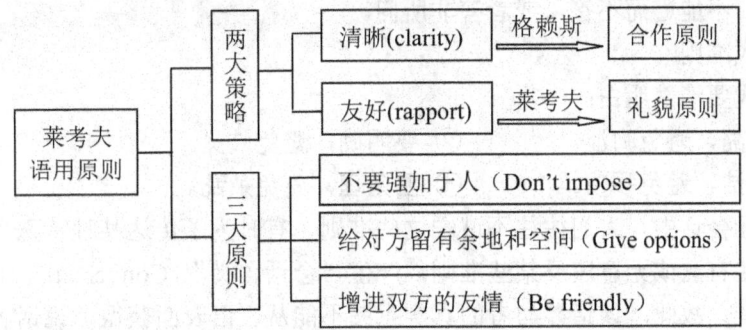

图 5.4　语用原则发展（Development of Pragmatic Principles）

利奇的人际修辞原则如表 5.12 所示。

表 5.12　利奇的人际修辞原则（1983）

合作原则（CP）Cooperative Principle	适量原则 Maxim of Quantity	真实原则 Maxim of Quality
	关联原则 Maxim of Relation	方式原则 Maxim of Manner
礼貌原则（PP）Politeness Principle	得体准则 Tact Maxim	慷慨准则 Generosity Maxim
	赞誉准则 Approbation Maxim	谦逊准则 Modesty Maxim
	一致准则 Agreement Maxim	同情准则 Sympathy Maxim
高阶原则 Higher-order Principles	反语/讥讽原则 Irony Principle	调侃/玩笑原则 Banter Principle
	兴趣原则 Interest Principle	盲目乐观原则 Pollyanna Principle

5.6 合作原则（The Cooperative Principle）

5.6.1 合作原则及会话含义（Conversational Implicature）

合作原则是美国语言哲学家格赖斯（H. P. Grice）于 1967 年在哈佛大学的演讲中首次提出来的，它是"会话含义"的推导依据，是语用学的核心内容。格赖斯在其著作《逻辑与会话》（*Logic and Conversation*, 1975）中认为人们在日常生活交际过程中，为了保证会话的顺利进行，言语双方都必须共同遵循中某些无形的规则，每一个话语参与者在交谈过程中的言语都要符合交谈的目标和方向。格赖斯在合作原则下分别阐释了四个范畴，每个范畴又包括一些次准则。

（1）数量准则（适量准则）
① 提供的信息量要达到满足当前交流目的需要的详尽程度。
② 提供的信息量不能比当前交流需要的信息量更详尽，即所说的话不多不少，既不使人感到信息量不足，又不使人感到重复啰唆。

（2）质量准则（真实准则）
① 不要说自知不真实的话。　② 不要说缺乏足够证据的话。
（3）关系准则（关联准则）
要切题，不能避而不答，或者答非所问。
（4）方式准则
表达方式要清楚明白：
① 要显豁，避免晦涩。　　② 要明确，避免歧义。
③ 要简洁，避免啰唆。　　④ 要条理，避免杂乱。

但在实际会话中，人们往往不遵守这些准则，有时为了传达某种特殊含义或取得某种特殊效果往往有意或无意违反某些准则，产生"会话含义"（Conversational Implicature），传递弦外之音。故此，谈话参与者的真实意图不能从言语表面获得，说话者故意使用隐性表述，即违背上述四项会话合作原则。受话者必须根据语用原则和认知语境才能推理出潜在语意。格赖斯把这种通过表面上故意违反"合作原则"而产生的言外之意称为"特殊会话含义"。"特殊会话含义"解释了听话人是如何透过说话人话语的表面含义而理解其言外之意的，其典型范例莫属描写雪但不带"雪"字的诗句了。如下：

① 忽如一夜春风来，千树万树梨花开。（岑参《白雪歌送武判官归京》）
② 琼林瑶树忽珊珊，急带西风下晚天。
　皓鹤褵褷飞不辨，玉山重叠冻相连。（韦庄《对雪献薛常侍》）
③ 紫禁仙舆诘旦来，青旂遥倚望春台。
　不知庭霰今朝落，疑是林花昨夜开。（宋之问《苑中遇雪应制》）
④ 旋扑珠帘过粉墙，轻于柳絮重于霜。
　已随江令夸琼树，又入卢家妒玉堂。（李商隐《对雪二首》）
⑤ 五丁仗剑决云霓，直取银河下帝畿。
　战死玉龙三十万，败鳞风卷满天飞。（张元《雪》）
⑥ 策蹇清吟涉若耶，灞桥犹恨近京华。
　山前千顷谁种玉？座上六时天散花。（陆游《冲雪至余庆觉林雪连日不止》）

下例是伏尔泰所写的一段话，其中寥寥数语便将外交家和女人的说话艺术描述得淋漓尽致，可谓题意新颖、寓意深刻。

例 5-5

When a diplomat say "yes", he means "perhaps";
when he says "perhaps", he means "no";
and when he says "no", he is no diplomat.
When a lady says "no", she means "perhaps";
when she says "perhaps", she means "yes";
and when she says "yes", she is no lady.

下例绘声绘色地描写了女人的小心思，使之呼之欲出、跃然纸上。

例 5-6 《爱情公寓》中关谷和小雪的对话

关谷：	小雪：
亲爱的，我们今天吃什么？	随便。
那我们吃火锅吧？	不行，吃火锅脸上要长痘痘的。
那你说要吃什么？	随便。
那我们先不吃东西了，我们干点别的事情。	都行。
那我们看电影吧？很久没看电影了。	电影有什么好看的呀，耽搁时间。
那你到底要怎么样？	都行。
那我们干脆回家吧。	看你。
我们坐公车，我送你。	公车又脏又挤，还是算了。
那你到底想怎么样嘛？	看你。
那先吃饭。	随便。
吃什么？	都行。

下例中，鲁迅先生意欲讽刺那种麻木不仁、圆滑世故的好好先生，就语用原则违背视角分析，这例也不失为绝佳语料。

例 5-7 《立论》

"一家人家生了一个男孩，合家高兴透顶了。满月的时候，抱出来给客人看，大概自然是想得一点好兆头。一个说：'这孩子将来要发财的。'他于是得到一番感谢。一个说：'这孩子将来要做官的。'他于是收回几句恭维。一个说：'这孩子将来是要死的。'他于是得到一顿大家合力的痛打。"

"说要死的必然，说富贵的说谎。但说谎的得好报，说必然的遭打。你……"

"我愿意既不说谎，也不遭打。那么，老师，我得怎么说呢？"

"那么，你得说：'啊呀！这孩子呵！您瞧！多么……。阿唷！哈哈！Hehe！He, hehehehe！'"

下例中，小学生的诗可谓童真童趣、感人至深。

例 5-8 《秘密》（万亦含）

"妈妈说我是捡来的/我笑了笑/我不想说出一个秘密/——怕妈妈伤心

我知道/爸爸姓万/哥哥姓万/我也姓万/只有妈妈姓姜

谁是捡来的/不说你也明白/嘘 我会把这个秘密永远藏在心中"

下面两则数学诗可谓独辟蹊径、构思新颖。

例 5-9

民间传说，乾隆七十五岁寿诞时，摆"千叟宴"，邀集千名古稀老人同庆，其中最长寿星已一百四十一岁。为此，乾隆与纪晓岚君臣共对楹联，传为佳话。

乾隆上联：花甲重开，外加三七岁月。（60×2+21=141）

纪晓岚下联：古稀双庆，内多一个春秋。（70×2+1=141）

例 5-10

明代广东才子伦文叙题咏《百鸟归巢图》

天生一只又一只，三四五六七八只。凤凰何少鸟何多，啄尽人间千万石。

第一句，用加法计算，有鸟 2 只。第二句，用乘法和加法计算，有鸟 98 只（3×4=12，5×6=30，7×8=56，三者相加得 98）。两句合起来刚好是一百只，正切合"百鸟"的图意，确实妙不可言！

下例中，题文文笔简练，但奇趣精巧，饶有风趣，颇让人回味。

例 5-11　蔡邕题文

辽宁博物馆收藏的《孝女曹娥碑》（王羲之所书）绢本手迹记录："汉议郎蔡雍（古作）闻之来观，夜手摸其文而读之，雍题文云：'黄绢幼妇，外孙齑臼。'"《世说新语·捷语》中对蔡邕八字隐语进行了解释："魏武尝过曹娥碑下，杨修从，碑背上见题作'黄绢幼妇，外孙臼'八字。魏武谓修曰：'解不？'答曰：'解。'魏武曰：'卿未可言，待我思之。'行三十里，魏武乃曰：'吾已得。'"令修别记所知。修曰：'黄绢，色丝也，于字为绝；幼妇，少女也，于字为妙；外孙，女子也，于字为好；臼，受辛也，于字为辞（'辞'同'辤'）"，所谓绝妙好辞也。'魏武亦记之，与修同。乃叹曰：'我才不见卿，乃觉三十里。'"

"合作原则"的重要性并不在原则本身及对其的严格遵守，而在于违反它所造成的特殊语言效果，在遵守合作原则大总则基础上故意违反某项准则，暂时刻意违背相应语域的常规特征，平淡中显神奇，荒唐中现合理，以新奇突兀的语用偏离体现语言的幽默睿智，超越听者的心理期待，彰显幽默效应，增强语言感染力。

5.6.2　合作原则及其准则的违背（Violation of CP and Its Maxims）

（1）违背真实原则（Violation of the Maxim of Quantity）

① 信息量不足

违背此条准则最典型的示例是"同义反复"（tautology），表面上似乎信息缺失，实则是将信息蕴含其中，说者旁敲侧击，听者心照不宣。《甄嬛传》中有这么一段情节，灵犀公主看到两位小姐姐在互相追逐玩闹，便拍着小手喊道："姐姐追着姐姐。"甄嬛瞬间被惊醒，忆起安陵容临终最后一句话："皇后杀了皇后。"顿悟其中关窍，原来安陵容是在透露当今皇后杀死了纯元皇后。

下例的对话出自《藏头诗》，是唐代史官记录道士李淳风与唐太宗李世民口头交谈的一段推测国运的谶语诗作。显然李淳风惜字如金，似是有难言之隐，实则是不愿透露更重要的机密信息。

例 5-12　唐贞观七年，李淳风陪同太宗在大兴宫中散步。

太宗曰："朕之天下，今稍定矣。卿深明易理，不知何人始丧我国家？以及我朝之后，登极者何人？得传者何代？卿为朕历历言之。"

淳风曰："欲知将来，当观已往，得贤者治，失贤者丧。此万世不易之道也。"

太宗曰："朕所问者，非此之谓也。欲卿以术数之学，推我朝得享几许年？至何人乱我国家？何人亡我国家？何人得我国家？以及代代相传。朕欲预知之耳。"

淳风曰："此乃天机，臣不敢泄！"

太宗曰："言出卿口，入朕之耳，惟卿与朕言之，他人皆不能知也。卿必为朕言之！"

淳风曰："臣不敢泄漏。"

太宗曰："卿若不言，亦不强，试随朕入禁宫。"

下例中，达斯廷本来试图故意缺失关键信息以维护自己男子汉形象，而会话含义却将其懦弱惧内的性情展露无遗。虽然短小简洁，但却言近旨远。

例 5-13

Gary: How was your fight with your wife?

Dustin: She came crawling to me on her hands and knees.

Gary: Is that so? What did she say to you?

Dustin: She said, "Come out from under the bed and fight like a man!"

下例是地铁站告诫人们"等车时请站立在黄线之外"的警示语。"Don't become a Statistic"直译为"不要让自己成为统计数据中的一员"，意译为"不要成为下一个受害者"。全文简短精练，却意义深远。

例 5-14 地铁警示语

> Don't become a Statistic
> 146 people were struck by trains in 2011, 47 were killed.
> Standing at the platform edge is dangerous.
> Be Safe. Be Smart. Stand back.

② 信息量过多

下例中，《爱情公寓》中的这位大师兄啰里啰唆、喋喋不休，表面看似信息冗余过量，实际上将其人沉闷无趣、刻板乏味的性格展露无遗。

例 5-15 《爱情公寓》经典台词

大师兄：严格来说，我还对以下食品过敏，辣子肉拌面、蘑菇肉拌面、碎肉拌面、炮仗面，还有干拌面，还有囊包肉拌面……

美嘉：总的来说，就是对所有的面条都过敏。

大师兄：有趣的是并非如此，还有很多面条我很喜欢吃，比如说红烧牛肉面、老鸭粉丝面，还有梅菜扣肉面，还有咸菜肉丝面，还有清炖鸡汤面，还有……刀削面，还有腊肉冬笋面，还有……

例 5-16 2014年中国球迷大数据分析"冰岛的足球环境"

冰岛全部人口334319，减掉女人170503、男人18岁以下的40122、男人35岁以上的85670、太胖的24775、捕鲸来不了的788、监视火山走不开的321、剪羊毛（正是旺季）的2856、坐班的银行经理们23、一条腿的189、失明的265、球场看球的球迷8781，再减掉队医、厨师、按摩师3人和教练1人，就剩23人了，居然已经欧洲杯小组出线了！

（2）违背适量原则（Violation of the Maxim of Quality）

① 话语不真实

最典型的刻意违背适量原则的例子是"哑巴对聋子说瞎子看见鬼了"。修辞上的反语、夸张、隐喻等也通过违反适量原则来传达言外之意，以求得一种特殊的表达效果。下例中更是巧妙运用反语，故意说自知虚假同时公众也认为虚假的话来凸显荒谬、不真实的场景，可以造成强烈的前后矛盾，把幽默气氛推向高潮。

例 5-17 乞丐的钱包被傻子偷了，瞎子看见了，哑巴大吼一声，聋子吓了一跳，驼子挺身而出，跛子飞起一脚，通缉犯要拉他去公安局，麻子说看在我的面子上算了吧。

② 话语缺乏证据

下例中，离奇夸大的关联推理显然缺乏足够证据，最终言之无理、言出无据，令人捧腹却又发人深思。

例 5-18

Teacher: How old is your father?　　Kid: He is 6 years.

Teacher: What? How is this possible?　　Kid: He became father only when I was born.

例 5-19

A: Are you crying?　　B: No, I'm having an allergic reaction.

A: To what?　　B: To life.

例 5-20

George Bernard Shaw: The coined word "Ghoti" (a word that doesn't actually exist) has the pronunciation analogous to that of "Fish". Since you pronounce the "Gh" as [f] (as in rough), the "o" as [i] (as in women), and the "ti" as [ʃ] (as in nation, action, etc).

下例中，答话人可谓语出惊人，颇为幽默和机敏。对话中的人物言语设计有悖于情理，产生"谬"之幽默，让听者在虚构的、不真实的荒诞推理关联中心领神会。

例 5-21

A. I am very busy doing things I don't need to do in order to avoid doing anything I'm actually supposed to be doing.

B. My goal for 2018 is to accomplish the goals of 2017 which I should have done in 2016 because I made a promise in 2015 and planned in 2014.

下例《欢乐颂》的台词中，自诩对西餐颇有研究的舒展本欲炫耀才学，却弄巧成拙将 fresh（新鲜的）错念为 flash（一种动画文件格式），令人捧腹之余，惺惺作态之势也是显露无遗。难怪有人打趣说，食材确实是需要 FLASH 格式的，不要 MP4 的，也不要 RMVB 的，更不要 AVI 的。例 5-23 中的幽默也有异曲同工之妙。

例 5-22

舒展：我们的前菜就要 White anchovies、Roma horse (hours) and crispy ham！Roma horse 一定要 flash。我个人对食材的要求很严格，食材必须 flash。

例 5-23

A: Are you mail or femail?

B: No, I am E-mail or G-mail.

例 5-24

A: Beirut is in Peru, isn't it?

B: And Rome is in Romania, I suppose.

贝鲁特（Beirut）是黎巴嫩首都，位于黎巴嫩海岸线中部突出的海岬上，面向地中海，背靠黎巴嫩山脉,是地中海东岸最大港口城市。秘鲁(Peru)是南美洲西部的一个国家。两个单词虽然发音相似,但在地理位置上却没有任何关联。A 张冠李戴,将黎巴嫩首都贝鲁特说成秘鲁首都,B 则是如法炮制,将罗马说成是罗马尼亚首都,可谓妙趣横生。

无独有偶,相声《要条件》中"罗马表"和"罗马尼亚"也是"风马牛不相及"的。但这种亦庄亦谐的幽默也令人耳目一新。

例 5-25 《要条件》

魏文亮:……起初找他(未婚夫)要的是西马表,他没给我买,给我买的是罗马表……后来他骗我说,带罗马表有意义,目前咱们国家跟罗马尼亚关系这么好,带块罗马表,不也表示表示吗?

(3)违背关联原则(Violation of the Maxim of Relation)

交际活动中,有时人们会故意违背关联准则,偏离话题或前言不搭后语,从而形成会话寓意。在电视节目《艾伦秀》中,艾伦一本正经地回答小学生提问,但却答非所问,横生枝节,使下文与上文发生错位,听众则心领神会,幽默自是不言而喻。

例 5-26

Primary school student: In algebra, they always give us an equation like "y=3/5x+7" and ask us to find "x". I circle the "x" and write it's WRITE there. I always get the question wrong though and was wondering why.

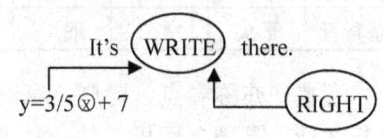

Ellen: What you are doing wrong is obvious. You are writing the "WRITE" wrong. You are supposed to spell it "RIGHT".

下例中,服务生虽说是强词夺理,但他的机智应对着实令人哭笑不得。

例 5-27

Customer: What is this fly doing in my soup?

Waiter: It looks like he's doing the backstroke.

(4)违背方式原则(Violation of the Maxim of Manner)

① 不显豁,太晦涩

有些表述表面貌似隐晦曲折,话语模糊不清、含糊其词;实则蕴含深意、妙趣横生,令人击节称赏。《水浒传》第 61 回"吴用智赚玉麒麟"描写了"智多星"吴用巧借"嵌字句首诗"智得"河北玉麒麟"卢俊义的故事。吴用扮成一个算命先生,利用卢俊义正为躲避"血光之灾"的惶恐心里,口占四句卦歌,并让他端书在家宅的墙壁上。吴用在这四句卦歌里,巧妙地把"卢俊义反"四个字暗嵌于四句之首。这四句诗果然被官府作为证据,大兴问罪之师,到处捉拿卢俊义,终于把他逼上梁山。这四句诗是:"芦花丛中一扁舟,俊杰俄从此地游。义士若能知此理,反躬难逃可无忧。"

数字暗语是常见的一种违背方式,又称"暗码"或"暗切头",仔细研读可发现其中趣味无穷。各行业数字切口如表 5.13 所示。

表 5.13　旧时江湖各行业的数字切口

行业	一	二	三	四	五	六	七	八	九	十
江湖	留	越	汪	则	中	仁	信	张	爱	足
五金行	棕	红	橙	黄	绿	蓝	紫	灰	白	黑
挑脚	挖	竺	春	罗	悟	交	化	翻	旭	田
古董行	由	申	人	工	大	天	王	井	羊	非
解放军	幺	两	三	四	五	六	拐	八	勾	洞
南货业	吉	如	甘	利	古	竹	兴	法	有	王
估衣行	天	安	搜	梢	威	料	敲	奔	角	勺
粮米行	旦底	空工	横川	卧目	缺丑	断大	皂底	分头	丸空	田心
当铺	道	眼镜	炉腿	叉子	一握	羊角	锓子	扒勾	钩子	双拳
算卦	流寅	月卯	汪辰	执巳	中马	人未	卯辛	朔酉	受戌	流执
邮信局	横杠	重头	堆头	天平	歪身	平肩	差肩	拖开	勾老	满头
草药行	谦	熏	项丁	孝郎	尺郎	局郎	仙郎	少郎	欠郎	药花
青菜行	老一	如毫	荣丁	方字	折浪	笳浪	仙浪	扫浪	千浪	药花
杂货行	平头	空工	眠川	睡目	缺丑	断大	皂底	分头	未丸	田心

　　春典，亦称春点、唇典、隐语、行话、市语、方语、切口、黑话等，流行于全国各地、各行各业，是覆盖面极广的一种通用隐语，是旧时江湖人群体内部出于不同文化习俗与交际需要而创造的遁辞隐义、谲譬指事的一种特殊的社会方言。为什么叫"春典"这个奇怪的名字呢？因为最早的江湖话，分为南北两个流派，南方的被称为"春"，北方的被叫作"典"。"南春"和"北典"各不相同，所以南北两派之间没法沟通。后来经几辈江湖首领的努力，才将"南春"和"北典"统一起来，合在一起就称为"春典"。电影《智取威虎山》中杨子荣和座山雕的那段见面对话"天王盖地虎，宝塔镇河妖"就是典型的春典。可见，春典不仅形象生动、言简意赅，而且概念清晰，毫不含糊。如果用一般语言来描述，不但言语啰唆说不清楚，还容易泄露行业机密。"春典"保密性极强，除了江湖中人和少数专家学者之外，一般外行人听来却是云山雾罩、一头雾水。老一代武林前辈对江湖春典极其珍视，不肯轻传，有"能送一锭金，不吐半句春"之谚。

　　五金行业用十种颜色来表示数字暗码，可谓别出机杼、与众不同。挑脚、抬轿的数字暗码是藏在每个字里面的，如"挖"字里藏着一个"乙"字就是数字"一"，"春"字里面藏着数字"三"，"旭"字里面藏着数字"九"，以此类推。粮米行的数字暗码亦是独特，或者借用一个字的笔画，或者通过对某一个字的加工，巧妙地构成一个数字的独特暗码。例如，"一"便是取"旦"字底下的一横，"二"只需要去掉"工"字中间的一竖，"三"是将"川"字横过来……"十"则是取"田"字的中心。杂货行的数字暗语与粮米行异曲同工。古董行的数字暗码更是别具匠心、不落窠臼，是以每一个字上下左右露出笔画的头多少来表示数字的。"由"字上面仅仅露出一个头即为"一"，"申"字上下露出两个头便为"二"，"羊"字上下左右露出九个头就为"九"，"非"字上下左右共露出十个头则为"十"。首饰行的数字暗码最为独辟蹊径、标新立异，如表 5.14 所示。

表 5.14 首饰行数字暗码解读

数字	暗语	解读
一	天	天最大
二	地	地次之
三	光	三光（日月星）
四	时	四季（春夏秋冬）
五	音	五音（宫、商、角、徵、羽）
六	律	六器（黄钟、土簇、姑洗、蕤宾、夷则、无射）
七	政	七曜（日、月、水、火、木、金、土）
八	宝	八宝（多年生肉质草本植物"八宝景天"）
九	畿	九畿（侯、甸、男、采、卫、蛮、夷、镇、藩）
十	重	取重复之意，即一的重复数，九加一为十

② 不明确，有歧义

汉语中的歧义可谓新颖独到又耐人寻味。例 5-29 和表 5.15 是巧用谐音产生歧义的典型范例。

例 5-28
- 冬天，能穿多少就穿多少；夏天，能穿多少就穿多少。
- "剩女"产生的两个原因：一是谁都看不上；二是谁都看不上。
- 单身的原因：原来是喜欢一个人，现在是喜欢一个人。
- 女孩给男朋友打电话："如果你到了，我还没到，你就等着吧。如果我到了，你还没到，你就等着吧。"

例 5-29

《三国演义》中刘备在当阳一败涂地，无力对抗曹操 83 万大军，诸葛亮过江东连吴抗曹。是时，周瑜为东吴关键人物。为激将周瑜，促成孙刘联盟，诸葛亮智激周郎。孔明说："操曾誓曰：'吾一愿扫平四海，以成帝业；二愿得江南二乔，置之铜雀台，以乐晚年，虽死无恨矣。'"瑜说："操欲得二乔，有何证验？"孔明便诵《铜雀台赋》，把原赋"连二桥于东西兮，若长空之蝃"改为"揽'二乔'于东南兮，乐朝夕之与共"。周瑜大发雷霆、拍案而起，誓与操背水一战。孔明易此二句，偷梁换柱，借用同音戏谑周瑜，攻坚联盟，可见其激词之妙。

表 5.15 用"luo bo"巧对楹联

上联	下联	解释
羊肉	萝卜	羊肉配萝卜
绸缎	罗帛	绫罗、丝罗之罗，布帛之帛
钟鼓	锣钹	锣鼓之锣，铙钹之钹
岱岳	罗泊	罗泊湖
陈述	逻白（luo bo）	逻辑之逻，道白（bo）之白
岳飞	罗卜	京剧《目莲生救母》中的孝子目莲生俗名傅罗卜

③ 不简洁，太啰唆

语言交谈应该言简意赅且逻辑性强，但实际交谈中往往会故意冗繁赘述，说话拐弯抹角、拖泥带水。比如，"我只在乎你是否和我在乎你一样在乎我"，如果将"我"替换为"在乎你的我"，"你"替换为"我在乎的你"，便生成"在乎你的我只是我在乎的你是否和在乎你的我在乎我在乎的你一样在乎在乎你的我"，确实拖沓繁杂、堆砌冗长。

虽然有时候拖沓冗长貌似节外生枝、突兀荒诞，但在现实生活中这种啰唆关心却更暖人心扉。例如，将 WC 巧妙设计为 WelCome，远观标识一目了然，近看会心一笑之余也是温情脉脉；将 father 嵌入 faithFul、exAmple、trusTworthy、teacHer、leadEr、protectoR 亦是独具匠心、深情款款。下例中的绝妙设计同样别具一格、鼓舞人心。

例 5-30

If you FAIL, never give up because FAIL means FIRST ATTEMPT IN LEARNING.
END is not the end. In fact, END means EFFORT NEVER DIES.
If you get NO as an answer, remember NO means NEXT OPPORTUNITY.
Be positive in 2019.

下例中演讲人含糊啰唆、忸怩作态，但其明哲保身、独善其身、无所作为的形象亦活灵活现地跃然纸上。

例 5-31 伊万《听同义反复万无一失的演说》

同志们，对于我们的工作，我们一定要肯定那些应该肯定的东西，同时一定要否定那些应该否定的东西。我们不能只知道肯定应该肯定的，却不去否定应该否定的；也不能只去否定应该否定的，却忘记了去肯定应该肯定的；更不能去肯定应该否定的，而否定应该肯定的。

下例貌似烦琐啰唆，实则言语犀利、入木三分。

例 5-32

我们知道他们在说谎，他们自己也知道自己说谎，他们也知道我们知道他们在说谎，我们也知道他们知道我们知道他们说谎，他们知道我们也知道他们知道我们知道他们说谎，但是他们依然在说谎。

④ 不条理，太杂乱

杂体诗词话语表述貌似杂乱无章、缺乏条理，实则新颖别致、独具匠心，朴实含蓄尽显深邃内涵。

在中国的旧文体中，除了常见的诗、词、曲以外，还存在大量排列奇巧、独具匠心的另类诗歌——杂体诗词。具有代表性的有：回环（文）诗、剥皮诗、隐括诗、离合诗、宝塔诗、字谜诗、辘轳诗、八音歌诗、藏头诗、打油诗、诙谐诗、集句诗、联句诗、百年诗、嵌字句首诗、绝弦体诗、神智体诗等近 40 多种。这些杂体诗虽然不同程度带些许游戏色彩，但其风格迥异、独成一体，彰显了中华博大精深的语言魅力，深受人们的喜爱而流传至今。湖南桃源县古桃花源洞旁，遇仙桥头石碑上有一首半顶真螺旋修辞格的奇妙诗文，全诗的格律平仄都很严谨，但若按一般诗句顺序诵读，却是文辞艰涩、拗口难读、佶屈聱牙。此诗其实是一首七言八句的螺旋诗，是"盘中诗"（接字连环诗）的衍化，也是一首"半字顶真体"的离合诗。诵读时,须从圆心的"牛"字开始,顺时针由里向外旋转扩读、回还往复;同时,上句末一字与下句头一字重复,但下句头一字(复合繁体字)只取上句末一字的一半,即"期、诗、響("响"的繁体字)、移、观、机"等尾字中,分别取"月、寺、音、多、见、几"作为下一句的首字。故此,四十九字的碑文可以连缀为一首绝妙的五十六字七言律诗。如图5.5、表5.16所示。

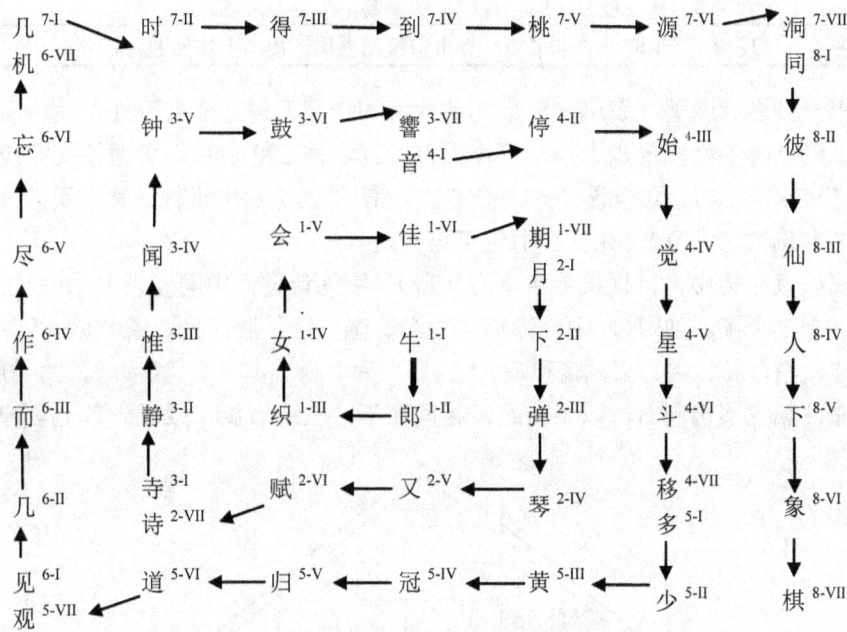

图 5.5　半顶真螺旋诗《题遇仙桥》诵读方法演示

1—8 表示全诗中的句子顺序,I—VII 表示按照顺时针方向读诗的顺序。

表 5.16　半顶真螺旋诗《题遇仙桥》

繁体字	简体字	
桃花源碑文	四十九字碑文	五十六字七言律诗
機時得到桃源洞	机时得到桃源洞	牛郎织女会佳期,月下弹琴又赋诗。
忘鍾鼓響停始彼	忘钟鼓响停始彼	寺静惟闻钟鼓响,音停始觉星斗移。
盡聞會佳期覺仙	尽闻会佳期觉仙	多少黄冠归道观,见几而作尽忘机。
作惟女牛下星人	作惟女牛下星人	几时得到桃源洞,同彼仙人下象棋。
而靜織郎彈斗下	而静织郎弹斗下	
幾詩賦又琴移象	几诗赋又琴移象	
觀道歸冠黃少棋	观道归冠黄少棋	

辘轳体诗,顾名思义是像辘轳一样旋转诵读,继而得到衔头接尾格的诗。当代诗人、书画家单人耘写下了寥寥13字,却是妙藏玄机,诗句回旋绵延,可成诗6首。如表5.17所示。

表 5.17　辘轳体诗诵读六法（单人耘）

诵读一法	七言	一痕秋月曲如钩，月曲如钩上画楼。钩上画楼帘半卷，楼帘半卷一痕秋。
诵读二法	五言	秋月曲如钩，如钩上画楼。画楼帘半卷，半卷一痕秋。
诵读三法	四言	月曲如钩，钩上画楼。楼帘半卷，卷一痕秋。
诵读四法	三言	月，曲如钩，上画楼，帘半卷，一痕秋。
诵读五法	十六字令	秋，月曲如钩上画楼。帘半卷，半卷一痕秋。
诵读六法	反读	秋痕一卷半帘楼，卷半帘楼画上钩，楼画上钩如曲月，秋！

中国第一部图诗专著《璇玑碎锦》为清代诗词作家万树（亦名万红友）所著，共收镜状、菱状、碑状等各种图形六十幅，可读得诗、词、曲 290 余首，可谓图文并茂、妙趣横生。《璇玑碎锦（李旸）》乃李旸"仿红友先生之作"，也是别出机杼。其中奥妙玄机，从图 5.6、图 5.7 节选的《咏月》《咏日》中便可见一斑。

这种离合联边诗中，以顶端首字"月（日）"字为诗题，中间竖行七个"月（日）"为邻字偏旁，分书合读。《咏月》中合读七字为湖、朣、明、朓、期、朦和朗；《咏日》中合读七字为旭、曙、昶、曜、驲、晴和晚（"兔日"为"晚"本字）。诵读时，第一层横向右，第二层向左，第三层仍向右，以下仿之，相间而下，左绕右旋，成了一首七言律诗。

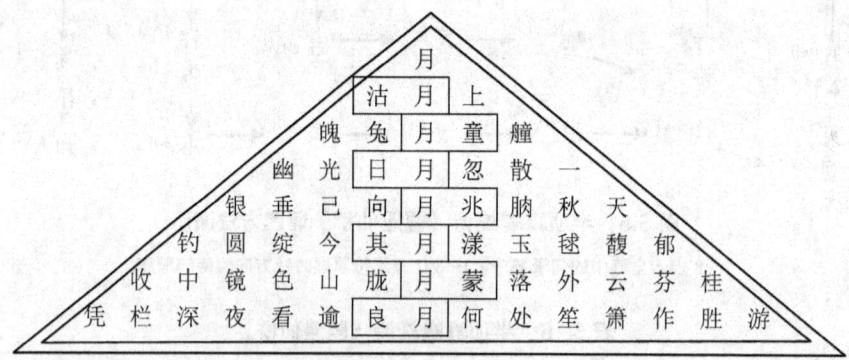

图 5.6　《咏月》（万树）

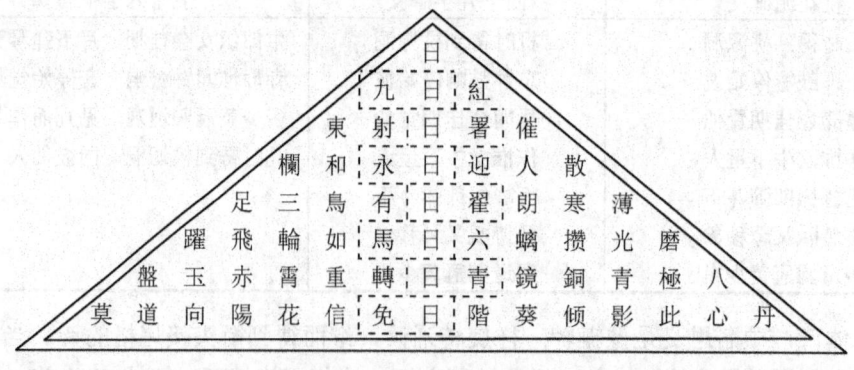

图 5.7　《咏日》（李旸）

《咏月》(万树)　　　　　　　　　《咏日》(李旸)
湖上疃疃兔魄幽，光明忽散一天秋。　　旭红催曙射东栏，和昶迎人散薄寒。
朒朓向已垂银钩，圆绽今期漾玉毬。　　朗曜有乌三足跃，飞轮如驲六螭攒。
馥郁桂芬云外落，朦胧山色镜中收。　　光磨八极青铜镜，晴转重宵赤玉盘。
凭栏深夜看逾朗，何处笙箫作胜游。　　莫道向阳花信晚，阶葵倾影此心丹。

5.6.3 言外之意的特征 (Characteristics of Implicature)

"言外之意"的特征主要表现为以下四个方面。第一，可计算性 (Calculability)。"言外之意"可以结合字面含义 (literal meaning) 并依据合作原则及其相关准则加以推导计算。第二，非可分离性 (Non-detachability)。"言外之意"是依据语义内容 (semantic content) 和语境信息推导得出的，并不依附于话语形式 (the linguistic form) 本身，换言之，如果话语出现同义替换，其"言外之意"并不会随之变化或消失。第三，非规约性 (Non-conventionality)。"言外之意"具有语境依赖性 (context-dependent)，并不是话语的规约含义。第四，可删除性 (Cancellability/Defeasibility)。"言外之意"会依据语言或情景语境 (the linguistic or situational contexts) 而改变、取消或删除。

5.7 礼貌原则 (Politeness)

5.7.1 "礼貌"的语用界定 (Identification of Politeness)

对"礼貌"的界定可以归纳为五种：

① 礼貌是人们在现实交际中的一种目的。心理学视角下的"礼貌"与说话人的个人动机和心理状态有关，是对他人表示"友好"的意愿。人们在说话过程中运用礼貌原则的直接目的就是取悦他人。

② 礼貌是一种社会规范 (a social norm)。反映特定社会中的某些社会规范、行为规范 (norms) 和规则 (rules)。这里的"礼貌"经由言语风格 (speech styles) 和正式度 (formality) 体现，并常表敬重 (deference)。

③ 礼貌是一种语体 (the register)。语体是指"与社交语境有关的系统化变体"(Lyons, 1977)，或者指在一定场合下人们说话或写作时的语言变化形式 (Holliday, 1978)。

④ 礼貌是一种话语表层现象 (an utterance level phenomenon)。如若离开语言运用的实际使用环境 (语境) 去研究礼貌问题，礼貌则被视为一种表层语法编码。这是一种超理想化的理论。

⑤ 礼貌是一种语用现象 (a pragmatic phenomenon)。该观点在语用学界已经达成共识 (Thomas, 1995)。语用学研究领域关心的不是说话人是否真正对他人友善，而是他以何种方式表述了何样内容，以及他的话语对听话人产生了何种影响。

5.7.2 "面子"理论和礼貌策略（Face-Saving Theory and Politeness Strategies）

社会交际中，交际双方以礼相待，彼此顾及，相互维护对方的"面子"，依据不同社交场合斟词酌句，塑造体面的自我形象，营造怡人的交际氛围。朋友间可以嬉戏调侃轻松随意，而陌生人间则寒暄畅叙客气礼让。早在1955年，美国社会学家高夫曼（Goffman）就根据中国人类学家胡先缙（1944）的"面子观"提出了"脸面工程"这一概念。高夫曼认为，面子就是"人们在交流过程中，通过采取言语行为为自己获取正面的社会价值，是按照社会所赞许的属性而创造的自我形象"。"面子"这一概念从高夫曼（1967）的"面子理论"派生演化而来并真正成为语言学学术论题，其与俗语"要面子""留面子""丢面子""没面子"有一定渊源。

作为布朗和列文森礼貌模式基级的"面子"被界定为任何社会个体意欲宣称的在公众中的自我形象（public self-image）。它包括正面面子（positive face）和负面面子（negative face）。所谓正面面子是指渴望被认同、接纳、赞许的需求。所谓负面面子（即地域权/领属权宣称）则指不受规约、免于侵扰的自由需求。在1978年出版的《礼貌：语言应用的普遍现象》中，布朗和列文森提出面子理论有跨越不同文化的"普遍性"。面子理论的发展如图5.8所示。

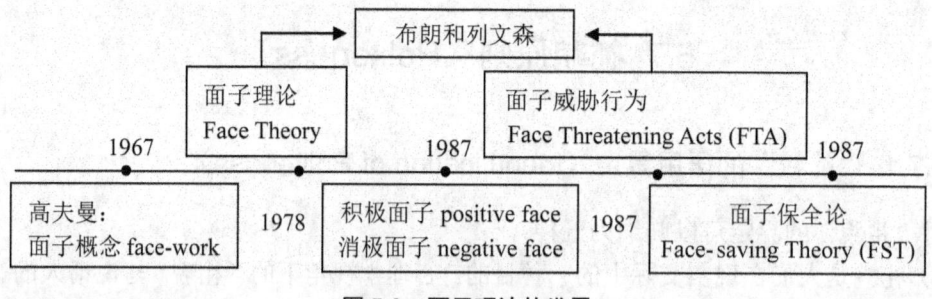

图 5.8　面子理论的发展

布朗和列文森的"面子保全论"（Face-saving Theory，简称FST）认为许多言语行为本质上存在危险、蕴含敌意。任何将"面子需求"置于危险境地的言语行为都被视为"面子威胁行为"（Face Threatening Acts，简称FTA）。面子威胁行为指触犯听话人维护自我形象、希求尊重的言语行为。因此，礼貌被推演为语言使用者旨在均衡面子威胁行为带来的损伤效应而采取的补救行为，旨在尽可能地降低对听话人负面面子的威胁，并竭力提升其正面面子。礼貌策略则是社会交际中对"面子"的观念意识和行为措施的集合。如图5.9所示。

与正面面子和负面面子相对应，表5.18中的正面礼貌策略与负面礼貌策略分别应用于交谈双方亲近和疏远的两种社交场合。前者以"接近为基础"（approach-based），旨在缩小距离、寻求和谐、增进友善；后者则以"回避为基础"（avoidance-based），重在缓和对抗、降低威胁、弱化侵扰。正面礼貌策略有认同表达、合作意会、愿望满足三大运行机制。负面礼貌策略主要有如下表达方式：规避迂回式（Hedging）、消极观望式（Pessimism）、客气敬重式（Indicating deference）、讨饶歉意式（Apologizing）、公事公办式（Impersonalizing）。

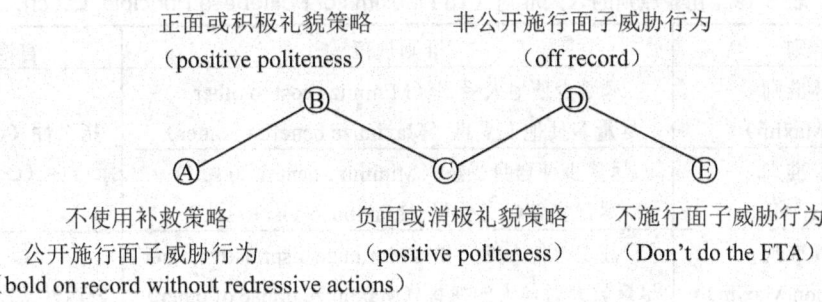

图 5.9　礼貌策略：面子保全论（Face-saving Theory）

表 5.18　礼貌策略的应用

正面礼貌策略的应用		负面礼貌策略的应用
肯定赞赏 Approbation	否定责备 Disapprobation	选择让予
合作支持 Cooperation	自恃凌驾 Presumption	责任转换
包含凝聚 Inclusive terms	排斥隔离 Exclusive terms	歉意传达
积极乐观 Optimism	消极悲观 Pessimism	谢意表述
激发勉励 Encouragement	打击贬损 Discouragement	强加弱化

5.7.3 礼貌原则及其准则（Politeness Principle and Its Maxims）

基于高夫曼的面子概念和布朗与列文森的面子理论，以及意图补救合作原则的局限性，为了解释人们为什么要违反合作原则及其会话准则而以含蓄、间接的方式表情达意，利奇的礼貌原则作为合作原则的补充应运而生。利奇认为言语行为中有"惠"（benefit）定有"损"（cost），诸如邀请、建议等言语行为本身就具有礼貌的本质属性（polite-natured），而诸如要求、命令等则自身蕴含不礼貌属性（impolite-natured）。判断礼貌与否关键是他人（others）与自身（self）所处境况（惠与损）的对比。

"礼貌原则"不等同于日常礼貌语言如"你（您）好""谢谢""对不起""再见"等。人们在遵循礼貌原则的同时当然要用到日常礼貌语言，但日常礼貌语言并不是礼貌原则的全部。跟"合作原则"相关，布朗和列文森提出估算面子威胁行为的三大要素：说话人与听话人之间的社会亲疏关系（Social distance）、听话人相对说话人的权势（Relative power），以及言语行为固有的特定文化中界定的强加或干涉的绝对级别度（Absolute ranking of imposition）。简言之，礼貌原则的核心是场合、关系和方式。具体而言，一定的"场合"决定"说什么"，一定的"关系"决定"对谁说"，一定的"方式"决定"怎么说"。总体上看，礼貌原则是以"利他"作为特征的。

礼貌原则从总体上可表述为：在其他条件相同的情况下，尽量减弱不礼貌信念的表达，尽量增强礼貌信念的表达。礼貌原则的六大准则如表 5.19 所示。

表 5.19　礼貌原则的六大准则（The Maxims of Politeness Principle, Leech）

准则	准则规范	言语行为
得体准则 （Tact Maxim）	尽量少使他人受损（Minimize cost to other） 尽量多使他人受惠（Maximize benefit to other）	指令性（Directives） 承诺性（Commissives）
宽宏准则 （Generosity Maxim）	尽量少使自身受惠（Minimize benefit to self） 尽量多使自身受损（Maximize cost to self）	
赞誉准则 （Approbation Maxim）	尽量减少对他人的贬损（Minimize dispraise of other） 尽量放大对他人的赞誉（Maximize praise of other）	表达性（Expresssive） 断言性（Assertives）
谦逊准则 （Modesty Maxim）	尽量减少对自身的赞誉（Minimize praise of self） 尽量放大对自身的贬损（Maximize dispraise of self）	
一致准则 （Agreement Maxim）	尽量减少自身与他人观点上的分歧 （Minimize disagreement between self and other） 尽量放大自身与他人观点上的一致 （Maximize agreement between self and other）	（Assertives） 断言性
同情准则 （Sympathy Maxim）	尽量减少自身对他人感情上的反感 （Minimize antipathy between self and other） 尽量放大自身对他人感情上的同情 （Maximize sympathy between self and other）	

利奇认为：第一，得体准则较之宽宏准则而言，对会话行为更有制约力；第二，赞誉准则较之谦逊准则更重要，因为礼貌多考虑他人而非自身；第三，对说话人的礼貌总是比对第三方的礼貌更加重要。实际的交往中，礼貌准则并不是绝对的、公式化的，对这些准则遵循应把握好一定的度，适可而止，过犹不及。区分礼貌等级的标准如表 5.20 所示。

表 5.20　礼貌等级的区分标准

等级程度	解读
损惠等级 Cost-Benefit Scale	从话题内容对说话人自身或他人造成的损惠角度进行考虑
间接性等级 Indirectness Scale	当损及他人时，说话人自身应使用间接的语言，使自己的话语显得礼貌些，话语越间接，就显得越礼貌；反之，当惠及听话人时，话语越直接越显得礼貌
可选择等级 Optionality Scale	说话人自身允许听话人做出选择，话语间接性越大，给予说话的选择度就越大，话语也显得越礼貌

下例中，从 a 到 d 的表述越来越间接，留给听话人的选择余地越来越大，话语的礼貌程度也是越来越高。

例 5-33

a. Could you take me to the airport？

b. Would you mind taking me to the airport？

c. Would you do me a favor by taking me to the airport？

d. Would it be possible for you to do me a favor by taking me to the airport？

下例中，众妃齐聚景仁宫赏花，实则明争暗斗。甄嬛和皇后巧借古诗，奚落华妃，言语犀利却不失身份、雅致得体。

例 5-34　得体准则

华妃：这牡丹花开得倒是好啊，只是粉红一色终究是次色，登不得大雅之堂，还不如这芍药，虽非花王，却是嫣红夺目，这才是大方的正色呢，粉红都是妾室所用，只有正红和嫣红才是正室所用。其实只要人年轻，簪什么花，还要分颜色吗？

甄嬛：臣妾幼时曾学过一首诗，现在念来正合时宜，就在皇后和各位姐姐面前献丑了。"庭前芍药妖无格，池上芙蕖净少情。唯有牡丹真国色，花开时节动京城。"

皇后：好一个"唯有牡丹真国色"，这尊卑本在人心，芍药花再红，终究妖艳无格，终不及牡丹国色天香。

下例中，甄嬛将胧月公主托付于敬妃抚育，确是情真意切。

例 5-35　慷慨准则

甄嬛：姐姐未必没有想得周全，只是为了胧月才不得不冒险行事。慈母之心真可叫人盲了眼睛，蒙了心智。

敬妃：除了你便是皇后，我没有别的选择。事已至此，我无话可说，悉听贵妃娘娘处置。

甄嬛：那么就请姐姐替我抚育胧月，直至公主出嫁。

敬妃：可……可是胧月是你亲生骨肉，你怎么肯？

甄嬛：弘瞻和灵犀已叫我自顾不暇，而胧月却视你为生母，我若强行把她养在身边，那才是真真断了我与她的母女情分。

敬妃：有妹妹这一句话，我当拼全力爱护胧月。

甄嬛：姐姐对胧月拼尽全力，即便我这生母也自叹不如。

下例中，甄嬛和眉庄妙语连珠，对皇后和华妃大加赞誉。

例 5-36　赞誉准则

华妃：沈贵人好雅清。菀常在虽然穿得简单了点，但难掩姿色。皇上真的是慧眼识珠，个个都这么出众。行了，都起来吧。

甄嬛、眉庄：谢华妃娘娘。

眉庄：娘娘国色天香，才是真正令人瞩目。嫔妾萤火之光，何敢与娘娘明珠争辉！

华妃：沈妹妹一张小嘴倒是挺甜的，不过说到国色天香，这不是形容皇后的词吗？

甄嬛：皇后娘娘母仪天下，如明月光辉；华妃娘娘国色天香，似明珠璀璨。臣妾等望尘莫及。

华妃：宫中口齿伶俐之人是越来越多了。

下例中，甄嬛对敬妃不矜不伐、温顺谦恭。

例 5-37　谦逊准则

甄嬛：别人养猫儿狗儿的，敬妃姐姐却爱养些与众不同的呢，敬妃姐姐的玻璃水缸里竟养了只老大的乌龟呢。

敬妃：我原也是不想动都什么脑子的，它又安静，又好养，又不拘给它吃些什么罢了。我手脚粗苯也养不好什么的。

甄嬛：敬妃姐姐若说自己手脚粗笨的，那妹妹我可不知道如何说自己了。敬妃姐姐把自己说得这样不堪，我是比姐姐粗笨十倍的人，想来就只有更不是了。

例 5-38　一致准则

京剧版《望江亭》中，谭记儿与白士中各赋一首藏头诗，眉目传情，惺惺相惜，情真意切。谭记儿情深义重，坦露心声，"愿随君去"。而白士中亦是感情笃定，表露情意，"当不负卿"。

谭记儿：愿把春情寄落花，随风冉冉到天涯。君能识破凤兮句，去妇当归卖酒家。

白士中：当垆卓女艳如花，不记琴心走天涯。负却今朝花底约，卿须怜我尚无家。

下例中，皇帝和太后在寿康宫推心置腹的一番交谈，表明了他对华妃深深的怜悯之情。

例 5-39　同情准则

太后：君王要有君王的决断。年妃一旦得子，到时候年羹尧一定会扶持这个孩子当皇帝，一旦有逼宫那一日，哀家和你便连容身安命之所都没有了。不过皇帝眼下对年妃也太冷落了，敦亲王再难料理，也比不上年羹尧手握兵权，况且他二人已有勾结，所以皇帝不得不对年妃多加以安抚。

皇帝：对年妃有安抚，也是不忍，毕竟她侍奉儿子多年，对待儿子是真心的。儿子是人君，亦是人父，当年年妃有孕，儿子不得已杀了自己的孩子，焉能不痛。

礼貌原则的各个分项准则并不是孤立的，往往同时出现，互相交织关联。下例便同时体现了赞誉准则和谦逊准则。在行为动机上尽量减少他人付出的代价，尽量增大他人的益处；在言辞上尽量夸大别人给自己的好处，尽量说小自己付出的代价。

例 5-40

北静王见他（宝玉）语言清朗，谈吐有致，一面又向贾政笑道："令郎真乃龙驹凤雏，非小王在世翁面前唐突，将来'雏凤清于老凤声'，未可量也。"贾政赔笑道："犬子岂敢谬承金奖，赖潘郡余恩，果如所言，亦萌生辈之幸矣。"

基于尊重（respectfulness）、谦逊（modesty）、态度热情（attitudinal warmth）、文雅（refinement）的汉语言文化特征，古人的尊称和谦称同时体现了赞誉准则、慷慨准则和谦虚原则。指谓自己或与自己相关的事物时要"贬"、要"谦"，惯使谦恭之词；指谓听者或与听者有关联的事物要"抬"、要"尊"，常用尊敬之语。一般谦称自己可以用单字"仆""愚"（愚兄）、"贱"（贱民）、"贫"（贫僧）或"窃"等，也可以说"鄙人""在下""小可""不才"。指称自己家里人时也用谦称，自己的儿子为"犬子""不肖子""贱息"，女儿为"小女"，自己的父母为"家父""家母""家严""家慈"，妻子为"内人""内子""贱内""拙荆"，房子为"寒舍""蓬荜""舍下"，自己的文章为"拙作""无能之辞""鄙贱之语"，自己的意见主张为"拙见""管见""浅见"。表演技艺时说"献丑"，在别人之前发言不忘说"抛砖引玉"。古人尊称对方为"子""吾子""君""足下""殿下"，复数有"二三子"。称呼兄弟为"兄台""贤弟"，称对方子女为"令郎""令爱"，称对方父母为"令尊""令堂"，称别人的妻子为"尊夫人"，称别人的家为"府上""贵府"，称别人的文章为"大作"，称别人的意见为"高见""高论"。

5.8 新格赖斯发展时代（Neo-Gricean Development）

鉴于古典格赖斯理论自身的缺陷性，研究学者提出了改造和重构会话含义原则的两种思路：其一是斯珀伯和威尔逊提出的以简约的"关联原则"代替格赖斯"合作原则"的四大准则。其二是将多数学者（如盖茨达、阿特拉斯、荷恩、列文森等）提出的将各个具体准则（尤其是适量准则）具体化。1987年，列文森在其发表的《语用学和前指代语法》（*Pragmatics and the Grammar of Anaphora*）专论中提出了会话含义三原则，标志着格氏理论从"古典"向"新"的发展已从酝酿期到了过渡期。1991年，列文森在其再论"前指代"规律的文章中正式将三原则称为"新格赖斯语用学机制"（Neo-Gricean pragmatic apparatus）。自此，"新格赖斯理论"（Neo-Gricean Theory）这一说法便广为使用。新格赖斯理论表现出了强大的生命力，为会话含义等语用学理论研究拓展出新的领域。

5.8.1 关联理论（Relevance Theory）

法国学者丹·斯珀伯（Dan Sperber）和英国学者迪尔德丽·威尔逊（Deirdre Wilson）合著了《关联：交际与认知》（*Relevance: Communication and Cognition*, 1986），他们去冗从简，将经典格赖斯准则浓缩为一句话：每一个明示交际行为，都传递一种假设——该行动本身具备最佳关联性（Every act of ostensive communication communicates the presumption of its own optimal relevance）。

关联理论是一种基于关联性概念与关联原则分析言语交际中话语的认知语用学理论。在关联理论中，听话人首先凭借其认知语境中词语认知信息、逻辑认知信息和百科认知信息做出某种语境假设。据此探寻话语信息与语境假设之间的最佳关联。继而通过假设推理，推断出语境潜含蕴意，取得语境效果，最终达到交际成功目的。

交际中的理解过程包含语义解码和蕴意推理两个阶段。语码模式以符号为输入信号，输出信息是提取语码符号的信息。根据语码模式，交际活动仅仅是交际双方依据句法规则和语义规则对信息进行简单的编码、接收与解码。因此，交际成功与否取决于听话人解码的信息与发话人编码的信息是否一致。这种模式交际很少涉及非语言因素的影响。而推理模式则以一系列前提（premises）为输入信息，强调信息接收者对交际蕴含意图的推理。因此，输出信息是一些与前提相关或至少得到前提保证的逻辑推理信息。斯珀伯和威尔逊在其关联理论中坚称推理过程是根本，编码与解码过程应附属于推理过程。语码模式与推理模式之间的关系如图5.10所示。显而易见，现实交际并不仅仅是单纯的信息传递。发话人不仅要向听话人提供希望传递的相关信息的直接依据，而且还必须提供间接依据以及传递该信息的有关意图的直接依据，以便听话人能够成功推导出发话人的真实交际意图。与话语的明示有关的信息意义（或信息意图）是指话语的表层字面意义或其自然语言意义，为听话人的推理提供直接依据。与听话人的话语理解推理有关的交际意义（或交际意图）则是话语的另一层次上的真实表达意义。当且仅当信息意义对交际双方来说都是互明的，即当且仅当实现了真实的交际意义，交际主体双方才能够成功交际。

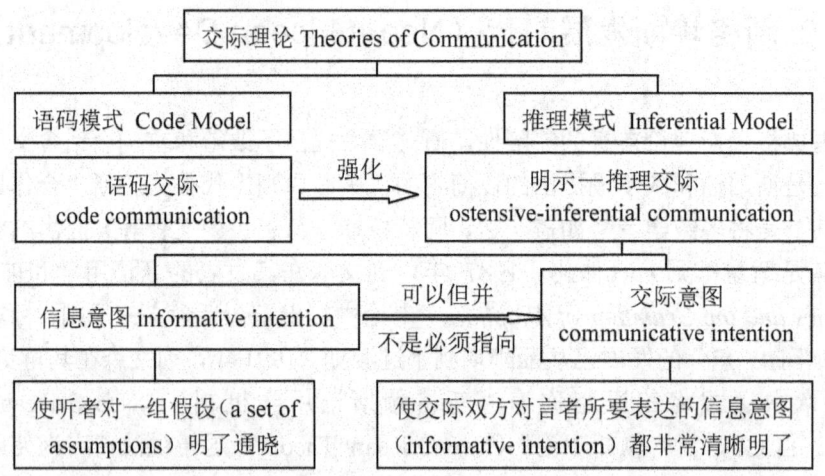

图 5.10　语码模式与推理模式（Code Model vs. Inferential Model）

关联理论尝试将交际原则与认知原则有机结合，尝试对语用交际进行认知解读，为语用学研究提供了全新的视角。关联原则（Two Relevance-based Principles）包括最佳关联原则（optimal relevance）和最大关联原则（most relevance）。两者分别为关联的交际原则（Communicative Principle of Relevance）和认知原则（Cognitive Principle of Relevance）。交际原则以认知原则为基础，而认知原则为交际原则做导向。具体而言，最佳关联原则是指每一个话语（或推理交际的其他行为）都应设想为话语或行为自身具备最佳关联性。受话人在理解话语时付出足够有效的认知努力方能获得最佳语境效果。最大关联原则是指人类认知自然倾向于与最大限度的关联性相吻合。受话人在理解话语时付出了尽可能小的努力就可以获得最大的语境效果。关联程度的大小可以根据认知效果（cognitive effect，即语境效果）和推理努力（或认知努力）加以推断，其公式表述如下：关联性（Relevance）＝语境效果（Contextual Effect）/推理效果（Processing Effect）。

在其他条件相同的情况下，处理某一话语输入内容所取得的认知效果越大，表明其关联性越强，反之则越弱；同时，为进行信息加工处理所付出的努力越少，表明其关联性越强，反之则越弱。当然，如图 5.11 所示，关联是一个包含最大关联、强关联、弱关联和完全不关联的连续体。

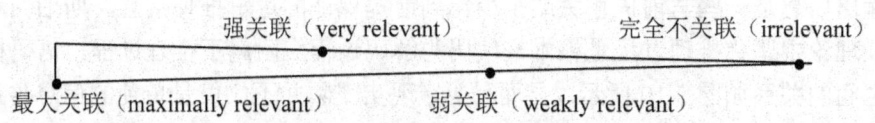

图 5.11　关联连续体（The Continuum of Relevance）

语用学者一般认为新格赖斯理论包括斯珀伯和威尔逊的"关联原则"、荷恩二原则（Q原则和R原则）和列文森（Levinson）三原则（Q原则、I原则和M原则）。但也有学者认为新格赖斯理论是试图用形式手段来研究会话生成规则和规律模式规则性质的模块体系，而斯珀伯和威尔逊的关联理论是哲学认知性质的，故不归属于新格赖斯学派。如图 5.12 所示。

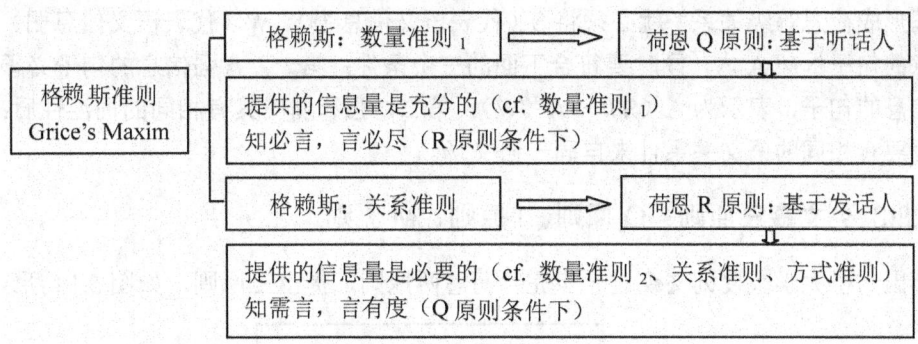

图 5.12　荷恩二原则（Horn's Q- and R-principles）

5.8.2 Q 原则和 R 原则

1984 年，美国耶鲁大学教授荷恩在其发表的《语用推理新分类初探——基于 Q 原则和 R 原则的会话含义》一文中首次提出两原则模式（数量原则和关系原则）。他在 1988 年的《语用学理论》和 1989 年的《否定的自然历史》中进一步阐述了两大原则。如图 5.13 所示，荷恩原则中的数量原则对应格赖斯适量原则中的第一条准则，而关系准则则对应格赖斯适量原则中的第二条准则、关系原则和方式原则。荷恩两原则具体内容如下：

① 数量原则（基于听话人）：要使你的话语充分（sufficient），能说多少就尽量说多少（以关系准则为条件）。

② 关系准则（基于发话人）：要使你的话语只是必需的（necessary），不说多于所要求的话（以数量原则为条件）。

荷恩两原则依托的核心思想是：人们在交际中总是倾向于用最经济的话语来表达最充分的信息。因此，应该引导人们从最小极限化的表达形式中得出最大极限化的信息内容。荷恩还解析了从明示意义中破译暗示意义的程序（如图 5.13 所示），但其过于原则化，且缺乏话语含义推导的中间介质，因而在语用学界影响并不大。

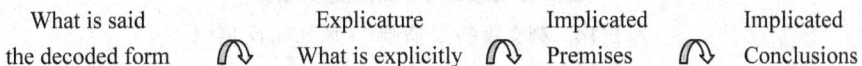

图 5.13　从明示意义中破译暗示意义（Deriving Implicature from Explicature）

荷恩于 1972 年最早提出等级会话含义（scalar implicature），但由于其过于程序化，因此并没有引起学者关注。假设有一个包含几个语义信息强度的数量等级（quantitative scale），例如在 all、most、many、some、few 中，all（全部）的语义信息强度最强，few（一些）的语义信息强度最弱，中间会形成一个语义信息强度连续体，这样就构成一个荷恩等级关系。1983 年，列文森使用术语"语言等级"（linguistic scale）来代替"数量等级"，并对其详细阐述：一个语言等级包含同一语法范畴的一组可相互替换的词语（alternatives）或对立成分，并按信息量程度（degree of informativeness）或语义力度（semantic strength）排列。

这种等级可以采用由语言表达式或等级谓词（scalar predicates），e1、e2、e3……en 组成的有序集合来表示。1987 年，列文森正式采用"荷恩等级关系"这一说法，他还规定，要使强和弱形成荷恩等级关系，就必须将 S（代表语义信息强）、W（代表语义信息弱）分别嵌入任意的句子框架 A 内，同时要符合下面的三个条件：第一，含强信息的句子必须要蕴涵含弱信息的句子，表示为 A（S）→A（W）；第二，强和弱应具有相同的词汇性质；第三，强和弱要有相同的语义关系且来自同一语义场。

5.8.3 列文森三原则：Q 原则、I 原则、M 原则

英国剑桥大学教授列文森进一步完善荷恩两原则，提出三原则，如图 5.14 所示。

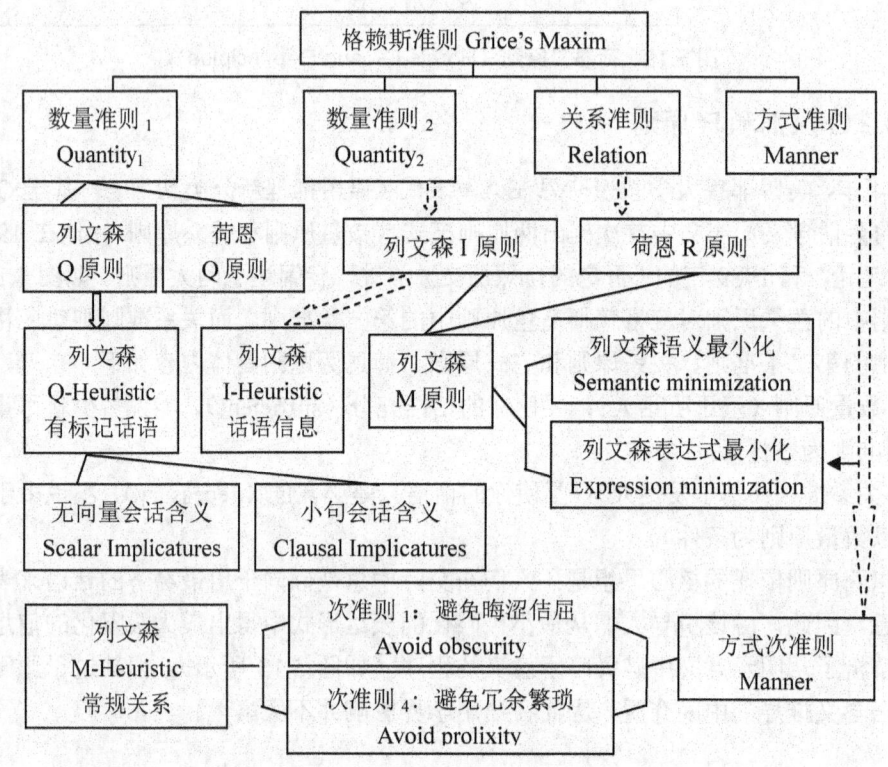

图 5.14 列文森的 Q 原则、I 原则和 M 原则

（1）数量原则（Q-principle）

说话人准则：不要提供弱于你的知识范围所允许的信息含量的陈述，除非较强的陈述会违背信息原则。

听话人推论：相信说话人所提供的已是他所知道的最强信息。

① 如果说话人说 A（W），且〈S, W〉形成荷恩等级关系，则可推导出 K～(A(S))（K 表示知道），即说话人知道较强的陈述是不成立的。

② 如果说话人说 A（W），A（W）并不蕴含内嵌句 Q，但 Q 却为一个较强的陈述 A（S）所蕴含，且〈S, W〉构成对比集，则可推导出～K（Q），即说话人并不清楚 Q 是否可以成立。

（2）信息原则（I-principle）

说话人最简方案准则（最小化准则，the Maxim of Minimization）：说得尽可能要少，所传递的语言信息只要能满足交际需要就行（但要同时遵循数量原则）。

听话人信息扩展推理（充实规则，the Enrichment Rule）：通过找出最为特定的理解来扩展说话人话语信息的内容，直到认定为说话人的真正意图为止。信息原则的推导包括常理型推导、联系型推导、联袂型推导、隶属归类型推导、条件完备型推导和模式型推导等。

（3）方式原则（M-principle）

说话人准则：不要无端地选用冗长、晦涩或有标记的表达模式。方式原则包含语义最小化和表达式最小化，如表 5.21 所示。

表 5.21　列文森 M 原则（Levinson's M-principle）

语义最小化 Semantic/content minimization	语义概括化（semantic generality）
	越一般的词语，语义量越小，内涵越小（相反，其外延越大）
	概括性越差、越具体的词语，语义量越大
表达式最小化 Expression/form minimization	表面长度和复杂性（measure of surface length & complexity）
	语音形式（the phonetic make-up）：正常重音的词语（normally stressed terms）要比其相应的非正常重音的词语（abnormally stressed counterparts）形式小
	词汇形态（the morphological make-up）：同义词对中，词语越短（the shorter terms），形式越小；反之，词语越长（longer ones），形式越大。

听话人推论：一旦说话人选用了冗长、有标记的表达，那么必有其他蕴意，或者说话人一定是想避免常规联想和含义解读。

第六章 第二语言习得（Second Language Acquisition）

6.1 第二语言学习模式（Second Language Learning Models）

20世纪60年代初，有学者开始研究人们获得语言能力（尤其是外语能力）的习得机制。在综合了语言学、语言哲学、语言教育学、神经语言学、语言心理学、社会语言学等多种学科的基础上，慢慢发展为一门语言学独立的分支学科——二语习得（Second Language Acquisition，简称SLA）。70年代以来，二语习得研究呈现多侧面、多方法的立体多维研究格局，或侧重于习得过程的真实观察记录描写，或侧重于习得深层机制的假设学说，或侧重于习得实验数据的统计分析。

第二语言习得研究虽然发展历史并不长久，但在过去的几十年里，新理论不断涌现，逐步成为语言学研究的重要分支且其占据了语言学研究领域的核心。语言习得理论是探寻语言习得机制普遍性和规律性的研究，具有代表性的理论包括行为主义学习观、认知主义习得理论、克拉申二语习得假说等。各理论流派百家争鸣、各放异彩，但根本分水岭是对于大脑内在习得机制功能的认可程度。如图6.1所示，位于分界点一端的是行为主义后天的习惯形成（nurturing），而位于另一端的则是心智主义的先天的自然天赋论（naturing），社会交际论是不偏不倚的折中观点。

产生于20世纪20年代的行为主义以华生（J. B. Watson）为早期代表人物。华生认为刺激—反应（Stimulus-Response）是人类和动物行为所共有的因素，两者的一切复杂行为都是在环境的影响下（确切说，是外部环境的刺激下）由学习而获得的。斯金纳（B. F. Skinner）继承并发展了华生的行为主义，认为人们的言语（甚至言语的每一部分）都是由于某种刺激（言语的刺激、外部刺激或内部刺激）的存在而产生的。斯金纳认为儿童习得与其语言社区（speech community）相适应的语言形式皆是言语行为被不断强化而形成的语言习惯。这种强化包括在某一特定语言环境中别人的声音、手势、表情和动作等。行为主义习惯形成的学习模式为：刺激（Stimulus）—言语组织（Organism）—反应行为（Response Behavior）。行为主义学习理论存在着明显的局限性。首先，行为主义将动物研究结论毫无保留地直接照搬运用到复杂的人类行为研究中，略显粗糙。其次，行为主义过度强调外部环境刺激因素，不可避免地轻视了人在言语行为中的主动作用和独立作用。最关键的是，它无法解释为什么幼儿可以毫不费力地成功习得世界上任何一种结构复杂的语言。

普遍语法理论（the Universal Hypothesis）强调人类大脑与生俱来的先天语言习得机制（Language Acquisition Device）及世界语言所具有的普遍规律性。大脑语言机制是由一系列具有不同参数的语言规律组成的，因此第二语言习得过程其实就是建立语言参数值的过程。其中，具有代表性的包括乔姆斯基的普遍语法学派（Universal Grammar）和格林伯格的语言类型学理论学派。普遍语法理论可以概括为：第一，强调第二语言（如同其他自然语言一样）受世界共同语言普遍规律的制约和管辖；第二，普遍语言及分类规律可用来预测第二语言习得的顺序以及过程；第三，可以依据习得结构是属于语言共性还是语法共性来预测第二语言习得的难易程度。

基于各大理论流派的二语习得模式比比皆是、各有侧重，例如多种语言能力模式、ACT（Adaptive Control of Thought）认知模式、信息加工模式、平行分布加工模式、比亚韦斯托克（Bialystok）第二语言学习策略模式、克拉申（Krashen）监察模式、文化适应模式、技能学习模式、社会心理模式、创造性建构学习模式、社会教育模式、有意识的强化模式等。

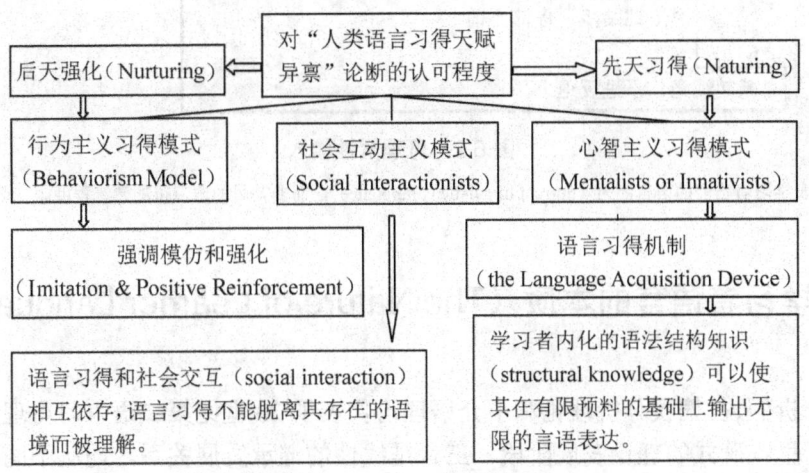

图 6.1　二语学习模式（Second Language Learning Models）

6.2　克拉申理论
（Krashen's Theory of Second Language Acquisition）

斯蒂芬·克拉申（Stephen D. Krashen）是美国语言教育家、美国南加州大学（University of Southern California）教授，其知名研究是建立了第二语言学习的普遍性理论。他同时也是"自然研究法"（Natural Approach）的创立者之一及"学科式双语教学"（Sheltered Subject Matter Teaching）的发明者。20 世纪 70 年代初，克拉申就提出了以"监控假说"（The Monitor Hypothesis）为核心的监控模式（The Monitor Model）。1985 年，他在其著作《输入假说：理论与启示》（*The Input Hypothesis: Issues and Implications*）中对监控模式进一步扩充修订，正式归纳出语言习得—学得假说（The Acquisition—Learning Hypothesis）、自然顺序假说（The Natural Order Hypothesis）、监控假说（The Monitor Hypothesis）、语言输入假说（The

Input Hypothesis）和情感过滤假说（The Affective Filter Hypothesis）5 个系列假说，统称为"输入假说理论"（The Input Hypothesis）。这一理论是第二语习得研究中论述最全面、影响力最大的理论，但同时也饱受争议。

由于学习者的能力参差不齐，克拉申因材施教，提出"自然交际输入"（natural communicative input），这也是可理解性输入（comprehensible input）的预设前提，同时成为教学大纲制定的指导原则。可理解性输入如图 6.2 所示。

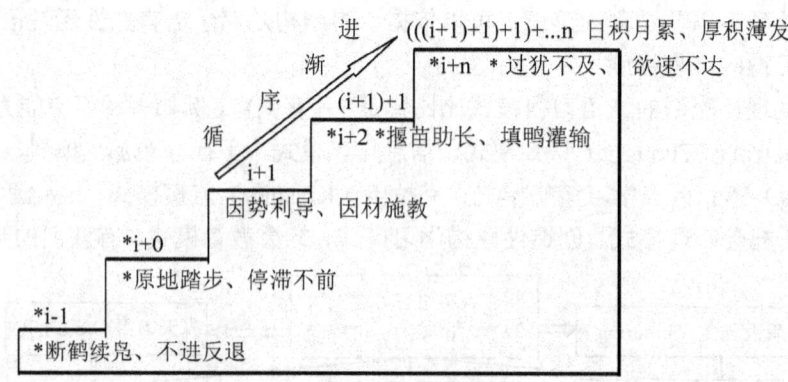

图 6.2　可理解性输入

注：i 代表学习者当前的语言能力（current linguistic competence），而非其目的语习得的熟练程度。

6.3　学习者语言的本质（The Nature of Learner Language）

对比分析假说、偏误分析理论和中介语理论代表了 20 世纪第二语言习得理论研究的三个重要的、里程碑式的理论发展阶段。三者是线性的继承发展关系，均从不同的视角研究语言学习者的语言本质。

对比分析（contrastive analysis）产生并且流行于 20 世纪 50 年代，兴盛于 60 年代。它在欧美行为主义心理学和结构主义语言学的基础上产生的。这种理论认为外语学习是一种从母语习惯向目的语习惯转移的过程。如表 6.1 所示，它是一种应用性的外语教学理论和方法，旨在通过对母语与目的语的对比分析找出两种语言体系的差异，揭示母语对目的语习得负迁移的干扰因素，提前预测和解释目的语学习中可能出现的偏误和难点。然而，对比分析在现实中面临着挑战并表现出了应用的局限性。尤其是其"强势说"（strong version）忽略了学习者作为语言主体的主观能动性，同时也忽视了学习者的整个学习过程。研究学者越来越倾向于"弱势说"（weak version）。但"弱势说"所强调的解释也还是停留在母语和目的语对比的分析视角。

偏误分析（error analysis）将学习者自身创造的语言系统和目的语语言系统进行对比，从心理语言学、社会语言学、篇章分析等角度出发在更广阔的范围内解释学习者产生偏误的原因。学习者偏误分析早在 20 世纪 50 年代就成为语言教学研究的一部分，但传统的偏误分析缺少严格的分析方法和理论框架。因此，直到 20 世纪 60 年代中后期，英国语言学家科德（Coder）发表的一系列文章才使这种理论得到应用语言学研究领域的公认。基于学习者对目的语特定规律的认知意识，科德将语言学习者的偏误分为三类：先系统偏误（presystematic error）、系统偏误（systematic error）和后系统偏误（pastsystematic error）。理查德（Richard，1971）根据偏误产生的来源将其分为三类：母语干扰偏误（inteference errors）、语内偏误（intralingual errors，即过度泛化）和发展偏误（developmental errors）。以后的学者采用语际偏误（interlingual errors）和语内偏误的分类模式。哈利勒（Khalil，1985）总结了评价偏误的三大标准：可理解程度（intelligibility）、可接受程度（acceptability）和语用冒犯程度。偏误分析直接以中介语体系为研究对象，揭示其产生根源，探究其发展规律。艾略斯（Rod Ellis，1994）认为偏误分析是第一个聚焦学习者语言系统的研究方法。20世纪70年代的偏误分析不仅对教学而且对语言实验中观察学习者第二语言习得过程均具有重要意义，但偏误分析也并非完美，其局限表现在三点：第一，偏误分析仅仅关注考察学习者的偏误，这从客观上造成对第二语言习得全过程的忽略；第二，偏误分析是横向研究和静态描写，忽略了学习者习得的发展过程；第三，偏误分析忽略了对学习者回避策略的关注。

对比分析和错误分析并不能互相取代，两者各有所长、互相补充。两者作为分析和描写的工具，成为中介语研究的起点，并统一在中介语研究的框架中。中介语理论有着更广泛的内涵、更强的分析力和解释力。

表 6.1　对比分析和偏误分析（contrastive analysis vs. error analysis）

对比分析 contrastive analysis	偏误分析 error analysis
教学型对比分析 pedagogical orientation	研究型偏误分析 scientific orientation
聚焦输入、操练的归纳学习 input, practice, inductive learning	聚焦语言认知过程 linguistic and cognitive processes
主要分析迁移偏误 errors of transfer	多种形式偏误分析 multiple types of errors

6.3.1 对比分析（Contrastive Analysis, comparison of L1 & L2, 1960s）

对比分析的应用可以追溯到语言翻译诞生之初，作为比较与对比（comparison and contrast）的一种科学分析方法，对比分析在跨越了半个世纪的发展中可谓有起有伏。对比分析流程如图 6.3 所示。

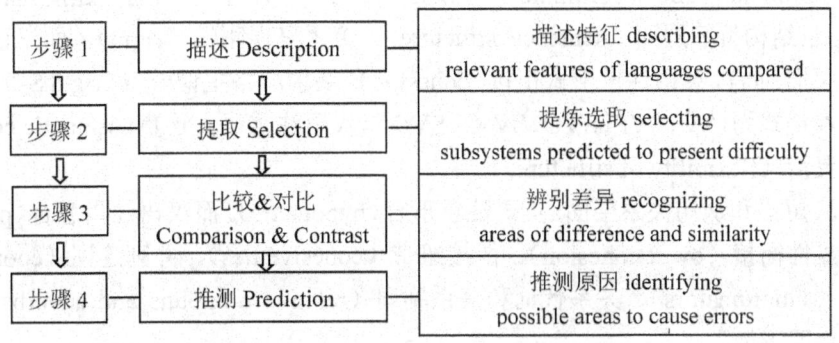

图 6.3　对比分析流程（Halliday，1964）

在传统的语法—翻译教学中，对比分析法首先就英汉两种语言的特征进行对比分析，归纳总结出了十大差异，然后推断预测语言学习者在语言学习中极有可能出现的错误，并提出相应的预警学习策略和应对措施。以英汉句子结构各语法成分之间的连贯方式为例进行分析，英语重形合，被誉为"竹节句法"，即英语中不可缺少显性衔接（overt cohesion）和并列连词（coordinators）、从属连词（subordinators）、关系代词及关系副词（relative pronouns and adverbs）等衔接纽带（cohesive ties）；汉语则重意合，被称作"流水句法"，结构较为松弛，多以独立的单句（independent sentence）或意思积累式分句（accumulative clause）成句，强调行文流畅同时少用甚至不用连接词，句中的逻辑关系多以句序先后予以表述。试比较以下句子：

  a. An Englishman who could not speak Chinese was once travelling in China.
  b. 一个英国人，不会说中国话，有一次在中国旅行。
  c. * There was an Englishman. He could not speak Chinese. He was once travelling in China.
  d. * 一个不会说中国话的英国人有一次在中国旅行。

a 和 b 分别为典型的英语形合句和汉语意合句，而 c 和 d 则是生硬的英语译句和汉语译句，显然是不地道的。而这也是语言学习者易出现的错误，因此根据 CA 预测，语言教学中应该重视这种差异，教师应该提前予以警示和预测，引导学习者在实践中避免这种错误。

同理，从语法形态结构范畴分析，英语构词有明显的规律可循，许多词都有可识别的前缀、后缀等形态标记。英语动词可有时、体、态、气等形态变化，代词（名词）可以有性、数或格的形态变化。而汉语一般很少或基本没有词法形态标记（除了表复数意义的"们"），也缺乏形态变化。这些无疑都是以汉语为母语的英语学习者的学习重点和难点。

英汉语言差异对比便是对比分析的最好例证，两者差异主要表现在以下 10 个方面：

① 语法关系与句法关系层面（grammtical and syntactic relation）。英语为综合语（synthetic），而汉语为分析语（analytic）。英语经常系统性使用屈折形式（inflected forms），而汉语没有屈折形式，较频繁地使用功能词（function words）和助动词（auxiliary verbs），同时词序变化较大。此外，英语中的功能词（虚词）包括冠词、介词、助动词、连接词和引导词（coordinators and subordinators），汉语中的功能词包括小品词、连接词和介词。

② 句子结构特征层面（sentence structure）。英语呈现刚性（rigid），而汉语呈现柔性（supple）。具体而言，英语注重形式衔接（cohesion），要求严格主谓一致（rigid S-V concord），其 5 种基本句式为：SV、SVP、SVO、SVoO、SVOC。汉语注重语义连贯（semantic coherence），句子结构灵活（flexibility of structure）。

③ 词、短语和从句关系层面。英语注重形合（hypotactic），而汉语注重意合（paratactic）。英语多用显性衔接（overt cohesion）、衔接纽带（cohesive ties）、并列连词（coordinators）、从属连词（subordinators）、关系代词和关系副词（relative pronouns and adverbs），而汉语则强调意合而形散。

④ 句子构设层面（sentence building）。英语较为繁复（complex），而汉语较为简练

（simple）。英语为建筑结构式（architecture style），大量使用长句、从句，彰显语言的层级性；而汉语则为流水记事式（chronicle style），强调文字的行云流水。

⑤ 语言使用风格层面（language style）。英语多用物称（impersonal），而汉语多用人称（personal）。英语中常用被动语态，即常用导入词（introductory word）或抽象名词（abstract nouns）充当主语；而汉语中主语一般由人（动作施动者）来充当（personal subjects），常出现无主句（subjectless）或主语省略句（subject-omitted）。

⑥ 句子形式层面（sentence forms）。英语多用被动（passive），而汉语多用主动（active）。英语常用被动语态的原因包括：主语未知或显而易见或取决于句法成分（syntactic factors）、修辞成分（rhetorical factors）和文体文风（stylistic factors）。汉语常用"被"字句，其他表达被动含义的方式包括：意义被动式（notional passives）、统称或泛称（using generic persons as subjects）和处置式（executive form，即"把"字句、"将"字句和"使"字句）。

⑦ 词性选择趋向层面（predominance of word class choice）。英语呈现静态（static），而汉语注重动态（dynamic）。英语中常用名词、形容词和介词，强调名词化（nominalization）；而汉语则常用动词、动词短语和副词（repetition and reduplication of verbs）。

⑧ 意念表达层面（mind expression）。英语较为抽象（abstract），而汉语较为具体（concrete）。英语中多抽象用语（abstract diction），常用抽象名词表述抽象意义和概念；而汉语则化繁为简、深入浅出，常用明喻（simile）、隐喻（metaphor）和讽喻（allegory）。

⑨ 表达方式层面（modes of expression）。英语较为间接（indirect），而汉语较为直接（direct）。英语广泛使用委婉语（euphemism）、明抑暗扬（understatement）、间接肯定（litotes）、间接否定（indirect negation）、迂回表达（periphrasis）等方式，汉语则常常直接陈述（direct affirmatives）。

⑩ 词语重复层面（repetition of words）。英语注重替换（substitutive），而汉语注重重复（repetitive）。英语力争避免重复，常用替换（substitution）、省略（ellipsis）、同义词/近义词（synonyms/near-synonyms）、概括词（general words）、上义词（super-ordinates）、下义词（hyponyms），汉语则往往习惯同义重复。

1988年，詹姆斯（James）从4个方面提出了对比分析的具体应用。

① 预测错误（Errors Predication）。预测出现错误的原因，预测二语习得中的语言难点，预测同一母语者可能出现的相同语言错误，预测某类错误的顽固持久性（tenacity of certain errors）。

② 诊断错误（Error Diagnosis）。出具诊断性报告，探究语言错误成因。

③ 语言测试（Language Testing）。为语言测试提供测试备选内容及测试考核方式。

④ 课程设置（Course Design）。根据第一语言和第二语言对应特征差异分析，指导相关课程设置，为分级教学提供依据。

6.3.2 偏误分析（Error Analysis, analysis of learner errors）

偏误分析步骤如图6.4所示。

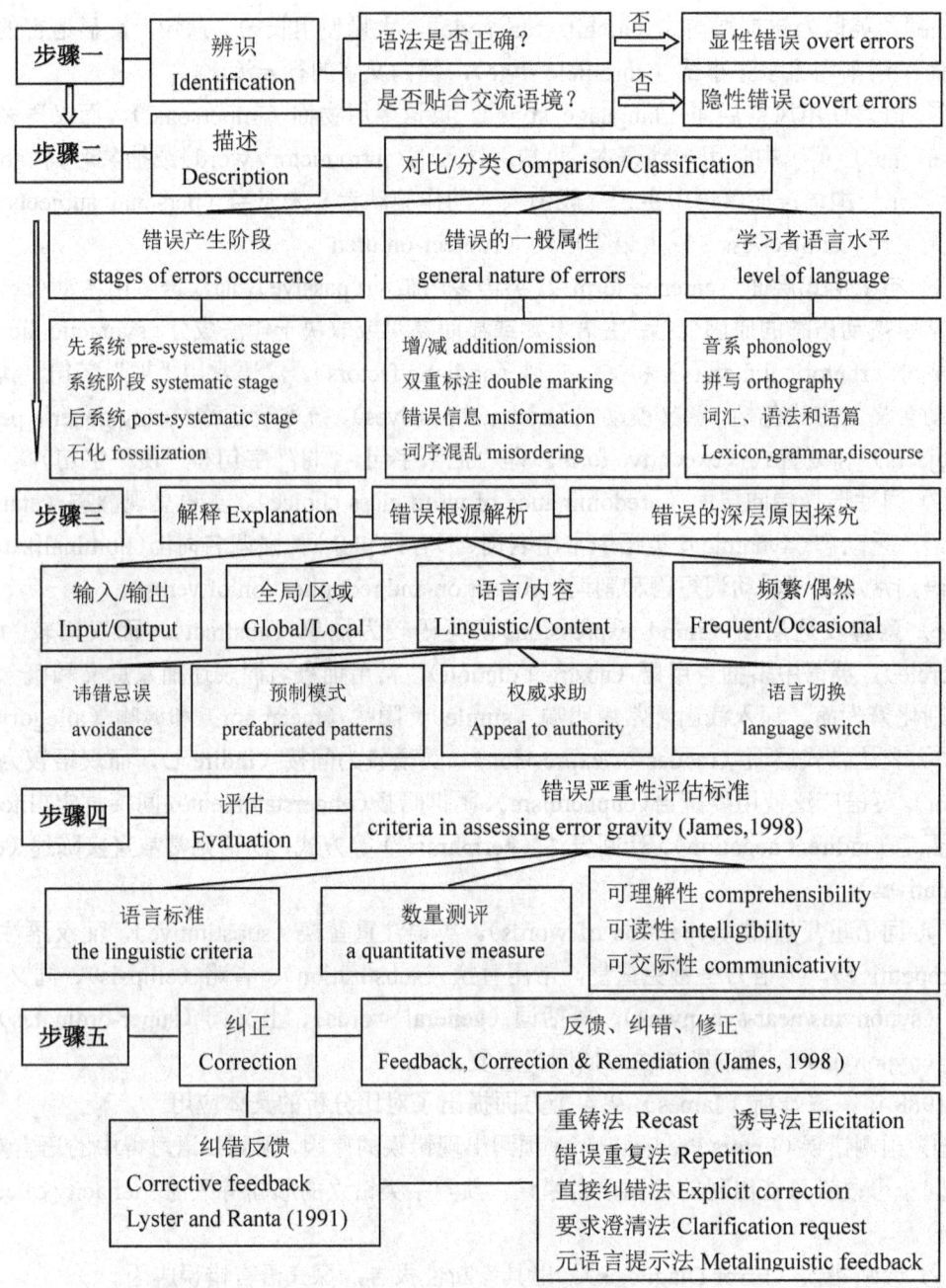

图 6.4 偏误分析步骤（Procedures of EA, Cordor 1974）

（1）错误和偏误与口误和笔误（Error vs. Mistake）

错误和偏误是学习者受到目标语语言水平和能力的限制而产生的错误。口误和笔误则是母语者在语言使用中由于粗心或随意而产生的错误。两者的差异如表 6.2 所示。

表 6.2 错误和偏误与口误和笔误（Error vs. Mistake）

错误和偏误（Errors）	口误和笔误（Mistakes）
一次性 one-time-only events	重复性 repeated occurrence
偶然性 accidental	系统性 systematic
无意犯错 unintentionally deviant from TL	无意或有意 intentionally or unintentionally
不可以自我纠正 not self-corrigible	可以自我纠正 self-corrigible
语言能力不足导致 failure in competence	语言运用失误而产生 failure in performance
归因于学习者的语言知识不足 due to learners' incomplete knowledge	归因于粗心或注意力不集中 due to lack of attention, carelessness

（2）语际错误与语内错误（Interlingual Error vs. Intralingual Error）

语际错误主要是由于母语对目标语的干扰（cross-linguistic interference）而产生的习得错误，这种错误可以体现在语音、词汇、语法和语篇学习的方方面面。例如，以汉语为母语的英语学习者，受到汉语拼音发音的影响，常常会把 three 读作 tree（/t/代替/θ/），this 读作 dis（/d/代替/ð/）。上海方言的英语学习者则无法区分双元音/ei/和长元音/i:/，常常把 sheep 读作 ship, meat 读作 mit。语际语或中介语既不是学习者的母语，也不是其目标语，它是一种独立存在的语言体系，是无限趋向于目标语的语言习得连续体。如图 6.5 所示。

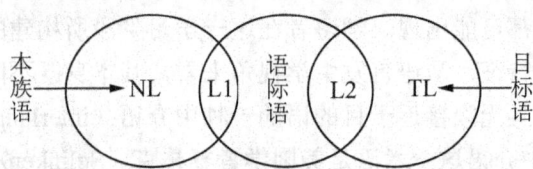

图 6.5 语际语发展连续体（the continuum of interlanguage）

语际语的形成和发展不是无据可循的，而是一个遵循普通语言习得基本阶段的系统过程。如图 6.6 所示，拉迪尔（Lardiere）提出了语言习得的 5 个基本阶段：前语言期（沉默阶段）、早期语言期（早期语言产出阶段）、语言形成期（言语突现阶段）、语言流利期（中级语言能力阶段）和语言精通期（高级语言能力阶段）。

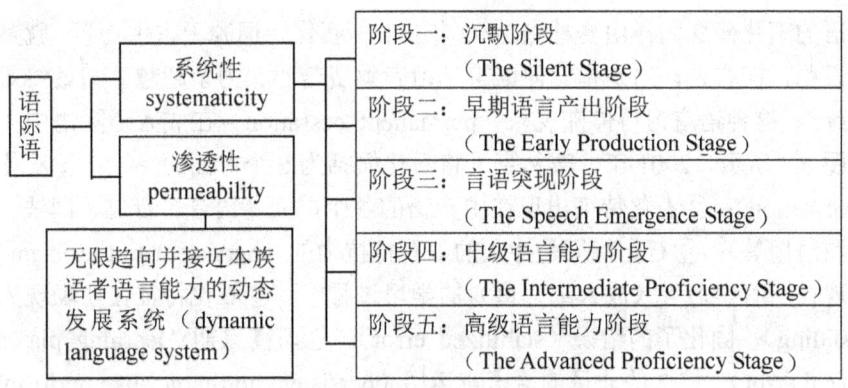

图 6.6 国际语发展的五个基本阶段

语内错误特指学习者在目标语习得过程中由于习得不完整而产生的错误。例如,"He is comes." 就是因为习得不完整,而将进行时态"He is coming."和一般现在时态"He comes."错误混合使用。语内错误类型和特征如表 6.3 所示。

表 6.3　语内错误类型（Categorization of Intralingual Errors Richard, 1971）

类型	特征和示例
过度概况 Overgenralization errors	受到其他句式结构的干扰而产出非常规句式（deviant structure） e. g. *He can sings. = He can sing. + He sings.
忽略语言规则 Ignorance of rule restrictions	未考虑某些语法规则适用的语境 e. g. He asked me to go.　　*He made me to rest.
语言规则使用不完 Incomplete application of rules	对语言规则一知半解、未能彻底领会 e. g. *You like to sing?
错误假设或推演 False concepts hypothesized	对目标语的不完全领会（incomplete comprehension） e. g. *One day it was happened.

（3）中介语石化和僵化（Interlanguage Fossilization）

学习者的语言学习到达一定阶段时,会出现技能学习的"高原期现象",即学习能力提升逐渐缓慢,甚至出现倒退趋势。这种语言能力僵化是过渡语发展的一个普遍现象,在学习者的每一个发展阶段都可能出现。学习者在这一学习阶段所构建的目的语知识系统兼具学习者母语和目的语的特征,从语言发生学视角来看,其本身既不同于母语系统却也不是目的语,而是逐渐趋向且无限接近于目的语的一种中介语（interlanguage）,也可译为"过渡语"或"语际语"。中介语这一术语是美国学者赛林克（Selinker）1972 年首先使用的,其《中介语》一文标志着中介语理论的形成,赛林克也因此被公认为"中介语之父"。赛林克的中介语定义包括三个方面：首先,中介语是可观察到的言语输出。其次,中介语是高度结构化的。再次,中介语是独立的语言系统。中介语既指学习者语言发展某一个阶段的"静态"的、切片式的语言系统,也指学习者从零起点到逐步趋向于目的语的语言发展的过程轨迹,它不是固定不变的,而是一种动态发展的连续体。最后,中介语偏误有反复性和顽固性。

中介语的石化概念同样由赛林克 1972 年提出,石化一词源于古生物学,就某种意义而言是一种误称。简言之,这是指即便语言学习者煞费苦心、力争超越,却最终难以突破的一个"瓶颈"。这种语言习得停滞现象（permanent cessation）在成人语际语中尤为常见,其分类如图 6.7 所示。2001 年,赛林克又将石化概括为 6 个方面的特征：①石化就是发展的停滞（cessation）;②石化特征出现在中介语的各个层面（语音、音位、词法、句法、语义、篇章和语用等）;③石化特征是持久的、有抵抗力的（persistent and resistant）;④石化现象会出现在所有学习者（成人或儿童）的学习过程中;⑤石化特征往往表现为语言的回退（backsliding）、固化了的错误（stabilized error）、学习高原期（learning plateau）、典型错误（typical error）、持久的非目的语语言运用（persistent non-target-like performance）、否定性反馈无法纠正的错误（errors impervious to negative feedback）、习惯性错误（habitual errors）和长期的自由变异（long-lasting free variation）；⑥具体的、持久的中介语特征可以通过实证研究被发现。从理论上讲，石化现象是习得过程中介语中普遍存在的一种心理机制，与语言形式的正确性没有关系，即正确的和不正确的语言形式都会出现石化现象。

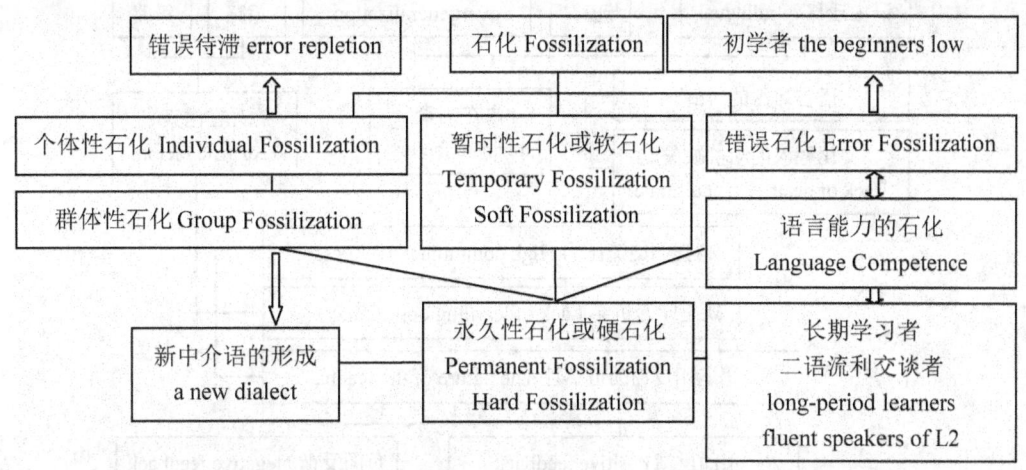

图6.7　中介语石化现象分类（Classification of Fossilization）

1989年，赛姆斯（Sims）对暂时性石化进行描述：中介语能力随着学习时间会发生变化（如图6.8所示）。他将"石化"的典型特征归纳为8点，即不可预见性（unpredictability）、难以消除性（eradicatability）、可意识性（consciousness）、可改变性（changeability）、与学习目标（the idea of purpose）紧密相关、与诸如动机的心理社会因素（psycho-social factor）紧密相关、与学习者的个人性格（personal characteristics, e.g. cognitive styles or risk taking）紧密相关、并非取决于个体学习者的学习难度体验。

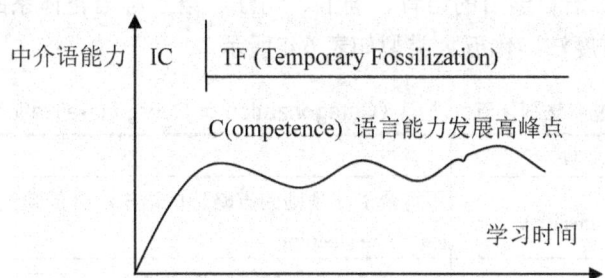

图6.8　暂时性石化：中介语能力的学习时间变化曲线（Temporary Fossilization）

如图6.9所示，赛林克石化影响因素假说包含5个关键因素（或5个"中心过程"）：第一，语言迁移（language transfer）；第二，由于教学过程中训练方法不当而产生的迁移；第三，目的语材料的过渡泛化（overgeneralization）；第四，第二语言学习策略；第五，第二语言交际策略。赛林克认为前三点是中介语产生的直接因素，而后两点则是另一种类型的心理过程。

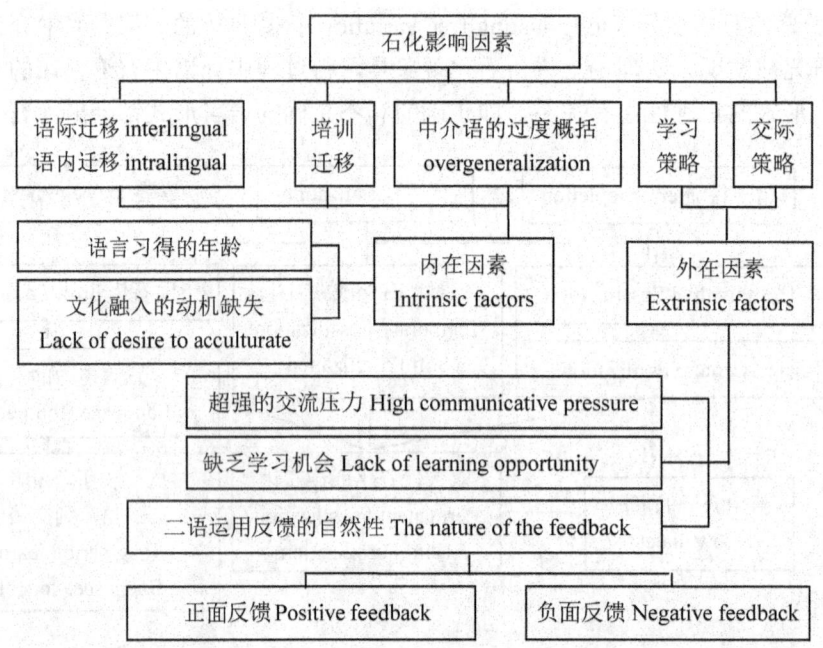

图 6.9　石化影响因素假说（Factors Hypothesized to Influence Fossilization）

（4）过度法则化与互相联想（Overgeneralization Errors vs. Cross-association）

过度法则化（Overgeneralization）也可译为过度概括或过度泛化，其实质是语内转移，是形成假设、检验假设、构造中介语体系的一种学习策略。过度概括是目的语规则的过度泛化，是学习者在习得第二语言过程中将目的语的某些特殊限定规则过度泛化，推广到其他范围的语言规则应用中，并构设为普遍性规律来套用。例如，误认为英语中名词的复数全部是词尾加-(e)s，动词的过去分词全部是词尾加-ed，而忽略了特殊形式变体。这种过度概括可能发生在第二语言学习的语音、词汇、句法、语用等语言体系的各个方面。理查德（Richard）提出的过度法则化五大类型如表 6.4 所示。

表 6.4　过度法则化五大类型（Categorization of Overgeneralization Errors）

类　型	示　例
省略 omissions	不符合语法规则的省略造成语法成分的缺失 e.g. *She sleeping
添加 additions	不符合语法规则的添加造成语法成分的冗余 e.g. *He is works in a factory nearby.
双重标注 double markings	一个句子中两次使用语法时态的成分标注（tense marker） e.g. *We didn't went there.
错误信息 misformations	词形拼读错误或者短语结构使用错误 e.g. *The dog finished to eat the bones. 　　*The dog eated the chicken.
乱序 misordering	句子中词语修饰关系、词汇匹配等使用错误 e.g. *What John is doing?

互相联想（cross-association）是指由于拼写、发音或意义相似接近、难以分辨，而产生的语言学习困惑（如 other/another/the other/others, aspect/respect/inspect, little/a little/few/a few）。

6.4 第二语言习得个体差异（Individual Differences in SLA）

第二语言学习者的个体差异如图 6.10 所示。

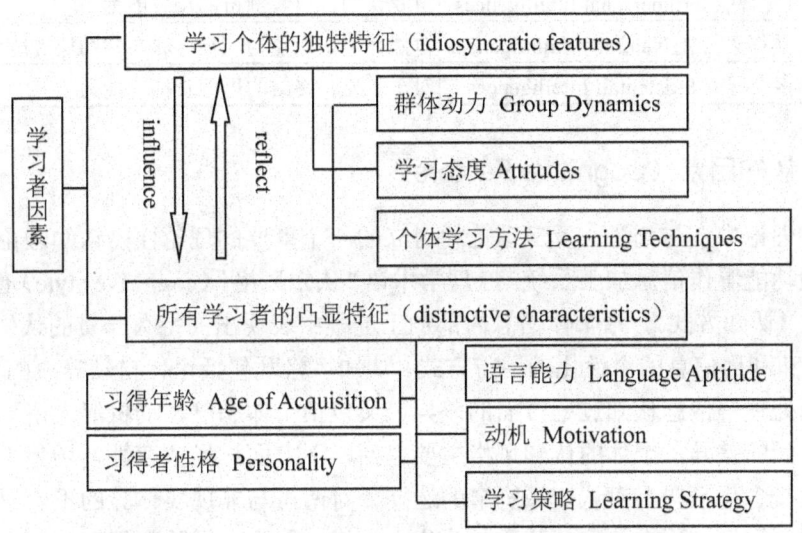

图 6.10 语言学习者因素（Learner Factors）

6.4.1 多元智能（Multiple Intelligences）

以 IQ（intelligence quotient）标识的"智能"通常被定义为心智能力（mental abilities），其中包含言语/语言能力（verbal/linguistic）、数学/逻辑能力（mathematical/logical intelligence）等。霍华德·加德纳（Howard Gardner）是世界著名教育心理学家，被誉为"多元智能理论"之父，《纽约时报》称他为美国当今最有影响力的发展心理学家和教育学家。加德纳将"智能"定义为一组能力（a group of abilities），如表 6.5 所示。

表 6.5 加德纳"多元智能理论"（Gardner's Multiple Intelligences, 1983）

智能 Intelligences	学习模式
言语—语言智能 Verbal-Linguistic Intelligences	听说读写能力，运用口头语言及文字的能力
逻辑—数理智能 Logical-Mathematical Intelligences	提问及探究能力，规律及逻辑分析能力
视觉—空间智能 Visual-Spatial Intelligences	线条、形状、结构、色彩等视觉空间感知能力 运用意象及图像的思考能力

续表

智能 Intelligences	学习模式
身体—动觉智能 Body-Kinesthetic Intelligences	调节身体运动及灵活使用双手的能力
音乐—节奏智能 Musical-Rhythmic Intelligences	音调、旋律、节奏和音色等的敏锐感知能力
人际关系智能 Interpersonal Intelligences	组织协调能力、协商仲裁能力 洞察分析能力、人际联络能力
内省智能 Intrapersonal Intelligences	自我认知，自我剖析的反省能力
自然探索智能 Naturalist Intelligences	自然环境认知能力，社会和自然的探索能力
存在智能 Existentail Intelligences	对于生死、终结的思考及探究能力

6.4.2 认知因素（Cognitive Factors）

在学习理论中，与刺激—反应理论相对立的一个重要的理论便是认知理论。认知学派把人的心理功能看作信息加工系统。心理学术语"认知风格"（cognitive style）也被称为"认知模式"或"认知方式"，指个体信息内部加工过程中表现出的持久一贯的认知模式，也就理解、存储和利用信息的个性化的独特方式。认知风格既包括个体自幼养成的知觉、记忆、思维、问题处理等信息认知过程方面的差异，又包括个体态度、动机等人格形成的认知能力与功能方面的差异。个体的认知风格主要包括以下方面：场依存性与场独立性、分析性与非分析性概念化倾向、对认知域宽窄的选择、对两可与非现实体验的不容忍、复杂认知与简约认知、记忆过程中信息的整合与分化、扫描与聚焦、冒险与保守、解决问题的滞阻与畅通等。对认知风格的研究始于20世纪40年代，在50年代末到70年代时最为盛行，这一时期形成了很多理论和模型（如图6.11所示），美国著名心理学家威特金（Herman A.Witkin）做出了开拓性贡献。认知模式的理论基础是美国临床心理学家贝克（A. T. Beck）在20世纪60年代中期提出的情绪障碍的认知模型，在70年代初期到达顶峰以后逐渐趋向衰落。但进入20世纪90年代以后，认知风格研究再度引起学者重视并获得了突破性成果。原因之一是认知风格在教育和相关领域的预测效度得到了肯定。此外，因素分析方法的普及和应用为认知风格模型的整合提供了技术上的保证。英国伯明翰大学学者拉埃丁（Riding）及他的同事构建了一个认知风格结构，研发出一套认知风格评估体系，并应用于真实情景中。

语言天赋（语言潜能、语能倾向）是指第二语言习得者天生具有的一种语言习得的自然潜能。语言学习者是否存在语言天赋个体差异？语言天赋和学习效率之间是否存在关联？语言能力能否进行量化测算？这些都是语言心理学家探讨的关键问题。语言心理学家卡罗尔（J. B. Carroll）是这个研究领域最早的探索者，他最早提出"语言学能"这一术语，认为语言学能就像智力一样，是与生俱来的。卡罗尔还运用多元回归分析（multiple regression analysis）阐释了语言学能包括的4项认知能力：语音编码能力（phonemic coding ability）、语法敏感性（grammatical sensitivity）、语言学习归纳能力（inductive language learning ability）和机械学习强记能力（rote-learning ability）。语音编码能力是指语音输入的辨识能力和解码能力。语法敏感性是指对语法的直觉感知能力和语法规则的推断能力。

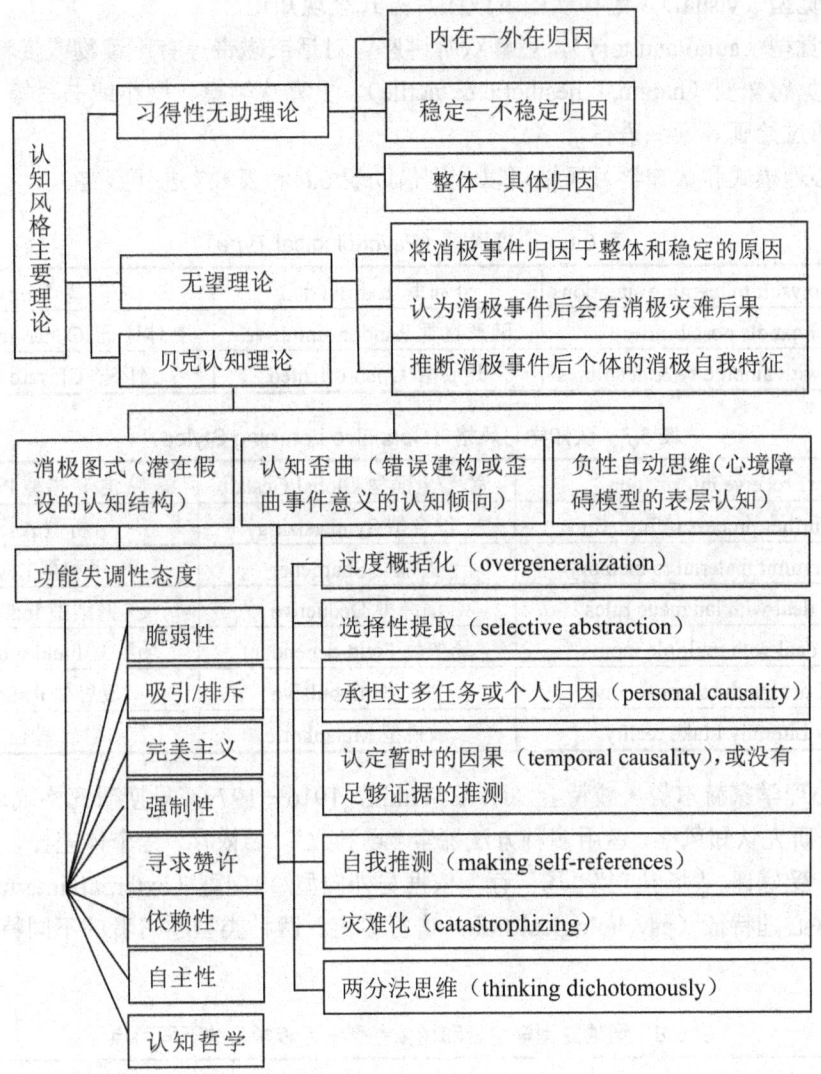

图 6.11　认知风格的主要理论

为了对语言学能进行科学的量化测算，语言心理学家们还编制了一系列的语言潜能测试。20 世纪 30 年代，斯蒙兹（Symonds）的外语预测测试（Foreign Language Prognosis Test）强调语法概念处理和翻译能力，映射了当时盛极一时的语法—翻译教学法。50 年代，卡罗尔和塞逢（Sapon）汇编了现代语言潜能测试（Modern Language Aptitude Battery, 1959）和基础现代语言测试（Elementary Modern Aptitude Battery, 1967）。60 年代，皮穆斯勒（Pimsleur）的语言潜能系列（Language Aptitude Battery, 1966）不仅代表了更先进的测试结构方法，也反映了同一时期听说法（audiolingual method）的教学理念。2000 年左右，米拉（Meara）提出的测试关注了和语言相关的多项能力（口语、视觉能力、联想力和语法推理能力）。现代语言潜能测试沿用较久、至今还被美国政府的一些地方所采用。

感知学习风格（Perceptual Learning Styles）包括 3 种类型：

① 视觉型（visual），更喜欢图表或图片方式呈现知识。

② 听觉型（aural/auditory），更喜欢听讲座、对话或磁带等有声读物或资料。

③ 触觉感知型（haptic, kinesthetic & tactile），更喜欢触摸、操作或书写等教学辅助方式，喜欢通过绘画等操练语言。

学习心理模式和认知学习风格可以分别借助表 6.6 和表 6.7 进行鉴定。

表 6.6　心理模式（Psychological Type）

How I open myself to learning situations	外向型 Extroverted	内向型 Introverted
How I handle possibilities	随意直觉 Random-intuitive	具体序列 Concrete-sequential
How I deal with ambiguity & deadlines	开放型 Open-oriented	封闭型 Closure-oriented

表 6.7　认知学习风格（Cognitive Learning Styles）

How I receive information	宽泛/全面型 Global/Gestalt	特定/特指型 Particular
How I further process information	综合型 Synthesizing	分析型 Analytic
How I commit material to memory	尖锐型 Sharpener	平和型 Leveler
How I deal with language rules	演绎型 Deductive	归纳型 Inductive
How I deal with multiple inputs	场依赖 Field-dependent	场独立 Field-independent
How I deal with response time	冲动型 Impulsive	反思型 Reflective
How Literally I take reality	敏锐型 Metaphoric	粗放型 Literal

美国心理学家赫尔曼·威特金（H. A. Witkin，1916—1979）早期研究格式塔心理学和感觉，后来研究认知风格，运用多种方法探索"场独立""场依存"之个体差异，其著作《心理差异》广受好评。"场独立""场依存"依据与外向型/内向型（external/internal）人格特征密切关联心理特征（psychological trait）进行界定。两种类型学习者的不同特点如表 6.8 所示。

表 6.8　场独立型学习者和场依存型学习者学习的不同特点

各方面	场独立性者	场依存性者
内涵	内部定向者，认知重构能力强	外部定向者，社会技能强
学科兴趣	数学和自然科学	人文学科和社会学科
学科成绩	自然科学成绩	社会科学成绩
	好	差
	差	好
学习策略	独立自觉学习	易受暗示，学习欠主动
	由内在动机支配	由外在动机支配
教学偏好	结构不严密的教学	结构严密的教学

两种不同认知风格下的学习行为特点如表 6.9 所示。

表 6.9 场独立型/场依存型认知风格对应的学习行为特点

学习行为	场独立性型	场依存性型
同伴关系	喜欢单独学习；喜欢竞争并获得个别肯定；不易顺从也不易感受他人情感	喜欢与他人一起学习；喜欢帮助他人；对他人的意见及情感较敏感
与教师的个人关系	与教师的正式交互作用仅限于教学时；很少主动跟教师直接接触	公开表示对教师的正面情感；关心教师的个人爱好与教学经验，主动接近教师
有教师的教学关系	急于完成作业；喜欢尝试新的学习；不依赖教师的帮助	希望得到教师的辅导与肯定；与教师一起学习能得到激励
有效学习与策略	喜欢发现式学习；强调概念细节和个人钻研	作业目标及课程要详加解释；喜欢教师的明确讲解与指导；喜欢以人文或故事方式说明概念

场独立型与场依存型的测验方法如表 6.10 所示。

表 6.10 场独立型与场依存型测验方法

身体位置调整测验（BAT）Body Adaption Test	要求被试者伴随着房间与椅子的转动（房间与椅子均可以调整倾斜度），将身体调整到实际的垂直空间方位
棒框测验（RFT）Rod and Frame Test	要求被试者观测方框中的亮棒（主试已经提前将两者设置为不同倾斜度），尝试将亮棒调整到与地面垂直的方位
图像镶嵌测验（EFT）Embedded Figure Test	要求被试者从复杂背景图形中迅速找出隐藏着的简单图形

6.4.3 情感因素（Affective Factors）

（1）人格特质（Personality Characteristics）

摒弃传统的语法精准（grammatical accuracy）和语言法则知识（knowledge of grammatical rules）的评判标准，根据交际能力（communicative ability）进行衡量的人格特质（如外向、善言、自评、自信等）往往成为语言习得成功者的共同特质，同时也被学界广泛认同。

如表 6.11 所示，大五人格（Big Five）特质模式最初由图普斯和克罗斯特尔（E. Tupes and R. Christal）于 1961 年提出，但直到 20 世纪 80 年代才为学术界所关注。1990 年，依据迪格曼（J. M. Digman）的五大人格特质模式（FFM, Five-Factor Model of Personality），高格（L. Goldberg）进行了重新整合，将其精炼为可以涵盖全部人格的五种特质，这被称为人格心理学中的一场革命。颇为有趣的是，大五人格的首字母组合正好是 OCEAN（海洋）一词，大五人格也因此得名"人格的海洋"，成为"人格心理学里通用的货币"，可以通过 NEO 人格量表修订版（NEO-PI-R）进行评定。

表 6.11 大五人格（Big Five Personality Traits）

开放性 Openness	inventive/curious ←→ consistent/cautious
责任心 Conscientiousness	efficient/organized ←→ easy-going/careless
外倾性 Extraversion	outgoing/energetic ←→ solitary/reserved

| 宜人性 Agreeableness | friendly/compassionate ←——→ challenging/detached |
| 神经质或情绪稳定性 Neuroticism | sensitive/nervous ←——→ secure/confident |

（2）态度与动机（Attitude and Motivation）

学习态度和学习动机都是第二语言习得研究领域的重要课题，就学习态度而言，斯特恩斯（Sterns）1983 年提出了三大态度类型：对目的语本族语者和语言社团的态度、对目的语本身的态度与对语言和语言学习的整体态度。就学习动机而言，布朗（Brown）1981 年提出了三大动机类型：整体动机（global motivation）、情景动机（situational motivation）和任务动机（task motivation）。其中，情景动机中的情景包括课堂学习（classroom learning）和自然学习（naturalistic learning）。1972 年，加拿大研究学者加德纳和兰伯特（Gardner and Lambert）从社会心理学视角，提出了四大动机类型：工具型动机（integrative motivation）、融入型动机/归附型动机（instrumental motivation）、结果型动机（resultative motivation）和内在动机（intrinsic motivation）。其中，为人熟知的工具型动机是指学习者对所学语言及其文化深入了解并且渴求融入的一种期许，而融入型动机则更强调实用价值（utilitarian value），诸如应试、求职、追求社会身份等。1995 年，加德纳和兰伯特拓展了动机模型，融入了新的动机因素，即期望价值理论和目标设定理论，具体包括目标显著性、效价和自我效能。他们还编制了态度/动机测验量表（Attitude/Motivation Test Battery）。

动机和态度密切相关，这一点在下面的文字游戏中被演绎得淋漓尽致。"决定完美人生的关键因素是什么？"面对这个问题，我们可以通过一个文字游戏来诠释。假设英文中的 26 个字母分别对应数字 1 到 26，那么哪个单词的字母数字总和是完美的 100 呢？答案是"态度"（attitude）一词。正如美式足球员拉夫·马尔斯顿（Ralph Marston）所言，"卓越不是一种技能，而是一种态度（Excellence is not a skill. It is an attitude.）。"

a. Luck: L+U+C+K=12+21+3+11=47%

b. Love: L+O+V+E=12+15+22+5=54%

c. Money: M+O+N+E+Y=13+15+14+5+25=72%

d. Leadership: L+E+A+D+E+R+S+H+I+P=12+5+1+4+5+18+19+9+16=89%

e. Knowledge: K+N+O+W+L+E+D+G+E=11+14+15+23+12+5+4+7+5=96%

f. Hard work: H+A+R+D+W+O+R+K=8+1+18+4+23+15+18+11=98%

g. Attitude: A+T+T++T+U+D+E=1+20+20+9+20+21+4+5=100%

如表 6.12 所示，积极正面的心理期望会产生惊人的激励效应，这种现象被称之为罗森塔尔效应，也称"皮格马利翁效应""人际期望效应"。罗森塔尔效应是一种社会心理效应，是指人（通常是指孩童或学生）在被赋予更高的正面殷切期望以后能戏剧性地收到预期效果的一种现象。失败常常不是因为我们不具备取得成功的实力，而往往是在心理上自我设置或默认了一个"不可跨越"的高度限制。

表 6.12　成功概率与自我心理建议（Rate of Success and Psychological Suggestion）

成功概率	自我心理建议		成功概率	自我心理建议	
100%	我能行。	I can.	40%	我想。	I want to.
90%	我知道我行。	I know I can.	30%	我希望我可以。	I wish I could.
80%	我要。	I will.	20%	我不知如何去做。	I don't know how.
70%	我认为我行。	I think I can.	10%	我不行。	I can't.
60%	我要试试。	I'll try.	0%	我不想。	I won't.
50%	我认为我可能行。	I think I might.			

（3）焦虑（Anxiety）

20世纪70年代以来，二语习得及外语教学研究的重点研究对象逐渐从教学方法转向学习过程。比较一致的观点认为外语学习者的学习受其年龄、学习方法、社会文化背景及情感因素等诸多条件的影响。与外语学习有关的情感因素一般为个体的情绪、自尊、同理心、焦虑、态度及动机。外语学习焦虑作为个体学习情感因素中的关键变量之一，也逐渐受到研究学者的关注。焦虑可能是一种心理状态，也可能是一种心理素质。它常常和局促、失落、自我怀疑及畏惧胆怯等情感交织在一起。尤其是课堂焦虑，这是一种特定情景焦虑（situation-specific anxiety），即学习者在课堂这种特定的情景下可能会产生的焦虑感。这种焦虑会使学习者词不达意、局促不安，继而灰心丧气，引发挫败感。美国心理学家霍维茨（Horwitz, 1986）认为焦虑是语言学习的一大障碍，他将其定义为"有关自我知觉、信念、情感和行为的独特情结"。霍维茨列出了外语课堂焦虑的三大因素：交流焦虑、考试焦虑和负评价焦虑（如表6.13所示）。同时，他还专门设计了外语课堂学习的焦虑等级（FLCAS, Foreign Language Classroom Anxiety Scale）。但加德纳和麦金泰尔（Gardner and Macintyre, 1993）则认为语言焦虑是一种气质焦虑。焦虑有三种常见分类标准：依据焦虑的本质分类，包括气质型、状态型及特定情境型；依据焦虑对学习过程的影响分类，包括促进型与阻碍型；依据焦虑出现的阶段分类，包括输入焦虑、处理焦虑与输出焦虑。研究表明焦虑源于大量的潜在因素，戴利（Daly, 1991）针对交际恐惧列举了可能存在的五种不同因素：遗传基因、个人生活经历、无助、对初次交际的习得性适应和后天获得的交际模式。语言学习的焦虑表现如表6.14所示。

表 6.13　语言焦虑因素与焦虑类型（Components and Classification of Language Anxiety）

焦虑因素 Components	交流焦虑 Communication Apprehension
	负评价焦虑 Fear of negative social evaluation
	考试焦虑 Test Anxiety or apprehension over academic evaluation
焦虑类型 Classification	品质焦虑 Trait Anxiety
	状态焦虑 State Anxiety
	促进型焦虑 Debilitative Anxiety
	阻碍型焦虑 Facilitative Anxiety

表 6.14 语言学习的焦虑表现

体征反应	头晕恶心、手心出汗、脉搏加快、忽冷忽热、大脑空白、胸闷心慌、思维停滞
情感表征	无精打采、神经紧张、烦躁不安、患得患失、偏狭猜忌、意志低沉、悲观绝望
行动回避	迟到早退、东张西望、心不在焉、不积极踊跃发言、对学习结果漠然冷淡
其他症状	超负荷学习、争强好胜、追求理想化完美、回避眼神交流、表情夸张、畏惧社交、过度自贬、消极漠然

6.4.4 习得年龄与关键期假说（Age of Language Acquisition and Critical Period Hypothesis）

埃里克·勒纳伯格（Eric Heinz Lenneberg，1921—1975），美国心理生物学家，"语言自然成熟说"代表人物，其代表作品为《语言的生物学基础》（*Biological Foundations of Language*）。他提出的"自然成熟说"与诺姆·乔姆斯基的"先天能力说"（Innate Language Capaclty Theory）是儿童语言先天决定论的两大理论。勒纳伯格的"语言关键期假说"（Critical Period Hypothesis）备受关注。他认为从咿呀学语到 13 岁左右的这一段时期是语言习得的黄金关键时段。

1959 年，神经生理学家彭菲尔德（Penfield）和罗伯特（Roberts）从大脑可塑性角度，提出了 10 岁是学习语言的最佳年龄。勒纳伯格（1967）则从医学临床经验出发，用神经生理学的观点系统解释语言学习关键期。他认为人的大脑从 2 岁开始单侧化/边化（lateralization），这种大脑单侧化约在 11 至 19 岁左右完成，如图 6.12 所示。在单侧化完成前，人是用全脑来习得语言的，而单侧化后的语言习得效果则会略微逊色。因此，语言学习最佳时期是在大脑完成单侧化之前。然而，语言学习的关键期到底持续多久尚无定论。2018 年 5 月的《认知》（*Cognition*）刊发一篇名为"A critical period for second language acquisition: Evidence from 2/3 million English speakers"的论文，作者哈茨霍恩（J. K. Hartshorne）、特南鲍姆（J. B. Tenenbaum）以及史蒂芬·平克（Steven Pinker）明确表示：语言学习的关键期可以持续到 17.4 岁。这一发现无疑在语言习得领域具有革命性意义，将会深刻影响语言习得理论与实践，包括外语语言政策、教学大纲的制定与执行等。关键期的五个标准如图 6.13 所示。

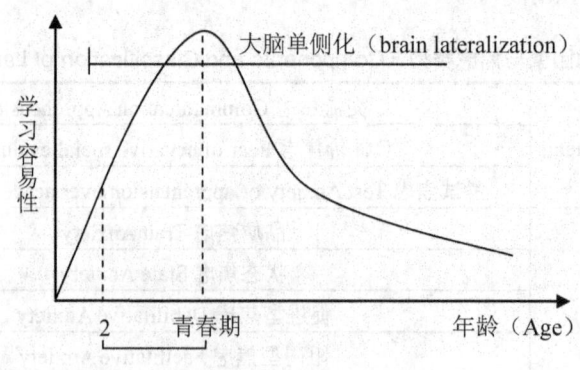

图 6.12 习得年龄

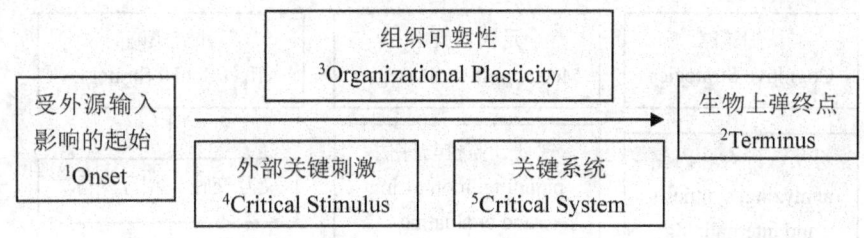

图 6.13　关键期的五个标准（Five Criteria of CPH, Colomdo, 1982）

6.4.5 学习策略（Learning Strategies）

影响语言学习策略的因素有年龄、智力、性别、个性特征、学习态度、学习风格类型、学习环境、学习者动机、学习策略等。学习策略是学习者为提升其中介语及其语言熟练度（learning efficiency）而采取的以解决问题为指向的一种有意识、有目标的方式方法（conscious, goal-oriented and problem-solving based efforts）。学习策略与交际策略（communication strategies）和产出策略（production strategies）不同，它旨在解释学习者如何使用语言法则系统，而并非探索语言习得的积累和内化。斯特恩（Stern, 1983）将学习策略定义为语言学习者采用的学习路子的总倾向或总体特征。

如表 6.15 所示，科恩（Cohen, 1998）将第二语言学习者策略概括为语言学习策略和语言使用策略。温登和鲁宾（Wenden & Rubin, 1987）认为学习者策略（Learner Strategies）包括学习策略（Learning Strategies）、交际策略（Communicative strategies）和社交策略（Social Strategies），而学习策略又可以细分为认知策略（Cognitive Strategies）和元认知策略（Metacognitive Strategies）。奥马利和查莫特（O'Malley and Chamot, 1990）修订了前人的学习策略分类表，认为学习策略包括三大要素：认知策略、元认知策略和社交策略（如图 6.14 所示）。元认知策略是学习者对自我认知过程的了解把控策略，有助于其学习过程的有效安排和调节。认知策略是学习者对信息进行有效加工整理与分门别类系统储存时采取的策略。一般而言，认知策略因知识类型而有所不同，复述、精加工和组织策略主要应用于陈述性知识的认知，而模式再认识策略和动作则更适合于程序性知识。社交/情感策略是指学习过程中用以促进合作、提高学习兴趣的策略。

表 6.15　语言学习策略与语言使用策略（Learning Strategies vs. Using Strategies）

语言学习策略	语言使用策略	
学习材料鉴别甄选	回忆检索策略 Retrieval strategies	调集检索
学习材料界定区分	实践操练策略 Rehearsal strategies	学以致用
学习材料分门别类	遮盖掩饰策略 Cover strategies	掩饰缺漏
学习材料博闻强记	流畅沟通策略 Communication strategies	来言去语

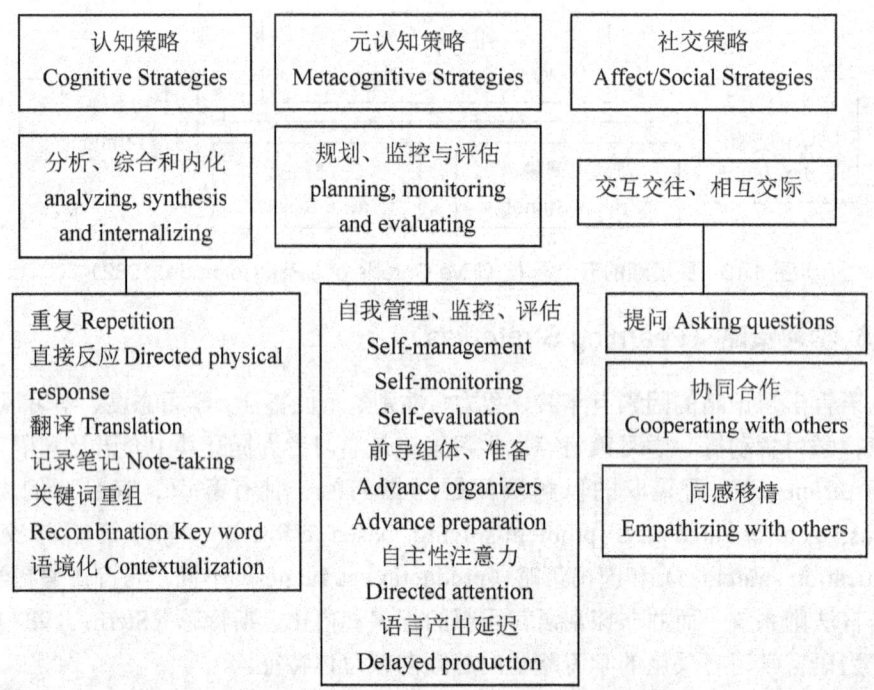

图 6.14　学习策略分类（Classification of Learning Strategies, O'Malley and Chamot, 1990）

牛津学习策略（1990）分类框架把学习策略分为直接影响学习的策略和间接影响学习的策略。直接策略具体包括：记忆策略（Memory Strategies，如归类和意象等），认知策略（Cognitive Strategies，如推理、分析、概括和操练等）和补偿策略（Compensation Strategies，如根据上下文进行推测以及迂回表达等）。间接策略包括元认知策略（Metacognitive Strategies，如集中注意力、有意识地寻找练习机会、自我学习计划的制定、学习过程的监控和学习结果的自我评估等），情感策略（Affective Strategies，如减低焦虑程度、自我鼓励、了解自己的情感状态等）和社交策略（Social Strategies，如询问问题、在学习的过程中与学习伙伴相互帮助、培养合作学习技能等）。社交策略在语言学习过程中尤其重要，是学习者在与他人互动交流过程中采取的学习语言策略。如图 6.15 所示，社交策略共分三小类：提问、与他人合作和产生共鸣。第一类提问社交策略包括两种方式：一是通过要求说话者重复、具体解释或放慢语速而得到信息确认；二是要求他人纠正自己的语言错误。第二类社交策略是通过与他人（尤其是老师和同学）的合作而实现的。第三类产生共鸣的社会策略指学习者入乡随俗，通过了解目的语文化、关注对方的思想情绪来形成共鸣。

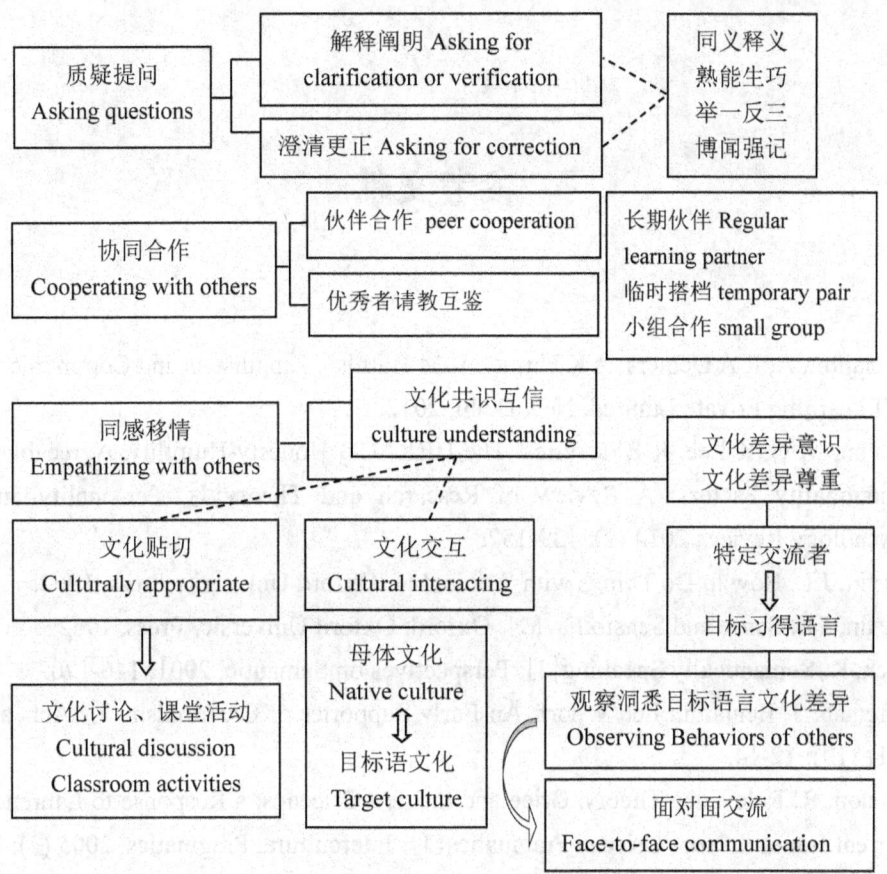

图 6.15 社交策略（Social Strategies）

参考文献

1. Akmajion, A, R A Demers, A K Farmer, R M Harnish. Linguistics and Communication[M]. PHI Learning Private Limited, New Delhi, 2012.
2. Ashton, M C, K Lee, R E de Vries. The HEXACO Honesty-Humility, Agreeableness, and Emotionality Factors: A Review of Research and Theory[J]. Personality and Social Psychology Review, 2014 (2): 139-152.
3. Austin, J L. How to Do Things with Words[M]. Oxford University Press, 1962.
4. Austin, J L. Sense and Sensibilia[M]. Oxford: Oxford University Press, 1962.
5. Bach, K. Semantically Speaking[J]. Perspectives on Semantic, 2001: 146-170.
6. Bergman, J. Benjamin Lee Whorf: An Early Supporter of Creationism[J]. Acts and Facts, 2011 (10): 12-14.
7. Carston, R. Relevance Theory, Grice and the neo-Griceans: a Response to Laurence Horn's Current Issues in Neo- Gricean Pragmatics[J]. Intercultural Pragmatics, 2005 (2): 303-319.
8. Chapman, S Paul Grice. Philosopher and Linguist[M]. Palgrave Macmillan, 2005.
9. Ezcurdia, M and R J Stainton. The Semantics-Pragmatics Boundary in Philosophy[M]. Broadview, 2013.
10. Deutscher, G. Through the Language Glass: Why the World Looks Different in Other Languages[M]. MacMillan, 2010.
11. Darling-Hammond, L. Performance Counts: Assessment Systems that Support High-Quality Learning[M]. Council of Chief State School Officers, 2010.
12. Forsyth, M. The Etymologicon: a Circular Stroll through the Hidden Connections of the English language[M]. Icon Books Ltd, 2011.
13. Garmendia, J. Irony is Critica[J]. Pragmatics and Cognition, 2010 (2): 397-421.
14. Grice, H P. Utterer's Meaning, Sentence Meaning, and Word Meaning[J]. Foundations of Language, 1968 (4). Reprinted as ch.6 of Grice 1989: 117-137.
15. Grice, H P. Utterer's Meaning and Intentions[J]. The Philosophical Review, 1969 (78). Reprinted as ch.5 of Grice 1989: 86-116.
16. Grice, H P. Logic and Conversation[J]. Syntax and Semantics, 1975 (3). Reprinted as ch.2 of Grice 1989: 22-40.
17. Grice, H P. Aspects of Reason[M]. Oxford University Press, 2001.

18. Halliday, M A K. An Introduction to Functional Grammar[M]. London: Edward Arnold, 1994.
19. Hattie, J. Visible Learning for Teachers: Maximizing Impact on Learning[M]. Routledge, 2011.
20. Jackendoff, R. Semantic Structures[M]. Cambridge, Massachusetts: MIT Press, 1990.
21. Jane, A. Affect Learning Foreign Language[M]. Foreign Language Teaching and Research Press, 2000.
22. Joseph, J E. Saussure[M]. Oxford University Press, 2012.
23. Labov, W. The Social Stratification of English in York City[M]. Center for Applied Linguistics, 1966.
24. Ladefoged, P. A Course in Phonetics[M]. Harcourt Brace, 1993.
25. Lakoff, G & M J Johnson. Metaphors We Live By[M]. University of Chicago Press, 1980.
26. Lamendella, J T. General Principles of Neurofunctional Organization and Their Manifestations in Primary and Non-primary Language Acquisition[J]. Language Learning, 2011(27): 155-196.
27. Lanrson, K R. Grammar as Science[M]. PHI Learning Private Limited, New Delhi, 2011.
28. Leavitt, J. Linguistic Relativities: Language Diversity and Modern Thought[M]. Cambridge UP, 2011.
29. Leech, G. A Linguistic Guide to English Poetry[M]. London: Longman, 1969.
30. Leech, G, and M Short. Style in Fiction[M]. London: Longman, 1981.
31. Leech G. Principle of Pragmatics[M]. London: Longman, 1983.
32. Lenenberg, E H. Biological Foundations of Language[M]. Wiley and Sons, 1967.
33. Levinson, S C. Pragmatics[M].Cambridge University Press, 1983.
34. Littlewood, W. Foreign and Second Language Learning[M]. Foreign Language Teaching and Research Press, 2000.
35. Littlewood, W. Language-acquisition Research and its Implications for the Classroom[M]. Foreign Language Teaching and Research Press, 2000.
36. Lyons, J. Semantics[M]. London: Cambridge University Press, 1977.
37. Lyons, J. Language and Linguistics—An Introduction[M]. Cambridge University Press, 2009.
38. Hockett, C F. The Origin of Speech[M]. Scientific American 203, 1960.
39. Hall, C J. An Introduction to Language and Linguistics[M]. Viva Book Private Limited, New Delhi, 2008.
40. Jakobson, R. Closing Statement: Linguistics and Poetics[J]. Style in Language, 1960, 1(2): 53-56.
41. Korta, K, and J Perry. Highlights of Critical Pragmatics: Reference and the Contents of the Utterance[J]. Inter-cultural Pragmatics, 2013 (1): 161-182.

42. Krashen, S D. Principles and Practice in Second Language Acquisition[M]. Prentice-Hall International, 1987.
43. Krashen, S. D. Second Language Acquisition and Second Language Learning[M]. Prentice-Hall International, 1988.
44. Marison, W, and R L Burden. Psychology for Language Teachers: a Social Constructivist Approach[M]. Foreign Language Teaching and Research Press, 2000.
45. Neale, S. Colouring and Composition[J]. Philosophy and Linguistics. Westview Press, 1999: 35-82.
46. Sperber, D. Relevance: Communication and Cognition[M]. Beijing: Foreign Language Teaching and Research Press, 2001.
47. Searle, J R. Speech Acts: An Essay in the Philosophy of Language[M]. Cambridge University Press, 1969.
48. Searle, J R, P Cole and J L Morgan. Indirect Speech Acts[J]. Syntax and Semantics, 1975(3): 59-82.
49. Searle, J R. Expression and Meaning: Studies in the Theory of Speech Acts[M]. Cambridge University Press, 1979.
50. Odden, D. Introducing Phonology[M]. Cambridge University Press, 2008.
51. O'Grady, W et al. Contemporary Linguistics: An Introduction[M]. Bedford & St. Martin's, 2005.
52. Ottenhiemer, H J. The Anthropology of Language[J]. Wadsworth Cengage Learning, 2009: 246-252.
53. Potts, C. The Logic of Conventional Implicature[M]. Oxford University Press, 2005.
54. Radford, A et al. Linguistics—An Introduction[M]. Cambridge University Press, 2011.
55. Recanati, F. Truth-Conditional Pragmatics[M]. Oxford University Press, 2010.
56. Richards, J C, J Platt & H Platt. Longman Dictionary of Language Teaching in Applied Linguistics[M]. Foreign Language Teaching and Research Press, 2000.
57. Sanders, C. The Cambridge Companion to Saussure[M]. Cambridge University Press, 2004.
58. Saville-Troike, M. Introducing Second Language Acquisition[M]. Foreign Language Teaching and Research Press, 2008.
59. Stanley, J. Context and Logical Form[J]. Linguistics and Philosophy, 2000 (23): 391-424.
60. Stanley, J, and G S Zoltan. On quantifier domain restriction[J]. Mind and Language, 2000 (15): 219-61.
61. Syal, P, D V Jindal. An Introduction to Linguistics[M]. PHI learning Private Limited, New Delhi, 2013.
62. Tallerma, M. Understanding Syntax[M]. New Delhi, 2011.
63. Thomas, M. Fifty Key Thinkers on Language and Linguistics[M]. Routledge, 2011.

64. Tomlinson, C A. The Differentiated Classroom: Responding to the Needs of All Learners[M]. ASCD, 2014.
65. Tricia, H. Teaching and Learning in the Language Classroom[M]. Shanghai Foreign Language Education Press, 2002.
66. Trofimova. The Interlocking between Functional Aspects of Activities and a Neurochemical Model of Adult Temperament[J]. Temperaments: Individual Differences, Social and Environmental Influences and Impact on Quality of Life, 2016: 77-147.
67. Wilson, D, and D Sperber. Meaning and Relevance[M]. Cambridge University Press, 2012.
68. Yule, G. The Study of Language[M]. Cambridge University Press, 2010.
69. 葛本仪. 现代汉语词汇学[M]. 3版. 北京：商务印书馆，2014.
70. 顾曰国. 礼貌、语用与文化[C]//束定芳. 中国语用学研究论文精选. 上海：上海外语教育出版社，2001.
71. 辜正坤. 对索绪尔和乔姆斯基的批判与语言学新定律[J]. 外语与外语教学，2004（4）：1-8.
72. 姜望琪. 当代语用学[M]. 北京：北京大学出版社，2003.
73. 何自然，陈新仁. 当代语用学[[M]. 北京：外语教学与研究出版社，2004.
74. 胡壮麟. 语言学教程[M]. 4版. 北京：北京大学出版社，2014.
75. 李玉川. 江湖行帮趣话[M]. 北京：北京出版社，1995.
76. 刘润清，文旭. 新编语言学教程[M]. 北京：外语教学与研究出版社，2006.
77. 索振羽. 语用学教程[M]. 北京：北京大学出版社，2014.
78. 谭顶良. 学习风格论[M]. 南京：江苏教育出版社，1995.
79. 钱冠连. 语言的递归性及其根源[J]. 外国语，2001（3）：8-14.
80. 钱锺书. 钱锺书散文[M]. 杭州：浙江文艺出版社，1997.
81. 吴楚材，吴调候. 古文观止[M]. 北京：中华书局，1959.
82. 王希杰. 修辞学新论[M]. 北京：北京语言学院出版社，1993.